금오신화에 쓰노라

금오신화에 쓰노라

김시습 씀
류수, 김주철 옮김

보리

겨레고전문학선집을 펴내며

우리 겨레가 갈라진 지 반백년이 넘어서고 있습니다. 그러나 함께 산 세월은 수천, 수만년입니다. 겨레가 다시 함께 살 그날을 위해, 우리가 함께 한 세월을 기억해야 합니다.

옛부터 우리 겨레가 즐겨 온 노래와 시, 일기, 문집 들은 지난 삶의 알맹이들이 잘 갈무리된 보물단지입니다.

그동안 남과 북 양쪽에서 고전 문학을 되살리려고 줄곧 애써 왔으나, 이제껏 북녘 성과들은 남녘에서 좀처럼 보기 어려웠습니다.

북녘에서는 오래 전부터 우리 고전에 깊은 관심과 사랑을 보여 왔고 연구와 출판도 활발히 해 오고 있습니다. 그 가운데 〈조선고전문학선집〉은 북녘이 이루어 놓은 학문 연구와 출판의 큰 성과입니다. 〈조선고전문학선집〉은 가요, 가사, 한시, 패설, 소설, 기행문, 민간극, 개인 문집 들을 100권으로 묶어 내어, 고전을 연구하는 사람들과 일반 대중 모두 보게 한 뜻깊은 책들입니다. 한문으로 된 원문을 현대문으로 옮기거나 옛글을 오늘의 것으로 바꾼 성과도 놀랍고 작품을 고른 눈도 참 좋습니다. 〈조선고전문학선집〉은 남녘에도 잘 알려진 홍기문, 리상호, 김하명, 김친순, 오희복, 김상훈, 권택무 같은 뛰어난 학자분들이 머리를 맞대고 연구한 성과를 1983년부터 펴내기 시작하여 지금도 이어 가고 있습니다.

보리 출판사는, 조선민주주의인민공화국 문예 출판사가 펴낸 〈조선고전문학선집〉을 〈겨레고전문학선집〉이란 이름으로 다시 펴내면서, 북녘 학자와 편집진의 뜻을 존중하여 크게 고치지 않고 그대로 내는 것을 원칙으로 삼았습니다. 다만, 남과 북의 표기법이 얼마쯤 차이가 있어 남녘 사람들이 읽기 쉽게 조금씩 손질했습니다.

 이 선집이, 겨레가 하나 되는 밑거름이 되고, 우리 후손들이 민족 문화 유산의 알맹이인 고전 문학이 지니고 있는 아름다움을 제대로 맛보고 이어받는 징검다리가 되기 바랍니다. 아울러 남과 북의 학자들이 자유롭게 오고 가면서 남북 학문 공동체가 이루어지는 날이 하루라도 앞당겨지기 바랍니다. 그리고 이 자리를 빌려 어려운 처지에서도 이 선집을 펴내 왔고 지금도 그 작업에 몰두하고 있는 북녘의 학자와 출판 관계자들에게 고마운 마음을 전합니다.

2004년 11월 15일
보리 출판사 대표 정낙묵

차례

땅 위의 자유인, 매월당 김시습의 시와 소설
금오신화에 쓰노라

■겨레고전문학선집을 펴내며　4

관서 땅을 떠돌면서〔遊關西錄〕

성거산에 오르면서〔登聖居山〕　19
박연폭포〔瓢淵〕　20
대동강에 배 띄우고〔畫舫足古韻〕　22
혀 못〔舌池〕　23
단군 묘檀君廟　24
어부漁父　25
삽석연을 지나다가 주인에게 드리노라〔入揷石堧贈人〕　27
부벽루浮碧樓　29
산골 집 1〔峽中人家〕　30
산골 집 2〔山家〕　31
아홉 봉우리에 올라〔登九峯頂〕　32
상원폭포〔上院瀑布〕　34
대동강 기슭에서 장사꾼 안해의 하소연을 듣고〔大同江岸 紀商婦語〕　35
일곱 옹중〔七翁仲〕　37
멀리 바라보며〔遠望〕　39
태백 김문량의 시에 화답하여〔和金文良韻〕　40
〈관서 땅을 떠돌면서〉 뒤에 쓴다〔宕遊關西錄後志〕　42

관동 땅을 떠돌면서〔遊關東錄〕

네 가지 새소리를 노래하다〔咏四禽言〕　47
원주를 지나다가〔原州途中〕　52
정위를 조롱하노라〔嘲精衛〕　53
서불을 조롱한다〔嘲徐市〕　55
여우〔咏狐〕　57
어촌漁村　59
여강의 어부에게〔驪江 贈漁父〕　60
산골 집을 지나며〔遊山家〕　62
도중에서〔途中〕　63
〈관동 땅을 떠돌면서〉 뒤에 쓴다〔宕遊關東錄後志〕　64

호남 땅을 떠돌면서〔遊湖南錄〕

갈밭재를 넘으니 날이 저물다〔踰蘆峴 日暮〕　69
견훤이 전주에서 군사를 일으키다〔甄氏起於完山〕　70
세 아들이 아비를 금산에 가두다〔三子囚父於金山〕　72
고려 태조가 황산성에서 성토하다〔麗祖聲罪於黃山城〕　74
솔을 심고〔栽松〕　76
죽순 껍질로 신을 삼아 준 이에게 사례하여〔有惠斑箬鞋者謝之〕　77
바닷가 장거리〔海市〕　79
산골 개가 저물녘에 짖는다〔山犬暮吠〕　80
병중에〔病中〕　81
조 진사와 함께 곤을 두면서〔與趙進士困戲相謔〕　82
물오리를 놓아 보내며〔放彩鴨〕　84
호대虎臺　85

〈호남 땅을 떠돌면서〉 뒤에 쓴다〔宕遊湖南錄後志〕　86

금오 땅을 떠돌면서〔遊金鼇錄〕

매화꽃을 찾아서〔探梅〕　91
선덕왕릉善德王陵　93
초사를 읽고〔讀楚辭〕　96
백률계에 드리노라〔贈柏栗契〕　97
달밤에 옥피리 소리 들으며〔月夜聞玉笛〕　99
돌사람 다리〔塔寺壞圯 城中以石像爲橋者 頗有之〕　101
섬 오랑캐의 마을〔島夷居〕　102
느낀 바 있어〔病臥彌旬 至秋深乃起 感今思古 作感興詩〕　103
산골 농사꾼〔咏山家苦〕　109
〈금오 땅을 떠돌면서〉 뒤에 쓴다〔宕遊金鼇錄後志〕　113

다시 관동에서〔關東日錄〕

소양강의 노래〔昭陽引〕　117
산골 집 서재〔山齋〕　119
느낀 대로〔感懷〕　121
지난 일을 회고하여〔憶舊〕　124
쥐〔社鼠〕　126
여우〔墉狐〕　127
저문 날에 돌아오며〔暮歸〕　128
가물의 한탄〔憫旱〕　129
나그네의 밤〔旅夜〕　131

고민에 잠겨〔遣悶〕 132

동선관에서〔洞仙館〕 134

칠석七夕 136

대장부大丈夫 137

명주에서 읊노라〔溟州日錄〕

동봉가 여섯 곡〔東峯六歌〕 141

밤은 언제나 새려는고〔夜如何〕 147

그 뉘더뇨〔誰家子〕 150

백성인들 혀가 없으랴〔書事〕 152

그놈이 그놈이다〔莫匪〕 155

서글픈 웃음〔書笑〕 158

선행과 함께 윷놀이를 하면서〔與善行鬪摴蒱 戲題〕 159

장난삼아〔戲爲〕 161

병오년 봄〔丙午春〕 162

쥐를 재판하노라〔鞫鼠〕 163

정월 대보름달〔上元占月 記鄕談 憫時也〕 164

벽촌〔地僻〕 166

서글퍼 웃노라〔莞爾〕 168

심심풀이〔敍悶〕 170

웃음 터뜨리며〔失笑〕 172

탄식歎息 173

그만두라 그만두라〔莫休鉗歌〕 174

통쾌한 노래〔快意行〕 177

길이 막혀〔忽忽行〕 179

동풍〔東風行〕 180

희롱 삼아〔戱作俳諧體〕 182

온 세상이 물 끓듯 하네

도점에서〔陶店〕 185

홍의관에서 여진인과 함께 머물면서〔興義館同野人宿〕 186

어른이 되면〔壯歲〕 187

외침〔放言〕 188

세상일〔世故〕 194

큰 소리〔大言〕 196

잔 소리〔小言〕 197

제목 없이〔無題〕 199

창문을 열어젖히고〔開窓卽事〕 200

메밭〔山畬〕 201

매를 만났다가 다시 이별하면서〔逢梅又別〕 202

글을 읽어라〔淨几讀書〕 203

누에 치는 아낙네〔蠶婦〕 205

농민들이 토란국을 끓이다〔野人烹岷芋 有感〕 206

주인에게〔戱贈主人〕 208

알앙령에 올라서 북녘을 바라보며〔登圠鉠嶺北望〕 210

꿩〔有雉 勸君子也〕 213

갈잎〔蒹葭〕 216

사나운 호랑이〔猛虎行〕 219

장군행將軍行 221

물러날 것을 권하노라〔勸退休〕 222

수전노를 조롱하노라〔退慳鬼〕 223
농부의 말〔記農夫語〕 225
기생의 노래〔詠妓〕 228
꽃의 노래〔詠花〕 230
도연명의 '권농'에 화운하여〔和靖節勸農〕 232
도연명의 '그림자에게'에 화운하여〔和靖節形贈影〕 237
도연명의 '걸식'에 화운하여〔和淵明乞食〕 239
도연명의 '뒤뜰 논에서 올벼를 거두며'에 화운하여
　〔和於西田穫早稻〕 241
정서가 동래에 정배 가서 달밤에 거문고를 타다
　〔鄭中丞謫居東萊 對月撫琴〕 243
산중의 달〔山中看月〕 244
벌목꾼의 노래〔析薪辭〕 246
나라의 근본〔邦本箴〕 253

깊은 산이 내 집이라

경치〔卽事〕 259
비 멎은 가을날〔秋晴〕 260
봄 노래〔春詠〕 261
태백성을 비웃노라〔笑太白〕 262
사나운 동풍〔東風惡〕 264
산 이름을 적으며〔紀山名〕 265
수박〔西瓜〕 266
딱따구리〔啄木〕 269
어미 까마귀〔慈烏啼〕 271

접동새〔子規〕 272

새소리 다섯〔五禽言〕 273

괴이한 새〔怪鳥〕 279

호랑이〔虎〕 281

곽쥐〔碩鼠〕 282

고양이〔貓兒〕 285

창문을 두들기는 벌〔蜂鑽紙〕 286

벌을 풍자하노라〔嘲蜂〕 290

대〔種竹〕 291

길목 집 버들〔長亭柳〕 292

꽃이 지네〔花狼籍〕 294

금전화金錢花 296

접동새〔子規詞〕 297

봄〔春興〕 299

황혼黃昏 302

가을의 명상〔秋思〕 304

역사는 말하거늘

역사를 잃고 마음 상하여〔看史傷心〕 309

옛일〔述古〕 311

해로가에 화답하다〔和薤露歌〕 313

어허 애달파〔鳴呼歌〕 316

강태공〔呂望〕 318

굴원屈原 319

오자서〔伍員〕 320

백이 숙제〔夷齊〕 321
울분에 겨워서〔擬離騷〕 322
멱라연부汨羅淵賦 329
서산부胥山賦 336

매화 그림자 달빛 아래 춤추네

대동강을 건너면서〔渡浿水〕 347
느낀 대로〔書感〕 348
시〔學詩〕 349
금오신화에 쓰노라〔題金鼇新話〕 350
삼신산 불로초를 캐러 간다고〔采藥仙洞〕 352
방랑하는 삶〔放曠狂疎〕 355
병들어 앓으며〔譴病〕 357
만가〔挽詞〕 358
댓가지에 부쳐〔竹枝詞〕 359
등불 아래서 1〔燈下〕 361
등불 아래서 2〔燈下〕 363
느낌〔有感〕 365
가을 강〔秋江〕 366
가난〔窮居箴〕 368
남명南銘 372
북명北銘 374
나의 초상〔自寫眞贊〕 377

금오신화

만복사 윷놀이〔萬福寺摴蒲記〕 381
이생과 최랑〔李生窺墻傳〕 408
부벽정의 달맞이〔醉遊浮碧亭記〕 435
꿈에 본 남염부주〔南炎浮洲志〕 459
용궁의 상량 잔치〔龍宮赴宴錄〕 478

백성보다 더 귀한 것은 없나니

먼저 백성을 사랑하라〔愛民義〕 517
동물보다 백성이 먼저니〔愛物義〕 521
어진 군주를 기다리며〔人君義〕 524
신하의 자리도 하늘이 낸다〔人臣義〕 527
형법에 대한 논의〔刑政義〕 530
옛 정치를 본받으라〔爲治必法三代論〕 532
어찌 인재가 드물다 하랴〔人才說〕 535
재정을 다스리는 법〔生財說〕 538
나라의 위험은 어디에서 비롯되는가〔天地篇〕 542
유자한 공께 1〔上柳自漢書〕 545
유자한 공께 2〔又〕 548
유자한 공께 드리는 글〔上柳襄陽陳情書〕 551

부록

- 김시습 연보　563
- 김시습 작품에 대하여-김주철　568
- 원문　579
- 원래 제목으로 찾아보기　617

원문 차례

宕遊關西錄後志　581
宕遊關東錄後志　581
宕遊湖南錄後志　582
宕金鰲錄後志　582
金鰲新話
　萬福寺摴蒲記　583
　李生窺墻傳　587
　醉遊浮碧亭記　593
　南炎浮洲志　597
　龍宮赴宴錄　601
愛民義　607

愛物義　607
人君義　608
人臣義　609
刑政義　610
爲治必法三代論　610
人才說　611
生財說　611
天地篇　612
上柳自漢書　613
又　614
上柳襄陽陳情書　614

■일러두기

1. 《금오신화에 쓰노라》는 북의 문예 출판사에서 1990년에 펴낸 《김시습 작품집》을 보리 출판사가 다시 펴내는 것이다.

2. 옮긴이와 북 문예 출판사 편집진의 뜻을 존중하는 것을 큰 원칙으로 했으나, 한자말과 옛날 말투들은 지금 독자들이 알아듣기 쉽도록 풀어 썼다.
   예 : 시원→처음, 미구에→머잖아, 불가불→어쩔 수 없이

3. 맞춤법과 띄어쓰기는 '한글 맞춤법'을 따랐다.
   ㄱ. 한자어들은 두음법칙을 적용했고, 모음과 ㄴ 받침 뒤에 오는 한자 '렬'은 '열'로 '률'은 '율'로 고쳤다. 단모음으로 적은 '게'나 '폐' 자를 '한글 맞춤법'대로 했다.
   예 : 류랑→유랑, 루명→누명, 렬의→열의, 폐해→폐해

   ㄴ. 'ㅣ' 모음동화, 사이시옷, 된소리 따위의 표기도 '한글 맞춤법'대로 했다.
   예 : 되였네→되었네, 해빛→햇빛, 기발→깃발, 원쑤→원수

4. 남에서는 흔히 쓰지 않는 표현이지만, 북에서 흔히 쓰는 입말과 방언들은 살려 두어 우리 말의 풍부한 모습을 볼 수 있게 했다.
   예 : 돌박리, 날치다, 너죽나죽, 날비, 앉을깨, 쓰겁다, 쏠라닥대다

5. 옛사람이 엮은 문집에 있던 주석은 '■' 한 가지로 표시했고, 문예 출판사가 달아 놓은 주석은 번호 순서를 주었다.

관서 땅을 떠돌면서

〔遊關西錄〕

푸른 산에 날 저물어 나는 새도 깃드는데
흰 구름 숲 속으로 떠나가는 나그네여
굳건할손 나의 생애
거뜬할손 나의 행장
멀리 들뜬 세상 벗어났구나

성거산에 오르면서

높은 산 깊은 골 험한 고갯길에
지팡이 꺾어 짚고
상상봉에 오르노라.
푸른 산에 날 저물어 나는 새도 깃드는데
흰 구름 숲 속으로 떠나가는 나그네여.
굳건할손 나의 생애
거뜬할손 나의 행장
멀리 들뜬 세상 벗어났구나.
이제부턴 명승지나 찾아가련다
만리 강산에 내 마음 내키는 대로.

登聖居山

萬壑千巖石逕危　登高拗斷杖藜枝
鳥還靑嶂山中暮　人向白雲林下時
快矣吾生眞礧礫　遐哉人世隔塵泥
從今我欲尋形勝　萬里江湖任意馳

박연폭포

만 길 높이 솟은 벼랑 장하고도 장할시고
그 위에 고인 못물 깊이가 천 자러니
잠든 용이 선잠 깨니 노여움을 부리던가.
천 섬 만 섬 진주 구슬 한꺼번에 뿜어내어
벼랑길에 내리쏟네 천만 섬의 진주 구슬

산 귀신은 시름 속에 눈물짓고
물귀신은 놀라움에 몸부림치더니
물귀신이 그 사연 하늘에 알렸던가.
하늘의 조화런가 박살난 진주 구슬
알알이 안개비로 산지사방 흩어지네.

넘실넘실 고이던 물 맑고도 맑듯더니
섯돌아 솟구치며 다시금 울부짖네.
천리 만리 먼 바다로 거세차게 달리다가
산악 같은 물결 되어 천만 지축 뒤흔드네.

대지도 진동하는 천둥소리에

바다도 노호하여 맞받아 일떠서다.
알겠노라 너의 근원 씩씩도 하고 할사
만 길 높이 솟은 벼랑 장하고도 장할시고.

瓢淵

蒼崖萬丈何雄哉
上有泓潭千尺深　蟄龍睡起怒不禁
噴出明珠千萬斛　明珠萬斛瀉蒼壁
山鬼愁泣鮫人驚　鮫人上奏玉皇京
帝命臣靈渾擘碎　碎盡明珠如沆瀣
滾之淸溪澄且明　琅琅嗚咽復鏦錚
流向滄溟千萬里　竟作玉穴瓊岑起
蹴地掀天聲如雷　海若起舞相徘徊
固知出處壯且魁　蒼崖萬丈何雄哉

대동강에 배 띄우고

— 옛사람의 시에 화운하노라.

대동강 맑은 물 고요도 하올시고
강 복판에 비치는 달 한 손에 움켜쥘 듯
동방의 뭇 나라들 하나로 뭉쳤나니
길이길이 전쟁을 알 바 없어라.

畵舫足古韻[1)]

大同江水淨無波　月在江心手可抄
九貊三韓今混一　從來不識事干戈

---

1) 《매월당집》에는 네 수가 실려 있으나 여기에는 그중 한 수만 실었다.

혀 못[1]

작은 잇속 탐내다가 큰 은덕 잊었구나
허튼 말 한마디에 만 년 원수 될 줄이야.
못물이 점차 핏물로 변했으니
어리석은 그 할머니 혀 씻은 흔적이라네.

舌池

小利貪來忘大恩　一言便作萬年冤
至今池水渾成血　人道癡嫗洗舌痕

---

1) 못은 평양에 있다.

단군 묘[1]

단군은 겨레의 첫 시조라
태백산에 그윽한 자취를 남기었네.
하늘이 도우사 임금을 내세우고
신령이 도우사 동방 나라 일떠섰네.
천 년이 지나서 아사달[2]에 들어가
만 년토록 한 줄기 밝은 앞길 여셨네.
그 시절 그리워 가던 길 멈추니
서산에 지는 해 불그레 타오르네.

檀君廟

檀君民鼻祖　太白有靈蹤
天眷立元首　神綏鼇大東
千年入斯達　萬代判鴻濛
好古跙躇久　西山落照紅

---

1) 평양에 있는 단군 사당.
2) 단군이 천 년 만에 아사달阿斯達이라는 산으로 들어갔다는 전설이 있다.

어부

강녘에 해 저물자 푸른 물결 일어나고
아득히 먼 포구엔 쏴 처절썩 파도 소리
생선 장수 큰아들은 강어귀로 돌아오고
낚시꾼 작은 애는 강기슭에 오락가락

한평생 마상이에 목숨을 의지하고
쌍쌍이 날아예는 갈매기 벗을 삼네.
낯익어 몇 해
친하여 정든 지 벌써 몇 해째
어지러운 저 세상 내 알 바 아니로세.

지난해 관가에서 어선세 성화대어
집 식구 다 데리고 외진 섬에 피했더니
올해는 아전 놈의 벌금 독촉에
집 팔아 배를 사서 부평초 신세 되었노라.

물결 위에 몸을 싣고 달빛 따라 떠도니
도롱 삿갓 띠 우장에 속절없이 늙어 가네.

갈대숲 기슭에서 입은 옷 다 해지고
하나뿐인 기운 돛도 찬비 맞아 낡아 간다.

늙은 아내 장에 나가 봄 술을 사 왔거니
한잔 술에 얼근히 취해 노 젓기도 흥겨워라
구름 따라 돛을 돌려 무인지경 달리며
어기여차 한 곡조에 만경창파로 떠나가세.

漁父

江波日暮碧鱗起　遠浦咿啞聲不已
大兒江口販鮮回　小兒沿渚釣鱣鯉
生涯一竿與扁舟　寒盟只是雙雙鷗
相親相狎已數年　不識人間今古愁
去歲官家漁稅討　挈家遠入碧海島
今年里胥來催科　賣家買艇依寒藻
長伴江波與明月　蒻笠蓑衣年已老
羊裘飄零黃葦渚　短篷敗盡寒江雨
老妻入城市春醪　一樽半醉鳴柔櫓
雲隨帆影不見人　欸乃一聲歸別浦

삽석연을 지나다가 주인에게 드리노라

그대 아니 보았던가
평양성 서쪽 푸른 바다 기슭
깎아지른 돌 벼랑이 병풍처럼 솟은 것을.
거세찬 물굽이 울어예는 여울물
옥구슬 울리는 듯 풍악을 아뢰는 듯.

또 아니 보았던가
갈대 우거진 바다가 옥야 천리
자라나는 봄 곡식과 무르익은 가을 벼를.
팔구월 추수하여 옥백미 쓸어 내면
그 쌀로 밥을 지어 첫술 들어 맛을 보고
집집마다 술 빚으니 그 술맛은 감주로다.
술독마다 조록조록 술 거르는 소리거니.
취흥에 낚대 들고 강기슭에 앉았노니
바닷가 어부 노릇 신선일시 분명하다.

어기여차 뱃노래에 노 저으며 떠나가니
까마득한 수평선에 하늘빛이 드리웠네.

바닷물 얼어들어 고기 아니 물거들랑
두둥실 떠나던 배 달빛 안고 돌아오네.
즐거울손 그대 생애 선경이 여기로다
저 세상 부귀영화 부질없는 일일레라.

入挿石堨贈人

君不見 平壤城西滄海潯　浦口挿石如削簪
巨濼鳴瀧入海濤　恰似環珮笙鏞音
又不見 海堨沃野菰蒲鄕　春苗芃芃秋稻香
八月九月稻熟時　淅玉炊雲翻匙嘗
家家社甕玉蛆秙　小槽珠落聲琳琅
醉來持竿喚不起　烟波釣徒眞玄子
浩歌一聲刺船去　兩岸茫茫天浸水
水寒夜冷魚不餌　載月滿艇回岸蟻
喜君卜居遠紛厖　世間寵祿徒爾爾

부벽루

층층대 굽이돌아 오르니 천 길이요
누다락 높디높아 까마득 백 자로다.
홍기와 청기와는 아롱아롱
푸른 물 기슭에 넘실넘실
경치는 여전하나 내 머리 백발이요
강산은 무심하나 이내 마음 유정하네.
서녘에 지는 햇빛 나그네의 시름인가
창공에 돋는 달빛 이내 마음 씻어 주네.
이제야 올라 보니 감흥도 새로워라
저녁 까마귀 느닷없이 숲 속에서 지저귀네.

浮碧樓

回磴千尋樓百尺　朱甍碧瓦映江潯
風光未老年將老　雲物無心人有心
綠樹夕陽迷客眼　碧天新月洗塵襟
登臨此日多情興　怕聽昏鴉噪晚林

산골 집 1

인가도 적은 산골에 들어서니
비탈밭에 귀밀만 푸르구나.
물 따라 구름 따라 삼백 리
기나긴 나그네 길 흘러간 세월이여.

산길은 들풀 속에 묻혀 있고
뜨락엔 떨어진 꽃 흩날리네.
이내 몸 어느 곳에 머무를꼬
천지간에 부평 같은 신세거니.

峽中人家

入峽人家少　崆峒燕麥青
水雲三百里　歲月一長亭
野草埋山徑　閑花落小庭
此身何處泊　天地任浮萍

산골 집 2

산골 시냇가에 의지한 판잣집
부들 바자에 오이 넌출 얽혔네.
지붕엔 비둘기 우짖고
울 밑에 어린이 소꿉질

벼 기장은 이랑에 넘실넘실
소 염소는 지는 해 푸념하네.
이곳에 오래오래 뿌리내려 사는 자는
생전에 손자의 손자까지 본다더라.

山家

板屋依山磵　樳籬瓜瓞繁
錦鳩鳴屋角　稚子語籬根
禾黍田原逈　牛羊落日喧
人言居此地　往往見玄孫

아홉 봉우리*에 올라

아홉 봉우리에 지팡이 짚고 올라서니
팔만 겹의 멧부리 사방을 둘렀구나.
구불구불 측백나무 벼랑 턱에 뻗었고
그림인 듯 절벽 위엔 폭포수 걸렸구나.

한낮에 벼락 쳐서 못된 풍속 깨우치고
청산에 비바람 치니 늙은 용이 일떠서네.
저 멀리 서북 땅이 한눈에 안겨 오니
내 가슴 넓히려고 무삼 일로 애쓰랴.

登九峯頂

扶筇遙上九疑峯　四面岩嶢八萬重
卷柏似藤緣絶壁　危矽如畵掛飛淙

---

* 비로毘盧, 문수文殊, 보현普賢, 지장地藏, 관음觀音, 미륵彌勒, 나한羅漢, 의상義湘, 상원 上院이다.

電雷白晝駭頑俗　風雨靑山起老龍
一望直窮西北界　何勞雲夢吞吾胸

상원폭포

한 줄기 은하수 창공에 드렸으니
구슬을 날린 듯 그 소리 아름답다
청천벽력은 찬비를 몰아오고
평지 파도엔 늦바람 이는구나.

깊은 밤에 잠든 용은 좋은 꿈에 놀라 깨고
첫새벽에 산 귀신은 갈 길 몰라 울부짖네
하늘에서 달이 지니 잔나비 울어 대고
귀에 익은 물소리 돌부리를 스치네.

上院瀑布

一道銀河垂碧空　漱雲飛玉響玲瓏
晴天霹靂吹寒雨　平地波濤起晚風
半夜蟄龍驚好夢　終朝山鬼泣途窮
上方月落猿啼處　慣聽明珠瀉石矼

대동강 기슭에서 장사꾼 안해의 하소연을 듣고

매서운 그 사나이 어떤 사람이뇨.
버드나무 강기슭에 배를 매고서
지난해 관서 길을 떠나갈 적에
야릇한 말솜씨로 나를 속였답니다.
낸들 그런 속임수 어이 알았으랴
거짓 아닌 참인 줄로만 여겼답니다.
비단 싣고 내 집 문을 지나면서
곁눈질 슬쩍하고 돌아도 안 봅니다.

그때부터 몇 해나 지나갔건만
그대 생각 애간장 타고 탑니다.
그대 마음 저 언덕의 쑥대와 같이
바람에 나부껴 느닷없이 흔들립니다.

이내 마음 실실이 버들잎처럼
그리움 못 이겨 눈물짓습니다.
님이여 다시 한 번 마음 돌려
내 손목 잡을 일 없으려오.

여자의 연연한 마음이오나
첫날 다진 그 맹세 어이 잊으리까.
내 그대 위해 이 한 잔을 권하오니
다시는 떠나간 님 생각을랑 하지 마오.

大同江岸 紀商婦語

挑撻何人斯　泊舟柳磯下
去歲向關西　綺語正挑我
我時不知狡　將謂非邪哆
貿絲過門間　睨視曾不顧
邇來已數年　爲汝傷沈痼
君心陌上蓬　飄飄無定趣
妾心如柳絲　糾結常戀慕
重來舒脫脫　無復撼我帨
婉孌女兒心　本守靡他誓
爲君進一觴　莫使再忐澧

일곱 옹중※

저 언덕 위에 뻗쳐 선 일곱 옹중[1]
애꿎은 풍상 만나 그 몇 해더냐.
천 년 역사를 너 혼자 보면서
강변에 우뚝 솟아 길이 섰구나.

당나라 황제는 제풀에 물러서고[2]
수나라 병사들도 참패를 당했거니[3]
고국산천이야 어이 변하랴
우거진 풀대만이 아득히 펼쳐졌네.

※ 사람들은 이를 '일곱 부처'라고 한다.
1) 돌사람. 중국 진秦나라 때 완옹중阮翁仲이라는 사람이 있었는데 그가 죽은 뒤 동상을 만들어 세웠다. 이로 인하여 동상이나 석상을 '옹중'이라고 한다.
2) 654년 당나라 태종 이세민이 고구려를 침략하다가 격퇴당한 일을 말한다.
3) 612년 수나라가 고구려를 침략하다가 섬멸된 일을 말한다. 일곱 옹중은 침략군이 섬멸된 강가에 서 있다고 한다.

七翁仲

岸上七翁仲　贔屭今幾年
慣看千古事　長立一江邊
唐帝親征返　隋兵敗績旋
山河渾不變　沒脛草連天

멀리 바라보며

멀리 바라보니 거칠 것 없어
높낮이 모두가 평원일레라.
천하가 좁은 줄을 알리로다
문득 고향산천 눈앞에 안겨 오네.

삼면은 바다
봉마다 성벽
내 마음 오늘은 장쾌하구나
이만하면 하늘 위에 오른 셈이지.

遠望

遠望無岡巘　高低似野平
已知天下小　忽眄故鄕明
三面皆環海　千峯似列城
客心今日壯　擬上玉皇京

태백 김문량의 시에 화답하여

김문량이 쓴 시, "유가를 버리고 묵가를 닦다니 이 무슨 마음인가. 우리 길은 원래 사물 밖에서 찾는 것이 아니로세. 두 길의 가는 뜻을 분명히 알려거든 부디 《논어》나 《맹자》에서 찾을지니라."에 화답하여 쓴다.

길은 가닥이 많다 하나
마음 닦는 길은 한 갈래이니
마음 닦는 이 길을 다른 데서 어이 찾으랴.
다만 현실에서 거리낌 없으렷다
옛사람 찌꺼기만 씹고 씹어 무엇 하리.

*

허나 이 세상 사람들은
눈 뒤집고 마음 굽혀 애써 말하네
벼슬 다한 뒤에 진리를 찾겠노라고.
허튼소리 아무리 외우고 지껄여도
귀밑머리 희어지면 죽음만이 찾아오리.

■ 김문량의 이름은 수온守溫으로 이때에 중국에 사신으로 갔다.

和金文良韻

捨儒歸墨是何心 此道元非物外尋 欲識兩門端的意 請看論孟細參尋

歧路雖殊只養心　養心不必謾他尋
但於事上渾無导　糟粕何須歷歷尋
　　　＊
世人萬目又蓬心　盡說休官擬遠尋
虛計萬般終失實　鬢邊霜雪老侵尋

〈관서 땅을 떠돌면서〉 뒤에 쓴다
宕遊關西錄後志

　나는 어릴 적부터 성격이 얽매이기 싫어하고 잇속을 좋아하지 않았으며 집안 살림살이도 돌보지 않았다. 다만 청백한 가난으로써 내 뜻을 지키며 산수 간에 노닐면서 경치나 시 읊을 것을 염원하였다. 일찍이 과거에 나선 벗들이 부질없이 나를 벼슬길에 추천하여 준 적도 있었으나 그런 것은 아예 관심조차 두지 않았다.
　어느 날 갑자기 충격적인 일[1]을 당하자 나는 생각했다. 대장부가 이 세상에 태어나서 자기 뜻을 실행할 수 있는데 물러나 도덕과 윤리를 저버린다면 이는 수치스러운 일이지만, 만일 자기 뜻을 실행할 수 없을 바에는 차라리 제 한 몸이나 깨끗이 하는 것이 나으리라고. 이왕이면 이 어지러운 세상을 벗어나서 진도남[2]과 손사막[3]의 유풍을 본받고 싶었으나 우리 나라에는 이런 습속이 일찍이 없었으므로 어떻게 할지 좀처럼 마음을 정할 수 없었다. 그러다가 하룻밤

---

1) 세조世祖가 단종端宗을 죽인 일을 가리킨다.
2) 진도남陳圖南은 중국 당나라 말기에 화산에 은거한 사람으로 도남은 그의 자이다. 이름은 단摶, 호는 부요扶搖 또는 희이선생希夷先生이다.
3) 손사막孫思邈은 중국 수나라 말기 사람. 벼슬을 버리고 은퇴하여 의서와 많은 책을 썼다.

에 문득 깨달은 바가 있었으니, 차라리 승려의 옷으로 갈아입고 산사람 노릇을 한다면 내 염원을 이룰 수 있을 것이라고 생각했다.

드디어 송도로 향하여 허물어진 성터를 거닐면서 황폐한 마을들을 돌아보았다. 옛날 궁전과 왕릉 자리가 모조리 쑥대밭으로 변하였으니 이 어찌 개탄할 일이 아니랴. 다시 천마산天摩山, 성거산聖居山 들에 올라 산봉우리들이 솟은 모습과 박연폭포의 웅장한 기상을 본 다음 관서로 발길을 옮겼다. 절령岊嶺 험한 고개를 넘고 대동강을 건너 평양 옛 도읍지를 찾아들었다. 정전의 자취[4], 성곽의 유적과 대궐, 사원, 정자들의 장엄한 모습이며 번화한 인물과 풍부한 물산들은 고조선의 유풍이 상기도 남아 있는 듯하였다.

여기에서 다시 청천강 물기슭을 거슬러 올라 안시성[5]에 당도하였다. 수나라와 당나라 군대를 쳐부수던 장엄하고 격렬한 자취가 눈앞에 선하게 나타나 후대의 시인 작가들로 하여금 걸음을 멈추고 천고의 의분을 자아내게 한다.

또 묘향산에 올라 남쪽으로 아득히 섬들을 바라보며 북쪽으로 험준한 산하도 둘러보았다. 바위틈 오막살이에 몸을 의지하여 밝은 달빛을 유일한 벗으로 삼았다. 혹은 시냇가 반석 위에 앉아 쉬다가 혹은 높은 산마루에 오르기도 하였다. 천 년 묵은 솔숲은 하늘에 맞닿았으며 향기로운 풀 버섯들이 질펀하게 널려 있었다. 기기묘묘한 새 짐승들이며 정가롭고 아리따운 초목들이 모두 나로 하여금 흔연히 시를 읊게 하였다. 혹은 나뭇잎에다 쓰기도 하고 혹은 바위 벼랑

---

4) 옛날 평양 주변에 정전井田 제도를 실시하던 자취가 남아 있었다는 말이 전한다.
5) 요하遼河 유역의 안시성安市城을 오늘의 안주安州로 잘못 인식한 것이다.

에 적기도 하였다.

  이러다가 집에 돌아오면 쓸쓸히 홀로 앉아 차를 마시며 푸성귀로 요기하면서 울분을 풀고 세상 근심을 잊을 수 있었다. 만일 내가 벼슬길로 나아갔더라면 이와 같은 깨끗한 생활은 누릴 수 없었을 뿐만 아니라 자유롭게 강산 유람도 못하였을 것이 아닌가.

  아, 인간이 천지간에 태어나서 이해와 명예에 얽매이고 생업에만 허둥거려 뱁새가 둥지를 떠나지 못하듯 박 덩굴이 섶에 얽히듯 자기 몸을 얽매어 버린다면 어찌 괴로운 일이 아니랴. 이렇게 적어 세속 선비를 격려하노라.

  무인년(1458) 가을에 청한[6]은 적는다.

---

6) 청한淸寒은 김시습의 호이다.

관동 땅을 떠돌면서

〔遊東西錄〕

봄바람에 막대 짚고 관동 산수 찾아드니
원주 가는 길목엔 풍경도 좋을시고
사람 없는 객사에는 말 수레도 드물고
비 맞은 길섶에는 해당화 붉어 있다
십 년 나그넷길 신짝도 다 해져
천하 만리에 빈 자루뿐이로세

네 가지 새소리를 노래하다

두메산골에 네 가지 새가 있어 아침저녁 울어 대며 사람을 깨우친다. 이를 시로 지어 세상 사람들에게 경고하노라.

위수추리[1]

위수추리 위수추리
공명과 잇속에 눈이 어두워
갈팡질팡 벼슬길에 싸다닌다고.
세월은 사람을 더럽히고
운명은 하늘을 원망하노라.

천만 가지 비참한 이 세상일
막다른 골목에서 눈물짓는다.
두어라 침 뱉어 버리고 가자
계수나무 그늘 밑에 돌아감만 못하리.

---

[1] '위수추리爲誰趨利'는 "누구를 위해 잇속을 쫓는가?"라는 뜻으로, 이를 취하여 부른 노래이다.

역막파공[2]

역막파공 역막파공
공을 붙들고 앉지 말라네
중옷 입었다간 네 신세 망친다고.
인간에겐 사람 도리 저버리고
세상에겐 나라와 가정을 배반하나니

가슴속엔 천당 지옥뿐이요
머리 위엔 백 자 먼지만 앉았구나.
차라리 속세의 궁한 백성 되어
남과 같이 살아감만 못하리.

불여귀[3]

불여귀 불여귀
제 고향에 돌아감만 못하다네.
허나 어디에 마음 내켜 떠나갈 곳 있으랴.
벼슬길은 풍랑 사납고

---

2) 역막파공亦莫把空은 "공을 붙들지 말라."는 뜻으로, 이를 취하여 부른 노래이다.
3) 접동새 소리. 불여귀不如歸는 "돌아감만 못하리."라는 뜻으로, 이를 취하여 부른 노래이다.

재상집엔 글 아는 자 없어라.
허둥지둥 인생행로 헤매다가
쓸쓸히 제 그림자에 조문하네.
두어라 타고난 내 분수 지켜
심심산골로 돌아감만 못하리.

비비[4]

비비 비비
애달프고 애달프네 이 세상일이
말을 하려니 눈물만 쏟아진다.
한평생 남을 위해 종살이하고
언제나 쇠사슬에 얽매여 사네.

분수 지킬 줄이야 어이 모르랴만
어디에 우리의 낙원이 있다더냐.
묻노니 누가 이 마음 알아주랴
애달픈 시름 속에 가지 위를 맴도네.

---

4) 비비悲悲는 "애달프고 애달프다."는 뜻으로 이를 취하여 부른 노래이다.

詠四禽言

山中有四禽 警於朝暮 足以感人 因以警世

爲誰趨利

爲誰趨名利　奔馳紫陌中
風塵惹人面　榮辱怨天公
滿目悲生事　臨歧泣路窮
不如唾謝去　高臥桂花叢

亦莫把空

亦莫把空坐　緇衣誤一身
人間滅道理　世上叛君親
胸礙三生事　頭蒙百尺塵
不如爲俗子　例作一窮民

不如歸

不如歸去好　何處可安歸
宦路風濤惡　侯門知識稀

爲人長戚戚　弔影正依依
莫若甘吾分　林泉不履機

悲悲

悲悲當世事　欲說更潸然
百歲爲他使　長年被累牽
不知安是分　底處樂吾天
試語伊誰采　銜悲繞樹顚

원주를 지나다가

봄바람에 막대 짚고 관동 산수 찾아드니
원주 가는 길목엔 풍경도 좋을시고.
사람 없는 객사에는 말 수레도 드물고
비 멎은 길섶에는 해당화 붉어 있다.

십 년 나그넷길 신짝도 다 해져
천하 만리에 빈 자루뿐이로세.
남의 시름 시흥 속에 이내 마음 뒤설레니
하물며 산새 소리 꽃가지에서 지절댐에야.

原州途中

春風一錫向關東　路入原州烟樹中
公館人稀車馬少　長亭雨過海棠紅
十年道路雙鞋盡　萬里乾坤一橐空
詩思客情俱攪我　況聞山鳥語花叢

정위를 조롱하노라

내 일찍이 들었노라
발구산에 새 있어 그 이름 정위[1]라네.
언제나 서산 나무 물어다가
바다를 메우고 염제[2]를 구하려고
갖은 애 다 써 가며 깊은 바다 메우려고
발분하여 돌아친 세월 얼마냐.
힘겨움 그 어찌 헤아리지 못했으랴만
품은 뜻 끝내 변할 줄 몰랐노라.

그렇기는 하다만 어리석은 일이었다
백천 갈래 저 강물을 그 어이 막단 말가.
모든 강물 흘러들어 넘실거리며
밤낮 바닷물은 부풀어 오른다네.
너 진정 일편단심 품었다지만

---

1) 새 이름. 《산해경山海經》에 발구산發鳩山에 정위精衛라는 새가 있는데 언제나 서산의 나무와 돌을 물어다가 동해를 메운다는 이야기가 실려 있으며, 《술이기述異記》에는 염제炎帝의 딸이 동해에 빠져 죽어 그 넋이 정위가 되었다고 하였다.
2) 염제는 밭갈이와 의약을 처음 가르쳤다는 전설적인 임금이다.

부질없이 네 속만 썩이고 말걸.

嘲精衛

嘗聞發鳩山　有鳥名精衛
常含西嶺木　塡海救炎帝
苦心竭東溟　發憤經幾歲
豈不量其力　志大終不替
雖然知爾癡　百川其可防
衆流常混混　日夜奔蒼茫
逞爾方寸心　徒使腐爾腸

서불[1]을 조롱한다

인생이 기껏해야 백 년도 되나마나
그나마도 수명 장단 하늘에 달렸거늘
어찌 이 세상에 허구 많은 사람들이
모조리 팽조[2]처럼 산단 말가.

그 누가 삼신산을 보았다더냐
그 누가 신선약을 전한다더냐.
하나의 평범한 백성 되어서
무삼 일로 높디높은 임금을 속였노.

배 띄워 먼 바다 떠난 뒤로는
까마득 소식조차 없었더란다.
애매한 동남동녀 삼천 명만이
울며불며 그 뒤를 따라갔다네.

---

1) 서복徐福이라고도 하고, 불市 자를 시市 자로 혼동하여 서시라고도 한다. 진 시황 때 사람으로 불사약을 구하기 위하여 동남동녀 삼천 명과 배를 타고 삼신산三神山으로 갔으나 돌아오지 않았다고 한다.
2) 팽조彭祖는 팔백 살까지 살았다는 전설적인 인물이다.

천 년이 지나간 오늘에 와서
생각하니 그들이 불쌍하구나.

嘲徐市

人生但百歲　壽夭且在天
焉能人世間　盡得彭鏗年
三山誰所見　仙餌誰所傳
奈何一匹夫　欺詐萬乘主
一舸入東海　漂渺無人覰
三千童男女　呱呱啼且隨
遂使千載下　緬懷良可悲

여우

바위 굴 기슭에 해는 지는데
바람 소리 우수수 하소연하듯
거친 들판에선 미인으로 둔갑하고
무너진 절터에선 돌담을 파헤치네.

얼음을 건널 땐 물소리 살펴보고
거짓 위엄 뽐내려고 호랑이를 등쳤네.
요망한 미물이라 허술히 보지 말라
연나라 늙은 여우 언변도 좋았다네.[1]

詠狐

落日千巖畔　風嘷似訴冤
荒郊爲美女　古寺穴頹垣

---

[1] 《수신기搜神記》에 옛날 연나라 소왕昭王의 무덤 속에 살던 늙은 여우가 남자로 둔갑하여 학자인 장화張華를 자주 찾아가서 고상한 이야기를 들려주었다는 이야기가 실려 있다.

善聽嫌氷陷　宣威假虎尊
莫言妖媚物　燕墓聽高論

어촌

안개비 자욱하니 어촌은 어둠 속에 잠겼고
갯가에 비린 바람 불어오니 바다가 멀지 않은 듯
낚싯배는 어디 가고 상기 오지 않는가
봄물이 불어나서 썰물 흔적 사라졌네.

漁村

一江烟雨暗漁村　滿浦腥風接海門
何處釣船猶未到　半篙春水沒潮痕

여강의 어부에게

여강의 저 물이여 맑고도 맑을시고
물결조차 고요하니 하늘을 담은 듯
아득한 갯가엔 아지랑이 비꼈는데
구성진 뱃노래 그 속으로 울려 가네.

강물에 노을 비쳐 먼 산도 보랏빛 같고
창파에 해 저무니 고기 비늘 번쩍이네.
도롱이에 삿갓으로 앉아 있는 저 낚시꾼
순박한 그 모습 예스럽구나.

나라의 흥망성쇠 내 알 바 아니라
달 밝은 밤 푸른 물에 삿대질하네.
모래톱엔 부들이 아득히 펼쳐 있고
수양버들 여울목은 잉어의 낚시터라.

헛된 생각 다 끊으니 고기 새우 벗이 되고
출렁이는 저 강물이 제 집 되었네.
도도한 그 기세로 바다에 들어가니

넓고 넓은 온 천지가 한 손 안에 잡힐 듯
저기 저 낚시꾼아 어디 말 좀 하여 보자
세상의 공명도 헛된 일일세.

驪江 贈漁父

驪江之水淸且漣　澄淨無波涵碧天
遙遙遠浦暮靄橫　漁歌聲入寒江烟
寒江烟淡遠山紫　日暮漣漣碧鱗起
蒻笠蓑衣把釣竿　貌古言哤儋兩耳
朝代興亡兩不知　一竿明月蒼波裏
小渚茫茫蒲荇長　楊柳磯中釣鱨鯉
機心已息侶魚蝦　瀲瀲灩灩江之水
江水滔滔入海門　俯仰堪輿如一指
烟波釣徒可與言　世上功名徒爾爾

산골 집을 지나며

산골 집 가을은 쓸쓸도 해라
앞뜰엔 후두둑 밤알만 떨어지네.
기장 다 익으면 술을 빚고
배추도 자라면 안주로 삼세.

굶주린 새매는 가지 위에 우짖고
마른 송아지는 빈 들판에서 풀을 뜯네.
해 저물어 개 짖는 소리 들리더니
앞마을에 관리 놈이 지나가누나.

遊山家

山家秋索索　梨栗落庭除
秬熟堪爲酒　菘肥可作葅
飢鷹號老樹　羸犢齕荒墟
日晚喧雞犬　前村過里胥

도중에서

관동 산수를 낱낱이 돌고 나니
남쪽 나라에서 달이 둥실 떠오른다
눈 아래 모여드는 봉우리도 많거니와
이내 허리 전대에는 노자 상기 길었어라.

한생을 앉은 자리 더울 새 없이
온종일 떠다니니 가슴속에 단내 난다.
강산 유람을 언제나 끝마치고
단칸 초가에서 포근히 쉬어 볼꼬.

途中

關東山已盡　南國月初圓
眼底峯無數　腰間錢又纏
長年席不暖　竟日肺生烟
遊歷何時遍　團茅息萬緣

〈관동 땅을 떠돌면서〉 뒤에 쓴다
宕遊關東錄後志

　우리 나라는 영토가 비록 좁지만 산수 경치가 좋아 세상 인재들이 모두 우러러본다. 공자도 일찍이 동방에서 살아 보고 싶다고 한 적이 있거니와 심지어는 중국 사람들이, "고려국에 태어나서 금강산을 보고 지고" 하는 말까지 하게끔 되었던 것이니, 이는 바로 물이 맑아 아니꼽고 너저분한 속세의 어지러운 가슴속을 말끔히 가셔 줄 수 있기 때문이었다.

　내가 관서 지역에서 관동 길로 접어들면서는 금강산, 오대산 등의 명승 절경을 두루 찾아다니니 모두 산세가 기괴하고 물소리가 영롱하였는데 그중에서도 개심開心의 폭포수, 풍악산楓嶽山의 암석, 명연鳴淵의 개울물은 모두 사람의 가슴속을 깨끗이 씻어 주었거니와, 골이 깊고 수목이 우거져 속세 인간들이 이르기 어렵기로는 오대산이 으뜸이다.

　또한 강릉 동쪽에 있는 경포대鏡浦臺, 한송정寒松汀 등은 옛날부터 신선이 와서 놀았다는 전설이 있는 곳이다. 마침 이날 구름은 걷히고 바람까지 멎어 하늘은 맑고 바다는 잔잔하였다. 마치 거울 속처럼 그지없이 맑아 멀리 전설적인 동쪽 나라가 바라보이는 듯도 하였다. 이리하여 유람객들의 눈길을 한없이 넓혀 주었다. 내 몸에 비긴다면 소동파의 말처럼 하늘과 땅 사이에 붙어사는 하루살이요 넓은 바다에 떠 있는 좁쌀 한 알에 지나지 않는 존재였다.

다만 유감인 것은 동행들에게 끌려가 국도國島와 삼일포三日浦와 총석정叢石亭을 다 보지 못한 점이었다. 뒷날 다시 올 때에는 무엇보다도 반드시 먼저 이곳들을 봐 오늘의 유감을 풀 수 있다면 죽어도 유감이 없으리라.

나의 행차는 종적이 뜬구름 같아 이리저리 떠다니는 신세라 이번 걸음도 이렇게 바쁘게 되었다.

경진년(1460) 구월에 청한은 적는다.

호남 땅을 떠돌면서
〔遊湖南錄〕

땅도 기름지고 물고기도 풍성하다
비린 냄새 갯가에서 바람결에 풍겨 오네
바다 기슭의 외로운 고을 하나
작은 마상이 밀물 따라 들어오네

물고기 장마당엔 대 그늘 우거지고
주막집 마을엔 꽃향기 풍겨 오네
갈매기 떼 흩어지자 사람들도 돌아가고
해 지는 황혼녘에 개 짖는 소리로세

갈밭재를 넘으니 날이 저물다

두어 발 지는 해는 골 어귀에 스며들고
숲 속의 매미 소리 석양에 처량하다.
나그네의 마음씨런가 버들개지 설레고
길가에서 나그넷길 십 년 세월 흘렀네.

노을 비낀 고갯길에 인적은 끊어지고
달 뜨는 깊은 산에 고목이 울창해라.
이 영을 얼른 넘어 호남 명승 찾아가세
저기 저 울바자엔 귤 열매 누렇구나.

踰蘆峴 日暮

數竿紅日照羊腸　風樹寒蜩號夕陽
客裏情懷三月絮　路中行色十年霜
煙橫小巘行人絶　月上尖峯古木蒼
從此湖南探勝景　剩看籬落橘橙黃

견훤이 전주에서 군사를 일으키다

견훤이 전주에서 성 쌓을 때
그 기세 감히 누가 당할쏘냐.
붉은 바지 입은 군사[1] 어디에서 나타났노
견훤을 잘 섬겨 신처럼 받들었네.

낡은 통치 뭉개고 새 나라 세워
스스로 임금 되어 백성을 다스리니
북으로 맞닿아 한강이요
동으로 뻗쳐 두류산이라.

나라가 강하니 누가 업신여겼으랴
물산도 풍성하고 인심 안정되었더라.
신라의 접경을 넘겨보고 다투더니
용과 맞붙어 판가리로 싸우더니
부자간 싸움질에 화를 입어서

---

[1] 9세기 말에 신라의 서남방 일대를 휩쓸던 농민 군대가 모두 붉은 바지를 입었기 때문에 '적고군赤袴軍'이라고 하였다.

한집안에 피비린 종말을 고하였네.

甄氏起於完山

甄氏城完山　意氣何豪凌
朱衣何處翁　托迹神降凝
革舊自鼎新　握符治黎烝
北接漢江濱　東至頭流陵
剛强人不侮　富庶心不懲
侵彼斯盧境　龍虎相猜憎
卒被梟鏡禍　魚爛相分崩

세 아들이 아비를 금산에 가두다

간신이 세 아들[1]을 부추겨 댔도다
허나 아들은 견훤의 혈육인데
천치인 양 자리다툼 정신이 빠져
한집안 인륜은 깡그리 잊었구나.

못된 힘 믿고서 아비 자리 탐내며
하늘이 무서운 줄 알지 못하였네.
절 안에 제 아비 가두고
나라 버리기 헌신짝 같네.

푸른 산 소나무를 다 깎아 세운대도
그의 죄악은 다 쓰지 못하고
창창한 바닷물을 다 길어 온대도
그의 악독한 짓 다 씻지 못하리라.

---

1) 견훤의 아들 신검神劍, 양검良劍, 용검龍劍을 가리킨다. 이들이 내란을 일으켜 935년에 견훤을 금산사金山寺에 가두고 동생 금강金剛을 죽였다.

그러기에 마지막 천벌이 내려
남의 손에 부소산이 무너졌느니.

三子囚父於金山

姦臣喉三劍　三劍眞甄人
欲紹癡壞精　夷坦無彝倫
恃强欲自簒　罔畏高高旻
纍父胡神祠　視國如拾塵
赭彼海岸松　未足書其惡
挹彼滄溟波　不盡浣其毒
皇天卒降威　假手扶蘇麓

고려 태조가 황산성에서 성토하다

하늘이 천벌을 내렸구나
번개 칼날이 남으로 달렸네.
준엄한 황산성 아래서
맑은 하늘에 천둥이 울렸네.

큰 괴수들이 머리를 굽히고
그대를 돕겠노라 봉작을 받았다네.
거룩한 왕위 시중 벼슬
하늘의 위엄을 두려워하였기에
흉한 무리 무찌르고 만백성을 구원했네.

춘추 열국들이 주나라에 맹세하듯
사방 군웅들이 신하라 일컬으니
드디어 삼한을 평정하고
터 닦아 통일된 고려를 세웠구나.

麗祖聲罪於黃山城

皇天假有命　雷霆馳南陸
岌嶪黃山下　白日轟霹靂
渠魁來俛首　贅從賜田爵
矯矯王侍中　堂堂心不愧
以彼畏上帝　誅殘剔民病
四境卒稱臣　宛如周會盟
剗却三韓寞　肇基高麗正

솔을 심고

차디찬 겨울에도 견디는 너의 절개
문 앞에 심으니 속마음 간절하다.
사람 없는 뜨락이라 솔바람 더욱 사랑하고
달 비치는 창가에선 너를 두고 시를 읊네.

때마침 봄이 오면 봄비에 목 축이고
기를 활짝 펴고서 거문고에 나앉네.
다른 날 내가 늙어 이곳 다시 올 적에는
모름지기 백 길 높은 낙락장송 되고 말고.

栽松

宕翁憐汝歲寒心　栽培山門意更深
庭院無人聲可愛　簷櫺篩月影堪吟
會見承春沾雨露　不妨得意近床琴
他年老我重來此　須化龍蛇聳百尋

죽순 껍질로 신을 삼아 준 이에게 사례하여

삼실 꼬아 신날 넣고 죽순 껍질 신총 내어
살갑고도 단단하니 보기에만 좋을쏘냐.
산을 넘고 들을 건너 떠다니는 나의 생애
일생 동안 신은 신이 몇 켤레나 되었던고.

험하고 머나먼 길 끝없이 가는 길에
짚신을 준다 한들 그 아니 고마우랴.
하물며 도래 납작 반달 같은 고운 맵시
찬 겨울에 신틀 차려 삼아 낸 이 신이랴.

무늬도 아롱지고 씨날도 정밀하다
이모저모 만져 보니 발에 차마 신을쏜가.
내 이제 서쪽으로 산을 넘어가려 하나
돌부리에 발이 찢겨 올라가기 어려우리.

고마울손 그대 선물 이 신 한 켤레
황금 쟁반 준다 한들 이보다 기특하랴.
흰 버선 푸른 행전 죽순 신 신고 나면

험한 높은 영도 힘 안 들고 넘으리라.
소원을 풀어 준 그대 정분 잊을쏜가
일생을 같이할 의형제를 맺어 보세.

有惠斑箬鞋者謝之

挑絲織履箬爲趾　輕涼緻密端可喜
一生曾着幾緉鞋　翫水遊山苦行李
不惜根斷道路艱　雖餒苴賁謝無已
況復彎彎半蟾影　産出歲寒錦棚裏
犀紋粲爛爪瓣精　个个新若不忍履
我欲西遊海上山　水石囓足難躋攀
感君惠我一雙屩　何啻贈我雙金盤
白韤靑縢爲君補　不妨躐足登巘屼
願因余懷永不忘　死生作契如芝蘭

바닷가 장거리

땅도 기름지고 물고기도 풍성하다
비린 냄새 갯가에서 바람결에 풍겨 오네.
바다 기슭의 외로운 고을 하나
작은 마상이 밀물 따라 들어오네.

물고기 장마당엔 대 그늘 우거지고
주막집 마을엔 꽃향기 풍겨 오네.
갈매기 떼 흩어지자 사람들도 돌아가고
해 지는 황혼녘에 개 짖는 소리로세.

海市

地饒漁鹽利　腥風接海門
孤城臨浦口　小艇入潮痕
竹暗懸魚市　花香賣酒村
人隨鴉影散　雞犬鬧黃昏

산골 개가 저물녘에 짖는다[■]

컹컹 바위 굴 속에서 개가 짖는데
구름은 흩어지고 솔 문가에 저녁 해 비꼈구나.
개도 생각 있어 제 자취를 감췄거늘
세상 사람 어이하여 싸움질 못 피할꼬.

山犬暮吠

猖猖山犬吠巖窪　雲返松關日已斜
狗亦有心忘物外　世人何不避喧譁

■ 변산에서 개 한 마리가 바위 굴 속으로 들어가더니 몇 해가 지나도록 나오지 않는다고 한다.

병중에

무당은 귀신이 들었다 외쳐 대고
의원은 바람을 맞았다 머리를 설레설레
웬걸 두 사람 다 틀린 말이다
시 짓다가 막히는 것 내 탓일세.

病中[1]

巫言鬼見嘖　醫道風中頭
兩語俱皆錯　詩窮是我仇

---

1) 여덟 구 가운데 뒤의 네 구만 옮겨 실었다.

조 진사와 함께 곤을 두면서

그는 궁지에 빠졌나니
마치 조롱 속의 새 신세로다.
이 몸은 여기저기 떠돌다가
산골에 박힌 신세 되었구나.

만났으니 승부를 겨루세
선수는 나에게 잡혔나니
응원군을 청해 오고서야
그대 마음 놓일 테지.

   *

검은 말 흰 말 맞부딪쳐
세상길 하도 사나워라.
남의 말을 믿으려 안 하다니
그대 장차 어디로 가려뇨.

덤벼치다 길 먹에 걸려들면

그대의 집안은 아내 덕에 거덜나니
서서히 뒤로 물러서고야
구원될 그날이 있으리라.

與趙進士困戲相謔[1]

子困西原籠裏禽　我今遊傲困山林
相逢勝負吾先報　朱紱應來慰子心
　　　　*
黑白相搏道路危　有言不信向安之
三雖不見其妻禍　九四徐徐援有時

---

1) 세 수 가운데 첫 번째와 세 번째 수만 옮겨 실었다.

물오리를 놓아 보내며

가없이 멀고 먼 소상강 물결 위에
쌍쌍이 자유자재 떠 놀더니
애꿎게도 목구멍이 원수 되어
벼 기장 쪼러 너 왔더냐.

애달파라 비단결 나래도 여위어 들고
방울 소리 목청도 시들었으리.
이제는 마음껏 날아가거라
저기 저 흰 마름 물결 위로.

放彩鴨

萬里湘江闊　雙雙任意浮
多爲口腹累　應唼稻粱秋
錦翼悲來瘁　和聲縶後愁
從今恣飛去　好向白蘋洲

호대

너 사나운 미물이언만
거룩한 스님을 보살펴
꼬리 흔들며 차마
버리고 떠나가지 못하였구나.
어이타 이 세상 사람들은
의리를 던져 두고 내 모른다 하느뇨.

虎臺

獰物護高僧　妥尾不忍別
如何世上人　慕義心莫切

〈호남 땅을 떠돌면서〉 뒤에 쓴다
宕遊湖南錄後志

　나는 관동 산수를 다 구경하고 다시 호남 지방으로 발길을 옮겼다. 이 지방에는 매화, 참대, 치자, 난초들이 유달리 많이 보였다. 가을이면 귤과 유자들이 싯누렇게 익으며 비자나무, 잣나무는 겨울에도 푸르러 하나의 절승을 이루고 있다. 뿐만 아니라 감, 밤, 생강, 목화와 각종 진귀한 해산물이 있어 옛날 백제는 이로 하여 풍부한 물산을 자랑했던 것이다.

　그렇지만 경치는 보잘것없었다. 호수로는 벽골제碧骨堤, 율호律湖가 있었으나 이젠 거의 말라 버렸고 빈 늪 속에 여뀌와 쑥대만이 이랑을 이루고 있었다. 그러나 주민들의 살림살이나 물산은 관동 지방보다 몇 갑절 풍부하다. 이 점은 옛날 백제가 자기의 부강함만 믿고 교만을 부리다가 멸망하게 된 요인일 것이다.

　지금도 민속은 굳센 기상이 있어 싸움에 굴할 줄을 모르며 끝까지 보복하고야 마는 습성이 있다. 이는 바로 백제의 유풍이다. 그러나 교화가 두루 미치게 되자 온 겨레가 점점 번성하고 부유해지고 아울러 이 지방 백성들도 착한 모범을 따르게 되었다. 사람마다 학문을 닦아 사나운 습속을 고쳐 예절 있고 문물이 발전한 지역이 되었다. 대대로 뛰어난 인물과 나라의 인재들이 나오고 변방에는 외적의 근심이 없어져 싸움 소리가 한동안 잠잠하게 되었으니 이는 우리 나라가 베푼 좋은 정치의 일면이리라.

계미년(1463) 가을에 청한은 적는다.

금오 땅을 떠돌면서

〔遊金鰲錄〕

서리 맞은 포석정
인재는 간데없고
잎 지는 계림에
북두성만 비치누나
불고 또 불어도
애끊는 곡은 불지 말아라
옛 성터 맑은 밤에
시름만 더해 오니

매화꽃을 찾아서

한쪽 가지는 시들고 마르고
한쪽 가지엔 꽃이 한창일세.
왜 이다지도 고르지 못하느뇨
봄 그리워 애만 끊느니.

비 뿌리고 이슬 내리지만
이는 진정 무정한 미물이라
시들어 버린 저 나뭇가지를
그대 어이 보고만 있단 말고.

  *

시든 잎 반쯤 말라
꽃가지에 달려 있네.
아마도 봄바람이 분다지만
잎의 뜻 웬일인지 알지 못하리.

차라리 잎은 내버려 두고

꽃이라도 먼저 피어서
잎사귀 왜 없는가 조롱 못 하게
사람들의 험한 입 막아 주게나.

探梅　二首

一枝枯瘦一枝榮　腸斷春心作麼生
雨露恰是無情物　耐見彫殘不受亨
　　　　*
半乾枯葉着春枝　細料東風不解吹
爲子却能先着蘂　故防無葉被人欺

선덕왕릉

그대 아니 보았더냐
여씨[1]가 한나라 정권을 농락할 때
한나라 왕조는 바야흐로 위기에 처했더라.

또 아니 보았더냐
무씨[2]가 당나라 황실을 쥐고 흔들 때
당나라 위업이 분쟁 속에 이끌렸네.

이렇고 보면 뛰어난 아낙네란
필시 나라를 위태롭게 하는 법
아낙네의 수다스러운 혓바닥엔
독소가 서려 있어 스쳐보지 못한다네.

신라에도 이런 여왕 있었으니

---

1) 한나라 고조의 아내인 여후呂后. 고조가 죽은 뒤 어린 왕을 대신하여 실권을 잡았다.
2) 당나라 고종의 아내인 무측천武則天. 고종이 죽은 뒤 왕들을 좌지우지하다가 스스로 황제가 되어 음란한 짓을 많이 하였다.

그 이름 선덕여왕
착한 덕은 남기지 않고
요사스런 못된 짓만 일삼았다.

일생 동안 일 저지르기 좋아해
그에게 비길 자 바이 없었네.
부처를 몹시 좋아해
허망한 미신 행사 벌여 놓았네.

죽어서도 제 잘못 고치지 못해
극락세계 갈 것을 바랐던가.
낭산의 남쪽 기슭에
제 무덤을 정했다오.

신라를 자멸로 이끌어
망하게 한 것이나 다름없네.
부처만 미친 듯이 떠받들어
처음을 열어 놓은 탓.

이젠 저 거친 들판에
무덤만이 여기저기 널려 있어
쑥대밭 떨기 속에
여우며 토끼만이 뜀질한다네.

사람이 죽어 백 년이 지나서야
그 이름 남기니
썩은 냄새 남겼는지 향기를 남겼는지는
후세 사람들이 평할 일이지.

부귀영화 일생 동안 누렸으니
그만하면 모자랄 것 바이 없으리.
죽은 뒤 해골이 들판에 뒹굴어도
모질다 할 사람 그 누구랴.

善德王陵

君不見　呂氏憑陵漢室時　漢室岌岌嗟將危
又不見　武氏鴟張唐帝家　唐家功業終紛拏
由來哲婦必傾城　婦有長舌厲非輕
新羅女王名善德　治則莫聞崇怪應
一生好事無與比　大喜浮屠神異事
死猶不悛瘞兜率　狼山之南神所室
馴致新羅自滅亡　只緣佞佛爲濫觴
而今原野有培塿　萑葦叢中狐兎走
百年後事但留名　遺臭遺芳人所評
但得功業一生足　衣薪棄野亦不惡

초사[1]를 읽고

그 옛날 멱라수[2]에 충신을 묻었구나
천고 강산이 원한에 맺혔어라.
비뚤어진 그 세상이 그의 충성 어이 알리
일생을 고스란히 버린 사람 되올 줄을.

讀楚辭

汨羅當日葬忠魂　千古江山暗結冤
天下紛紛荃不察　全身何似括囊坤

---

1) 중국 초나라의 굴원屈原과 후세 사람들의 작품들을 엮은 책. 여기서는 굴원의 작품을 가리킨다.
2) 굴원이 빠져 죽었다는 강. 중국 호남성湖南省 북동부에 있는 강으로 상강湘江으로 흘러 들어간다.

백률계에 드리노라

옛사람은 계를 향도[1]라고 일컬었고
먼 옛날엔 난정계[2]도 스스로 즐겼다오.
생사고락은 현실에 달렸나니
이 세상 인연을 부처 섬겨 무엇 하리.

꽃 시절에 술 있으면 주고받고 전하며
근심 생겨 돈 없으면 함께 모아 부조하리.
이래서 이 나라의 풍속이 순후하다
그 나머지 잡일이야 알아 무엇 하리오.

贈柏栗契

故人修禊卽香徒　千古蘭亭以此娛

---

1) 향도香徒는 신라 시대 화랑의 별칭이었으나 그 뒤에 생활 문제를 해결하기 위하여 조직한 집단을 계, 또는 향도라고 하였다.
2) 진晉나라 때 왕희지가 절강성 난정蘭亭이라는 정자에서 벗들과 함께 조직한 계.

生死已期要實約　因緣何必學浮屠
花前有酒相呼飲　患裏無錢勸聚扶
此是舊都仁厚事　其餘閑事子知乎

달밤에 옥피리˙ 소리 들으며

그 누가 부느뇨
어둠 속의 피리 소리.
가을바람에 어울려
온갖 시름 자아낸다.

사뇌조¹⁾ 잦은 가락
구름도 가물가물
나후가²⁾ 느린 장단에
달이 둥실 떠오른다.

서리 맞은 포석정
인재는 간데없고
잎 지는 계림에
북두성만 비치누나.

˙ 옥피리는 신라의 유물이다.
1) 사뇌조詞腦調는 향가의 별칭이다.
2) 나후가羅侯歌는 처용가를 가리킨다. 처용가 중에 '태평성대 나후덕太平聖代羅侯德'이란 구절이 있다.

불고 또 불어도
애끊는 곡은 불지 말아라.
옛 성터 맑은 밤에
시름만 더해 오니.

月夜聞玉笛

誰橫玉笛暗飛聲　散入秋風百感生
詞腦調高雲渺渺　羅侯歌緩月盈盈
霜粘鮑石衣冠盡　木落雞林星斗明
不是欲吹腸斷曲　故城淸夜更關情

돌사람 다리
— 성 안에 돌사람으로 다리를 놓은 데가 군데군데 있었다.

몇 해째 이 나라에 징검다리 되었더뇨
피곤을 못 이겨 길가에 누웠더니
사람들 빠질세라 다리가 되었구나.
사람들 네 등 타고 분주히 오간다네.

塔寺壞圯 城中以石像爲橋者 頗有之

幾年故國作津梁 疲困還應臥路傍
更欲化橋拯墊溺 人人騎背走踉蹡

섬 오랑캐의 마을

바닷가에 자리 잡은
오막살이 수십 채
습성이 조급해 고깃배도 작고
풍속이 괴이해 말씨도 수다하네.

고향은 푸른 하늘 저쪽이언만
몸만은 푸른 바다 이쪽이어라.
우리들 찾아와 나라 품에 안겼으니
이도 우리 나라 자랑이 되오리.

島夷居

濱海爲生利　茅茨數十家
性躁漁艇小　俗異語言奢
鄕遠靑天際　身棲碧水涯
來投王化裏　主上正矜嘉

느낀 바 있어

— 병으로 십여 일을 누워 있다가 가을이 깊어져서야 일어났다. 오늘 일이 안타까워 옛일을 회고하며 느낀 바를 쓴다.

천도는 돌아가는 바퀴와도 같아
한결같이 돌고 돌아 쉴 날 없구나.
사철이 차례로 가고 오고 바뀌고
별들은 궤도 따라 자리 옮기네.

높이 뜨고 낮게 내려
온 누리가 바퀴처럼 움직일 뿐
잠시라도 움직임이 멎는다면
모든 조화 제대로 운행되지 못하리.
우리도 천체의 운행을 본떠
진심으로 하늘 이치 따르리라.

*

우리 나라는 삼한의 옛적부터
습속이 중국과는 하도 달랐다.
설총과 최치원이 대를 이어 나타나
이 나라 문학이 이로부터 시작됐다.

나라 말은 원래 이 나라 습속인걸
옳다 그르다 말하지 말라.
어지러운 신라의 말기에
불교의 교리를 다투어 따르더니
교활한 그 말이 가슴속에 스며들자
무거운 돌 물속에 가라앉듯
빠져들어 길이길이 고질병이 되었구나
술주정꾼 취한 줄 제 모르듯이.

*

올망졸망 불탑 많고
우뚝우뚝 사원도 많다
아침저녁 종소리 떠들썩하고
지지고 볶듯이 귀에 요란타.

이 될 것만 알고 화 될 줄은 모르고
다투어 내생의 복을 비니
가엾다 신라의 서울 땅
승냥이 호랑이가 기어들 줄이야.

*

고려가 나라를 통일하매

문물이 한때나마 번창하였다.
거룩한 선비들이 있기는 해도
너무나 공명에만 끌려다닌다.

안향과 이제현이 대를 이어서
주돈이 장재의 학문을 배웠으되
못된 습성을 벗어나지 못하여
높은 경지에는 올라가지 못했어라.
이래서 고려의 말세에도
어리석은 군왕을 일깨우지 못했더라.

*

때를 타고 일어난 우리의 태조
용 수레 타고 와 임금 되었네.
억천만 년 터를 닦아
문물제도 찬란히 빛을 뿌렸네.

세종이 그 유풍 다시 이으사
그 옛날 어진 임금 본을 따랐네.
나라의 큰 운수 추설 듯도 하더니
아차 그만 세상을 떠났구나.

*

세월은 덧없이 흘러 바뀌고
달리고 굴러서 그침 없구나.
우리가 옛사람을 그리워하나
예와 이제는 흐르는 물일레라.

뒷날에도 오늘을 이야기하여
우리들 생각과 다름없으리.
모르겠노라 예와 이제가
언제 멎을 리가 있으랴.

그러기에 거룩한 인재는
목숨보다 정의를 귀중히 여겼으니
노래 다 부르고 하늘을 보니
어느덧 북두칠성 가로놓였네.

病臥彌旬 至秋深乃起 感今思古 作感興詩[1]

天道似機輪　一元無暫息
四時迭推移　星辰環歷歷
乾健又坤順　大化如轉軸
一息若暫停　萬彙不能毓

---

1) 모두 열한 수인데 여섯 수만 옮겨 실었다.

君子法天運　至誠體於穆
*
我國自三韓　俗與中國異
薛聰致遠輩　文章從此始
方言甚俚俗　不可語仁義
紛紛新羅末　競導西竺利
利語一入胸　如石水中墜
深墜作膏肓　飮醇不知醉
*
鏦鏦塔刹稠　峨峨佛廟臣
朝暮鍾鼓喧　擾擾如熬煮
知利不知禍　競希來生福
哀哉高鬱州　不覺豺虎入
*
高麗統三韓　文物粗小康
雖有君子儒　多爲名所疆
安珦齊賢輩　頗慕宋周張
只緣習尙侵　未能升其堂
所以至季世　不能扶闇王
*
天生我太祖　御天乘六龍
垂裕百億載　禮樂何雝雝
世宗又繼緒　遠追三五蹤
庶幾大道復　吁嗟賓九重

*

歲月忽代序　奔輪無停止
今人惜古人　古今若流水
後人嘆今時　亦嘆今人似
今人與古人　不知何時已
所以君子人　輕生重身死
吟罷忽仰視　斗杓橫邐迤

산골 농사꾼

물 건너 언덕 넘어 십여 리
저 산기슭에 오막살이 보인다.
소 모는 보습 소리 하늘에서 들리는 듯
아마도 메밭에서 늦갈이 하는 게지.

*

해만 져도 범이 올까 사립문 닫고
느지막이 일어나선 고사리나 삶누나.
이토록 산 깊고 물 깊은 곳이건만
가렴잡세는 면할 길 없으리.

*

메밭에 새싹 나면 노루 새끼 뜯어 먹고
낟알을 베어 두면 새 쥐가 다 까먹네.
관가 조세 주고 나니 남은 것이 전혀 없어
쪼들리던 빚 성화에 황소마저 빼앗겼네.

*

농사짓는 사나이는 일 년내 땀 흘리고
누에 치는 아낙네는 봄 한 철 수고하건만
취하고 배부른 자 서울 장안 그득 찼다
거리에서 만난 놈들 건달꾼이 분명코나.

*

나리님이 어질다면 그래도 나을 것을
승냥이를 만났으니 너무도 가련하네.
아내 남편 이고 지고 온 길에 널렸구나
헐벗고 굶주림은 흉년 탓이 아닐레라.

*

한 집에 열 식구가 올망졸망 자랐건만
자라나 장정 되면 하루도 집에 없네.
나라 부역 고을 부역 이리저리 끌려가고
나어린 아이들만 호미 메고 들 나가네.

*

일 년 농사 비바람에 고생도 하도 할사

관가 조세 물고 나면 남는 것이 그 얼마냐.
무당들은 굿하라고 중놈들은 시주하래
내년 봄 먹을 양식 속절없이 줄어드네.

                *

행여 이제는 새 임금을 만났으니
이 백성 사랑하여 좋은 법을 내릴세라.
허나 앞잡이들 뇌물 먹기 좋아하면
백성들은 쓰러져 견디지 못하리라.

咏山家苦 八首

渡水踰岡十里餘　依峯初見小茅廬
叱牛犁響空中落　知是民間種晚畬
            *
晡時畏虎掩門扉　至卯方吡煮蕨薇
縱是深山更深處　戶徭田賦可依違
            *
薄田苗長麛犯吃　菶粟登場鳥鼠偸
官稅盡輸無剩費　可堪私債奪耕牛
            *
農夫揮汗勤終歲　蠶婦蓬頭苦一春

醉飽輕裘滿城市　相逢盡是自安人
*
長官仁愛猶能喘　幸遇豺狼足可憐
婦戴翁提盈道路　豈遭飢凍不豐年
*
一家十口似同廬　丁壯終無一日居
國役邑徭牽苦務　弱男兒女把春鋤
*
一年風雨幾勞辛　租稅輸餘僅入囷
巫請祀神僧勸善　費煩還餒翌年春
*
幸今遭遇聖明朝　慈愛黔黎法帝堯
若喜土功鷹犬玩　生民糜敝不相聊

〈금오 땅을 떠돌면서〉 뒤에 쓴다
宕遊金鼇錄後志

    금오산[1]에 자리를 잡은 뒤로는 멀리 돌아다니기를 즐겨 하지 않았다. 추위에 상한 탓으로 온갖 병이 연달았다.
    다만 때때로 바닷가를 거닐며 들에 나가 바람이나 쏘이고 꽃도 구경하고 대 그늘도 찾아다니면서 시 쓰고 술 마시는 것을 스스로의 낙으로 삼았다.
    신묘년[2] 봄에는 초청으로 서울에 갔다. 임진년(1472) 가을부터는 서울 동쪽 교외에 있는 폭천정사瀑泉精舍에 거처를 정하였는데 나의 여생을 여기서 끝마쳤으면 한다.
    계사년(1473) 봄에 적는다.

---

1) 금오산金鼇山은 경주 교외에 있는 산이다.
2) 1471년, 곧 김시습이 37살 되던 해이다.

다시 관동에서

〔關東日錄〕

구름은 나직이 산굽이에 돌고
달빛은 춤추며 날 따라오누나
대숲이 우거지니 마을일시 분명하다
부엌 연기 떠올라 저녁 빛 서리었네
남으로 북으로 머나먼 길 떠돌건만
어드메에 바라는 참 길이 트였더뇨

소양강의 노래

소양강 물 위에 봄바람 분다
잔 물살 일어나는 물결이라네.
물결은 넘실넘실 밤낮으로 흘러 흘러
저 멀리 서울 향해 이백 리를 가누나.

물결 따라 떠 나는 물 위의 저 갈매기
쌍쌍이 내키는 대로 노니나니
내 신세 가엾구나 저 갈매기 부러워.
물결 위에 떠 다니는 매지 않은 저 배는
진종일 저 갈 데로 흘러가나니
내 진정 너의 자유 부럽구나.

내 재간 이 세상에 용납되지 못해
괴로워라 수레 끌고 태항산에 오르는 듯.
속 빈 큰 함박이 쓸모가 있을쏘냐[1]

---

1) 《장자》에 "속이 빈 큰 함박이 크기만 할 뿐 쓸모는 없었다."는 말이 있는데, 이는 흔히 큰 뜻을 품고도 세상에 버림받은 자에 대한 비유로 쓰인다.

사람 없는 저 나라에 버려둠이 좋을 것을.

무삼 일로 이토록 떠돌아다니느냐
험악한 세상에서 무얼 다시 바랄쏜가.

소양강 물결은 한강으로 흘러들어
그곳엔 대궐 궁전이 하늘에 높다랗다네.
어쩌면 구중궁궐 승냥이 굴 쳐 헤치고
나무꾼의 큰소리로 고함을 질러 볼꼬.

昭陽引

昭陽江上春風起　縠紋細蹙江之水
江水悠悠日夜流　遙向神州二百里
我不如水上鷗　隨波對對相沈浮
又不如不繫舟　竟日泛泛蒼波頭
我才與世不相當　苦逼鹽車登太行
大瓠濩落不可用　政好樹之無何鄉
胡爲落魄至於此　栖栖陳蔡無復望
昭陽江水入漢流　鳳城宮闕摩蒼穹
安得洞開九重豹虎關　大叫一逞蒭蕘狂

산골 집 서재

산골 집 서재에 밤비가 부슬부슬
낙숫물 뚝뚝 섬돌에 지네.
사람이 그리워 잠 못 이루고
지새도록 시름에 잠겼노라.

대장부 굳건한 뜻
일장검 휘둘러 산악도 요절내리.
그 어째 끝내 진탕 속에 파묻혀
부질없이 웅얼웅얼 한생을 마칠쏘냐.

한 손에 왕고래 잡아 쥐고
또 한 손에 육오[1]를 낚아채어
단걸음에 봉래 영주[2]를 차 넘어
대지도 털끝같이 여기네.

---

1) 전설에 여섯 마리 큰 새우가 바다에서 큰 산을 떠메고 다닌다는 말이 있다.
2) 봉래산蓬萊山과 영주산瀛洲山인데 동해 바다 가운데 있다는 산. 방장산方丈山과 함께 삼신산三神山이라고 한다.

어허 모든 일 뜻대로 안 돼
세상과 내 신세 너무나도 어그러져
첫새벽 닭소리에 이불 차고 일어서듯
강개한 나의 회포 언제나 풀어지리오.

山齋

山齋昨夜雨　滴滴落空階
愁人臥不寐　達朝終永懷
丈夫倔彊志　一劍夷蒼崖
豈可終泥蟠　戚戚生有涯
一攎盡鯤鯨　一釣連六鼇
一足踢蓬瀛　大地如秋毫
于嗟事不諧　世與身相乖
五更慷慨蹴鷄聲　崢嶸懷抱何時平

느낀 대로

시냇가 기슭에 보리가 익어
가는 곳마다 이영차 소리
술 익혀 이웃 노인 대접하고
닭 잡아 마을 사람 청해 드린다.

갓 익은 아가위는 파란 구슬
무르익은 오얏은 빨간 구슬
시골집 흥취가 이만저만 아니라
나그네 심정도 한결 풀어지네.

  *

천만 가지 근심이 바다와도 같아
이내 심정 그 뉘 알아주려나.
장경[1]은 원래 병들어 누웠더니
정절[2]은 언제나 가난으로 살았구나.

---

1) 장경長卿은 한나라 사람 사마상여司馬相如의 자. 소갈병이 있었다.

구름 일어 먼 산에 비 몰아오고
바람 일어 자리에 먼지 일쿠네
피곤에 지친 몸이 졸음에 묻혔나니
태곳적 백성이나 되어 볼까나.

   *

늙을까 겁냈더니 더더욱 늙어 가고
봄이 갈까 애달파도 봄은 가누나.
방방곡곡 만리 땅에
떠돌아 백 년이라.

술상을 맞이해도 즐거움 없고
노랫소리 높아지자 울분만 새롭다
이놈 저놈 모조리 어중이떠중이라
이내 마음 하소할 곳 그 어드메뇨.

感懷

東川大麥熟 處處邪許聲
酒熟隣翁喜 雞肥里社迎

---

2) 정절靖節은 진나라 시인 도연명陶淵明의 시호. 벼슬에서 물러나서 가난하게 살았다.

野棠靑似珮　郁李赤如瑛
多少鄕村興　聊寬倦客情

*

萬斛愁如海　知心有幾人
長卿元有病　靖節素居貧
雲送千山雨　風回一座塵
困來常獨睡　擬作葛天民

*

畏老身全老　傷春復送春
乾坤萬里外　飄泊百年身
對酒歡情少　高歌感慨新
滔滔皆是者　此意竟誰陳

지난 일을 회고하여

세상이 넓다 해도
사귀는 자 없노라.
내 마음 아느냐
영마루의 구름아.

구멍 속의 뱀인 양
인심도 못 믿겠다고
독 안에 든 모기처럼
공론도 분분하다.

벼슬 높은 귀골들이
나를 어이 동정하랴.
재간도 쓸모없어
외로이 사노라.

창문을 의지하여
한가로이 바라보니
잔잔한 저 못물도

주름살이 잡혔네.

憶舊

四海交遊少　知心有嶺雲
世情蛇赴壑　物議甕飛蚊
祿厚誰憐我　才疎不遇群
小窓閑倚看　池水細生紋

쥐

갓 쓰고 싸다니는 쥐 떼들이여
주인집 고양이가 너무 어질다
편안한 쥐의 신세 그리워하고
쥐를 보고 욕질해도 헛된 일일세.

대낮에도 재물에 발이 생기고
해가 지면 돈에는 귀신이 붙어
사람들은 모두가 쥐새끼처럼
헛되이 빈집을 지키고 있네.

社鼠

鼠有戴冠者　主家貓甚仁
徒懷秦李嘆　未有漢張嗔
白晝財生脛　黃昏錢有神
人皆永某氏　虛宿下臨身

여우

돌담 의지해 해골을 뒤집어쓰니
교활한 둔갑 재간 막을 길 없어라.
모두가 여우라는 옛사람 시도 있고
싸다니는 여우라는 풍자시 있듯

후미진 사당에서 해 저물어 울부짖고
으슥한 숲 속에서 대낮에 날뛰네.
아 너 어쩌자고 증오의 화신으로
가까이 성 옆으로만 기어드느냐.

墉狐

依墉戴髑髏　老術亦難禳
莫赤時賢刺　無裳有識傷
叢祠昏鬧吠　幽草晝跳梁
嗟爾可嫉惡　近在城闕傍

저문 날에 돌아오며

갈 길은 푸른 산 저쪽 너머
사람은 푸른 물가를 거니노니
구름은 나직이 산굽이에 돌고
달빛은 춤추며 날 따라오누나.

대숲이 우거지니 마을일시 분명하다
부엌 연기 떠올라 저녁 빛 서리었네.
남으로 북으로 머나먼 길 떠돌건만
어드메에 바라는 참 길이 트였더뇨.

暮歸

客路靑山外　人行綠水濱
野雲低度巘　江月照隨身
竹密村墟近　煙生暮色均
悠悠走南北　何處是通津

가물의 한탄

천심도 무심하다
백성이 무슨 허물이더뇨.
그 옛날에 칠 년 장마 있었다더니
이 세상에 구 년 가물 다시 보누나.

타는 듯 초목도 말라 시들고
끓는 듯 강물도 잦아만 드네.
애달파 구름만 쳐다보노니
창창한 하늘아 비를 줄 테냐.

　　*

여기저기 가래 연장 팽개쳐 두고
마을마다 고기잡이 앞을 다투네.
너른 들판 소 염소도 굶주릴 형편
사람 집 개돼지는 씨가 말랐네.

오월이라 명주 길쌈 품팔이하고

초가을 남새 뜯어 끼니를 하네.
필연코 나라 정치 잘못했나니
하늘은 어이 그리 무심한가.

憫旱 二首

天心不可測　人衆復誰尤
昔有商霖喜　今胡殷旱憂
如焚枯濕草　似沸涸溪流
競仰雲霓望　蒼蒼肯答不
　　　　*
處處放犂鋤　村村爭打魚
牛羊飢曠野　雞犬寂人居
五月新絲賃　初秋野菜儲
必有傷元氣　天何空襃如

나그네의 밤

님 그리워 읊던 두보의 시를
나라 위해 부르던 굴원의 노래를
읊고 부르며 잠 못 이루니
굳고 굳은 절개야 변할 줄이 있으랴.

첫닭은 지붕에서 홰를 치는데
차디찬 달빛은 창틈으로 비쳐 드네.
장한 뜻 상기도 살아 있는데
아 애초의 염원을 저버리다니.

旅夜

杜甫思君句　靈均愛國辭
朗吟終不寐　介志竟難移
荒雞唱屋角　涼月照垣陲
壯氣消磨未　嗟嗟負素期

고민에 잠겨

십 년 떠돌아 발자국 남기고
산속에 돌아드니 기분도 스산하다.
나라 위한 일편단심 어이 잊으랴
밝은 햇빛 쳐다봐도 서울이 그리워.

이릉[1]도 오랑캐에게 항복할 줄이야 몰랐으리
오자서[2]도 오나라에서 죽을 줄이야 알았으랴.
예나 이제나 모두가 이럴진대
나 홀로 머리 긁고 고민할 것 없어라.

遣悶

十年遺跡在江湖　蟠屈雲林膽氣麤

---

1) 이릉李陵은 한나라 무제 때 사람. 흉노와 싸우다가 식량과 무기가 떨어지자 흉노에게 항복하였다.
2) 오자서伍子胥는 춘추시대 초나라 사람. 이름은 원員, 자서는 자다. 아버지와 형의 원수를 갚기 위해 오나라를 돕다가 처형당했다.

長有丹心懸魏闕　空瞻白日望神都
李陵豈欲終投虜　伍胥何期竟死吳
俯仰古今如此耳　不須搔首獨踟躕

동선관에서

만경창파 바닷가에 동선관 찾아드네
봉래산 어드메냐
영주가 여기로세.

끝없는 푸른 물에
백구 쌍쌍 날아든다.

백구야 세상 밖에 둥둥 떠다니는 너와 나
너도 나를 잊지 말고
나도 너를 잊지 말고

천리 타향 이 먼 길에 그림자만 외로워라
백발은 늘어 가도
마음은 새롭구나.

무삼 일 천지간에
나그네 신세 되었느뇨.

신선을 만나 보자 너 어디 있느냐
신선 술 기울여
취토록 마셔 보세.

洞仙館 江城子[1]

海濱孤館接滄溟　倚風欄　望蓬瀛
浩渺滄波　數點白鷗輕
物外浮沈渠似我　渠不競　我忘形
異鄕千里影伶俜　鬢星星　眼靑靑
怪底乾坤　身世一長亭
若見安期煩寄語　千日酒　與君傾

---

1) 강성자는 사詞 형식의 하나. 상단과 하단이 동일한데 1연은 7, 3, 3이고, 2연은 4, 5이며, 3연은 7, 3, 3으로 구성한다.

칠석

한 해에 단 한 번
은하수 건너노니
오작교 이 다리가
몇만 리나 되던고.

부디 이 한밤은
영원히 새지 말라.
떠난 뒤 또 한 해를
내 어이 견딜쏘냐.

七夕

一歲一度度銀河　烏鵲橋邊一路賒
最是生憎更漏促　佳期奈又隔年何

대장부

이내 마음 못 꺾으리 어느 위력도
옛날도 지금도 이 마음 빛나리라.
순 임금은 누구이고 나는 누구인가
높고 낮은 차이란 본디 없는 것.

*

대장부는 언제나 염치가 있는 법
세상 눈치 보면서 이리저리 따르랴.
학자와 문인은 역사에 남아 있다
제왕의 칼부림도 역사는 못 막으리.

大丈夫 二首

威武焉能撓此心 此心輝古復騰今
舜何人也余何者 是理終無有淺深
 *

丈夫常存恥辱心　那堪與世順浮沈
楊陶存沒書靑史　衺鈨千年莫可禁

명주에서 읊노라

〔溟州日錄〕

꼬부랑 지팡이 마디는 많다만
길잡이로 의지하고 사방을 노니노라
북으로 남으로 떠돌았건만
어디에 이 시름을 풀 곳이 있단 말가
날 저물고 길 지쳐도 갈 길은 아직 멀다

동봉가 여섯 곡

여기 한 나그네
그 이름 동봉이라네.
휘날리는 백발에
주름살 잡혀도

어린 시절엔 공부만 알아
언짢은 선비 노릇 바라지도 않았건만
하루아침 나랏일 뒤집혀지매[1]
갈팡질팡 헤매었다 길동무 없이.

어허 첫 번째 노래여
노래 비장하건만
아득한 저 하늘은 나 몰라라 한다네.

*

---

1) 수양대군이 조카 단종을 몰아내고 왕이 된 일을 가리킨다.

꼬부랑 지팡이 마디는 많다만
길잡이로 의지하고 사방을 노니노라.
북으로 남으로 떠돌았건만
어디에 이 시름을 풀 곳이 있단 말가.

날 저물고 길 지쳐도 갈 길은 아직 멀다
어쩌면 날개 펼쳐 창공에 날쏘냐.

어허 두 번째 노래여
노래 더욱 드높다
세찬 북풍도 나를 위해 부노라.

　　　　*

외갓집 할아버지 어린 나를 거두어
돌 남짓한 어린 손자 글 읽는 것 좋아라고
걸음걸이 배울 적부터 글 가르친 그 공로
다섯 살에 글을 지어 문필 의젓하였다네.

세종 임금 이 말 듣고 대궐 안에 부를 적에
한 번 휘갈기니 용이 나는 듯

어허 세 번째 노래여
노래 진정 안타깝다

염원은 못 이루고 신세만 망쳤구나.
           *

어머님 어머님 날 기르신 어머님
글방 옆에 집을 옮겨 애지중지 기르셨네.
나어린 시절부터 공자 맹자 글을 읽혀
이 나라 바로잡으라 크게 기대하셨네.

허나 어찌 알았으랴
선비의 학문도 도리어 쓸모없어
십 년 동안 산수 간에 떠돌아다닐 줄을

어허 네 번째 노래여
목멘 노래여
저 산골 까마귀도 부모 은혜 갚건마는.

           *

구름 걷힌 하늘은 씻은 듯이 맑은데
우수수 부는 바람 풀숲을 설레이네.
외로이 시름겨워 푸른 하늘 바라보니
한바다의 거품인 양 절로 늙어 가도다.

내 어이 한평생 고독에만 싸였느뇨

이 세상 뜨내기와 어울릴 줄 모르고.
어허 다섯 번째 노래여
애끊는 노래여
넋이라도 달리라 그지없이 달리라.

    *

내 화살 벌려 쥐고 못된 별 쏘려 하니
왕별이 바로 한복판에 막아서고
긴 칼 빼어 메고 큰 여우를 치려 하니
백호가 바로 산 위에서 노려본다.

분노에 숨이 막혀 견딜 수가 있으랴
휘 휘파람 내쉬니 사면이 적막하구나.

어허 여섯 번째 노래여
노래마저 서글퍼
장한 뜻 못 이루고
헛되이 수염만 쓰다듬는다.

東峯六歌

有客有客號東峯　鬔鬆白髮多龍鍾

年未弱冠學書劍　爲人恥作酸儒容
一朝家業似雲浮　波波挈挈誰與從
嗚呼一歌兮歌正悲　蒼蒼者天多無知
*

椰標椰標枝多芒　扶持跋涉遊四方
北窮靺羯南扶桑　底處可以埋愁腸
日暮途長我行遠　安得扶搖搏九萬
嗚呼二歌兮歌抑揚　北風爲我吹凄涼
*

外公外公愛我嬰　喜我期月吾伊聲
學立亭亭誨書計　七字綴文辭甚麗
英廟聞之召丹墀　巨筆一揮龍蛟飛
嗚呼三歌兮歌正遲　志願不遂身世違
*

有孃有孃孟氏孃　哀哀鞠育三遷坊
使我早學文宣王　冀將經術回虞唐
焉知儒名反相誤　十年奔走關山路
嗚呼四歌兮歌鬱悒　慈烏返哺啼山谷
*

碧落無雲天似掃　勁風浙浙吹枯草
佇立窮愁望蒼昊　我如粺米天何老
我生何爲苦幽獨　不與衆人同所好
嗚虖五歌兮歌斷腸　魂兮歸來無四方
*

操余弧欲射天狼　太一正在天中央
撫長劒欲擊封狐　白虎正負山之隅
慷慨絶兮不得伸　劃然長嘯傍無人
嗚呼六歌兮歌以吁　壯志濩落兮空撚鬚

밤은 언제나 새려는고

밤은 언제나 새려는고
이 밤은 아직도 한밤중이니
수다스런 별빛만이 밝은 빛 내뿜네.
후미진 산골 음침한 어둠 속에
묻노니 그대여 무삼 일로 예 왔더뇨.

앞산에는 호랑이 뒷산에는 승냥이 떼
올빼미 부엉이도 득실거리고
온갖 괴물들이 다 날아든다.
인생 백 년에 마음 편히 살아갈걸
그대는 무삼 일로 외로이 헤매느뇨.

내 그대 위해 거문고를 타노라니
거문고는 찌르릉 애수에 잠기더라.
내 그대 위해 칼춤을 추노라니
칼 노래 드높아 애끊는 듯하더라.
내 무엇으로 그대를 위로할꼬
어쩌랴 동지섣달 긴긴 밤 새지 않는 이 밤을.

*

밤은 언제나 새려는고
이 밤도 기어이 동이 트려네
뭇 별은 빛을 잃고 칠성만 남았구나.

분향재배하고 그지없이 비는 말
바라건대 하늘이여
거룩한 인물 내어
충성으로 어진 임금 도와
이 나라 강산이 태평세월 되기를.

들에는 기린이 노닐고
동산에 봉황새 날아들며
영웅호걸이 때를 만나고
어진 인재가 제자리에 오르기를.

검은 구름 사라져 흔적 없이 개고
여우 삵이 자취를 감추며
승냥이 호랑이 썩 물러나기를.

그러면이야 내 어이 홀로 산골에 머물쏘냐
그리운 우리 님 뵈오려 왜 아니 간단 말가.

夜如何 二首

夜如何其夜未央　繁星粲爛生光芒
深山幽邃杳冥冥　嗟君何以留此鄕
前有虎豹後豺狼　況乃鵩鳥飛止傍
人生百歲貴適意　君胡爲乎獨遑遑
我欲爲君彈古琴　古琴疏越徒悲傷
我欲爲君舞長劒　劒歌慷慨今斷腸
嗟嗟先生何以慰　奈此三冬更漏長
　　　＊
夜如何其夜嚮晨　衆星收芒餘北辰
焚香禮拜祝無筭　願天早生明哲人
笙鏞黼黻佐聖主　坐令四海如虞唐
郊有麒麟兮岡有鳳凰　網羅豪俊兮立賢無方
纖雲四散兮天無痕　狐狸屛跡兮豺虎奔
胡爲獨守深山中　盍歸乎來朝至尊

그 뉘더뇨

바닷가의 그 사람 그 뉘더뇨
겸손한 거동에 예절을 갖추었네.
많고도 적은 듯
알고도 모르는 듯.

노담 장주의 학문이요
두보 이백의 문장이라
밤 새워 이야기하노라니
달이 벌써 지는 줄도 몰랐구나.

*

바닷가의 그 사람 그 뉘더뇨
날아가는 기러기도 쏘아 떨군다.
기병을 쏘려면 먼저 말을
적을 잡으려면 먼저 괴수를.

칼을 휘둘러 나라를 지키고

창을 휘둘러 오랑캐 물리쳤네.
아 이러한 영웅이 이 나라에 있었거늘
어이 길이 바닷가에 파묻혀 산단 말고.

誰家子 二首

海上誰家子　溫溫禮有儀
以多來問寡　於損就求知
雜彼聃周語　兼他甫白詩
團欒話終夕　不覺日西欹
　　　＊
海上誰家子　彎弓落去鴻
射人先射馬　擒敵必擒雄
按劍邊陲靜　揮戈虜北空
猗嗟有此手　奈屈海天東

백성인들 혀가 없으랴

목 늘어진 기러기 떼 늪 위에 날아예고
주리고 여윈 백성 길바닥에 널려 있네.

이건 누구 집 아들이기에
헐벗고 맨발로 걸어가느뇨.
열 걸음에 아홉 번 고개를 돌리며
말을 하려다 헛소리만 하누나.
목 안에서 웅얼웅얼 힘없는 소리
그 소리 귀담아 듣는 자 아무도 없네.

"굶주려 쓰러질 지경인데도
부역을 나오라고 관가에서 부른다오.
울부짖는 어린 자식 집에다 두고
죽지 못해 끌려만 다닌다오."

어허 바라노라
이 백성을 동정하여 조서를 내리소서
이 백성을 동정하여 세금을 줄이소서.

금년 들어 너무나 가물더니
겨울엔 눈조차 내리지 않네.
시냇물 모조리 말라 버려
산 고기 자라도 자취를 감추었어라.

불볕이 일을 내어
벌써 열 달도 넘었구나.
폭풍이 산골을 진동한다
천벌일시 분명하다.

하늘이 어질지 않으랴
백성인들 혀가 없으랴
아직 참아서 뒤엎지는 않고
말을 하려다 말문을 닫네.

이로부터 분노는 쌓여 가고
가물의 불볕만 타오른다.
가엾구나 나라 다스린다는 허재비들이여
무삼 일로 높은 자리만 차지했느뇨.

진정 인재를 선발하려면
먼저 공밥 먹는 도적부터 없애라.

백성들이 잠시라도 편안하여야
앞날을 바라보고 얘기하리라.

書事 二首

中澤鴻鴈飛　飢贏走中路
是誰衣冠子　亦復跣徒步
十躓九回首　吐辭還錯誤
哽咽在喉吭　細語誰肯顧
自言苦飢饉　官家召作務
兒童臥啼號　不免事馳騖
願下哀痛詔　使民薄徭賦
　　　＊
今年旱不雨　又復冬無雪
溪澗洞枯涸　不得活魚鼈
亢陽方用事　今已十餘月
大風振林木　天譴難可道
皇天豈不仁　下民豈無舌
縱愛不能覆　可語向誰說
從此感氣多　召此旱焚烈
哀哉燮理者　何爲徒就列
願使銓選公　齊門竊吹絶
民勞可小康　爲與具瞻說

그놈이 그놈이다

창과 칼을 멘 파수병 놈
큰 갓 뒤집어쓴 떼서리 삼백 명
보아라 솔개와 독수리처럼
소리소리 지르며 날쌔게 날아든다.

감돌아 골목길을 휘몰아치더니
덥석 발톱으로 움켜채누나.
내 이 틈에서 시달려 가며
근근이 몇 해를 견뎌 왔더뇨.

대낮에도 함부로 날치고 들며
포악한 짓 조금도 사양 없구나.
뭇 새들은 떼를 지어 뒤를 따르며
백성들의 지붕을 쪼아 넘기네.

굴속의 여우마저 무삼 일이냐
앞뒤를 다투어 싸다니누나.
얄미운 쥐새끼도 그 틈을 노려

구멍을 드나들며 담벽을 허네.

오는 놈 가는 놈 그놈이 그놈이요
여기나 저기나 모조리 난장판
한다는 자도 제 몸이나 빼려고
어물어물 바보 시늉을 낸다.

간악한 무리들을 해치[1]인들 골라내랴
간사한 떼서리를 지녕초[2]인들 구별하랴.
어허 가련한 건 백성들뿐이로세
모르겠노라 이 세상에서 어이 살아간단 말가.
생각만 하여도
하염없이 눈물만 쏟아지누나.

莫匪

候人何戈殳　彼子三百蓆
眄彼鳶與鴟　縱噲高飛疾

---

1) 해치獬豸는 순임금 때 세상에 나타났다는 상상의 동물로 사람의 옳고 그름을 가리는 재주가 있었다고 한다. 나쁜 생각이나 행동을 하면 정수리에 난 뿔로 받고, 그릇된 말을 하면 입으로 물어 잘못을 응징했다고 한다.
2) 지녕초指佞草는 요임금 때 조정 뜰에 났다고 하는 풀. 간사한 사람을 보면 줄기를 구부려 가리켰다고 한다.

亦復掠街巷　搪揆攫腐鼠
我欲廁其間　偓促數寒暑
白晝恣飛翔　强梁猶不足
群鳥亦隨後　啄亂人家屋
墉狐亦何事　奔走爭先後
黠鼠覘其隙　依穴或穿牖
後來效此者　紛紛在左右
競顧一身計　又作摸稜手
獬豸不觸邪　指佞不辨姦
嗟嗟赤子輩　不識何以安
思之空展轉　不覺涕汍瀾

서글픈 웃음

쥐새끼 뒤지느라 항아리 뒤엎고
까마귀 다투느라 널 지붕 헐어낸다.
긴긴 하루해에 오는 건 졸음뿐
바람도 고요해 발도 쓸데없구나.

반찬은 김치가 고작
상에는 소금 한 접시
성찬이야 생각도 하지 않지만
집을 것이 너무도 간소하구나.

書笑

鼠竊翻陶器　烏爭落板簷
日長唯有睡　風靜可無簾
盤饌唯沈菜　床排只海鹽
莫思多重味　下筯太廉纖

선행과 함께 윷놀이를 하면서

우리 나라 윷가락은 쪽이 네 개
말밭은 둘러서 다섯 점씩
신수가 사나운 땐 개가 도로 되고
운수가 터지면 모 길이 단숨이다.

날마다 너와 함께 윷놀이하자니
이겨서 좋거니와 져도 또한 기쁘다.
지난날 청주에서 머무를 적엔
곤을 두며 나날을 보내었고
또한 서울 동쪽 산에 있을 적엔
쌍륙 치며 너와 함께 떠들었더라.
오늘에 뜻 이루지 못하였으매
이도 아니면 무엇으로 즐기리.

시 지어 한 곡조 읊고 나면
윷이야 모야 한바탕 외친다.
너 만일 이기지 못하거든
일어나 뜨거운 차나 마시세.

與善行鬪攩捕 戲題

鄕攩只四白　馬跡五圈耳
命屯盧變犢　運通花防已
日與爾而爭　勝欣敗可喜
昔日寓上黨　以困消永日
又在城東山　雙六與爾喝
今來不得意　非此何以活
新詩朗吟餘　大叫呼的裂
爾若不勝也　起去煎雀舌

장난삼아

늙은 이 몸이 젊어야지랴만
그래도 어린애 시늉을 하네.
모야 윷이야 큰소리 지르다
아이들 재촉하여 만두탕 사 온다네.

戱爲[1)]

熟知老境不復少　强作少時兒態歡
呼牟博簺大叫後　催兒賭得饅頭盤

---

1) 모두 다섯 수인데 세 번째 수만 옮겨 실었다.

병오년 봄

집집마다 내 죽겠노라
마을마다 날 살려 주오
백성들의 원한이 극에 달했거니
하늘인들 어찌 모를 리 있을쏘냐.

차라리 진흙 속 지렁이가 부럽구나
모조리 물을 떠난 거북이 같네.
죽을 수도 살 수도 없어
지고 이고 유랑 길 나섰네.

丙午春

萬室歌鴻鴈　千村咏葛藟
民愁方有極　天眷豈無知
盡羨泥中蚓　渾似水底龜
不能爲異類　負戴走長歧

쥐를 재판하노라

아무리 밉다 한들 쥐처럼 얄미우랴
너 진정 내 원수로구나.
뒤주 안 낟알을 훔쳐 내고
시렁 위 항아리 뒤엎는다.

그 옛날 누구는 너보고 한숨짓고
쥐해에 난 사람은 존대하였다지만
한숨도 존대도 다 그만두고
재판에 회부하련다.

鞫鼠

鼠吾甚惡之　爾在爲吾冤
能竊瓶中粟　多飜架上盆
秦斯看汝歎　永某待渠尊
二者不可取　姑從廷尉論

정월 대보름달

— 농민들이 정월 대보름달을 보고 비는 이야기를 적어 시절을 한탄하노라.

해마다 또 해마다 바라보아도
정월 대보름달은 언제나
동북쪽[1]에서만 떠오르더니
남녘 사람들은 굶주려 애태우고
북녘 사람들은 떠돌아 헤매었네.

거리마다 통곡 소리
차마 어이 들을쏘냐.
사람마다 신세 한탄
차마 어이 본단 말가.

바라노니 저 달님아
일 안 하고 밥 먹는 도적놈을 없애고
이 나라 백성들을 고루 구원하소서.

*

---

1) 정월 대보름달이 동북쪽에서 떠오르면 그 해는 일이 잘 안 된다는 설이 있다.

금년 대보름엔 달이 솟아도
구름 끼어 점치기가 정녕 어렵구나.

까막까치는 하마 잠이 들었는가
달 속의 아씨가 발을 걷어 올리려네.
끝없는 시름 풀 길이 없어
나그네의 원한만 늘어 가네.

저 구름 언제나 걷히고
두둥실 밝은 달이 나타나려나.

上元占月 記鄕談 憫時也 二首

年年新望月　必自艮方昇
南人多苦餓　北地轉來憑
忍聽嗷嗷哭　哀看箇箇矜
願言髑濫吹　均濟四方蒸
    *
今年新望月　雲晦定難占
烏鵲應棲穩　姮娥欲捲簾
淸愁無處遣　旅恨似多添
陰翳何時捲　團團上小簷

벽촌

구석진 곳이라 조용도 하네.
봄이라 하지만 날씨 아직 차가워라.
바람은 높은 나무 흔들고
구름은 만 겹 산을 스치네.

세월이란 언제나 스산만 하여
꽃나이에 얼굴빛 필 날이 없네.
그 뉘가 알리 이내 검은 머리
시름 속에 흰머리 먼저 나타날 줄을.

*

집안일 어떻든 내맡기고
한 해가 다 가도록 가난 걱정 않누나.
굶주림에 언제나 배를 쓸면서
때마다 남들에게 하소연하네.

부엌엔 연기 나지 않으니

철없는 아이들은 두리번거리네.
신짝 끌며 노래 부를 저것들에게
티 없는 기쁨을 안길 수 없을까.

地僻 二首

地僻無人事　春情惻惻寒
風搖千尺樹　雲過萬重山
歲月常沈疾　年華少展顏
誰知潘岳鬢　愁至星先斑
　　　　*
任是家無累　終年不計貧
飢來常捫腹　時到每催人
小竈淸煙暗　癡童細眨矉
商歌懽曳履　政爾樂天眞

서글퍼 웃노라

서글퍼 웃노라
이 세상 사람들은
너나없이 모두가 아첨꾼
탐관오리들은 시세에 맞춰
세도가 문간에만 싸다니누나.

술과 투전으로 공것만 바라나니
돈에는 귀신 붙어 절로 따르네.
제사 찌꺼기로 제 배를 채우고도
남부끄러운 줄 전혀 모르네.[1]

莞爾

莞爾世人議　多稱便佞容

---

[1] 《맹자》에 어떤 사람이 날마다 남의 무덤을 찾아다니며 제사 음식을 얻어먹고서 집에 돌아와서는 점잖은 사람들에게 대접 받은 척 뽐냈다는 이야기가 있다.

汚官分熱冷　甲第走橫縱
酒博應無直　錢神自有從
乞墦饜足道　誰識面如烘

심심풀이

마음과 하는 일 너무 어그러져
시 아니고는 풀 길 없어라.
취흥도 순간
꿈나라도 한때뿐이라.

잇속만 다투는 장사치에 이를 갈고
망나니 이 세상이 한심도 하다.
현명한 계책을 드릴 길 없어
눈물만 뿌리며 길이 한탄하노라.

*

무너진 종사가 한스러워
이내 몸 평소 소원 저버리다.
황하수 흐린 물이 언제나 맑을쏜가
나를 찾는 소식 의연히 막연하네.

내 신세 뒤틀어져

세월만 흘러가고
하늘도 애달파 우리를 동정하니
반드시 뒤집힐 때가 오리라.

敍悶 二首

心與事相反　除詩無以娛
醉鄉如瞬息　睡昧只須臾
切齒爭錐賈　寒心牧馬胡
無因獻明薦　抆淚永嗚呼
　　　　＊
可恨顓宗祀　關心負素期
河淸俟望久　鶴詔下來遲
身世乖違甚　年光荏苒移
天公如憫我　必有否傾時

웃음 터뜨리며

고금 역사를 살펴보노라니
웃음을 못 이겨 자꾸만 껄껄
나라를 그르치곤 말끝마다 협력하자
제 몸만 돌보면서 일마다 화합하자.

정직한 자는 매사에 옹졸하고
아첨쟁이 그 모양 의젓도 하네.
수레만 타던 높은 벼슬아치들
적이 쳐들어올 때는 무기 들지 않았다오.

失笑

細窮今古事　失笑屢呵呵
誤國言言協　謀身事事和
直躬身齷齪　佞色狀巍峨
衛有乘軒鶴　兵來不執戈

탄식

탄식하노라 인간 세상
어지럽기 불면 뒤집힐 듯
민심은 간교한 데로 줄달음치고
세상은 날을 따라 허랑해지네.

아침에 내린 정사 저녁에 달라지고
앞에서는 친한 체 뒤에서는 못 본 체
향 풀과 썩은 풀은 냄새 같지 않거니
그 어찌 운명을 함께할 수 있으리오.

歎息

歎息人間世　繽紛事可噓
民心趨巧詐　物性日浮虛
朝事昏常改　前親後必疎
薰蕕臭味異　何欲苦同儲

그만두라 그만두라

그만두라 그만두라
천 길 나는 봉황새야.
어지러운 이 세상에
너 내릴까 염려로세.

이 세상에 내리다가
너의 나래 더럽힐라
공자 같은 대성인도
갖은 고초 겪었으니.

그만두라 그만두라
구룡연에 깃든 용아.
너 으레 때 만나면
굽이쳐 일어서리.

일어선들 무엇하리
머리 다시 숙이어라.
제갈량 같은 큰 인재도

뜻 못 펴고 죽었거니.

귀뚜라미 풀숲에서
가을철을 기다리고
하루살이 철 없어도
제풀에 쓰러지네.

여봐라 무삼 일로
부귀공명 구할쏘냐.
너의 집안 전통 있어
곧은 절개 전하거니
천추만대 너의 절개 장할시고.

얼씨구절씨구
날마다 날마다 거문고 장단 맞춰
새들도 춤을 춘 백설가를 노래하세.
필연코 그 노래 아는 이 있어
뜰아래 찾아와 들어 주리니
하하하 신세 한탄 부질없다.

莫休鉗歌

莫莫莫千仞鳳　恐下九州塵漠漠

見世遙曾翢 孔聖猶遭陳蔡厄

休休休九淵龍 逢遇九五起泓湫

見可重縮頭 孔明無成死邊陲

促織俟秋而吟莎 蜉蝣出陰而屈閟

何必苦求名利多 家有青氈在

嘉君節操傳 千載內自誇

呵呵呵 日日彈琴歌白雪

決有知音者 不速而來聞堂下

也無必咄咄咄

통쾌한 노래

나에게 한 장검이 있어
시퍼런 서릿발 하늘에 번쩍하네.
한 번 겨누어 산악을 갈라내고
두 번 휘두르며 사자처럼 소리 질러.

앞으로 내달으니 거칠 것 전혀 없고
뒤로 몰아치니 덤빌 자가 없구나.
고르지 못한 세상 모조리 쳐부수고
쳐부순 뒤에야 물러나 지키리라.

*

내 일장검 뽑아 들고
만경창파 깊은 물결 휘둘러 가르노라.
풍랑을 헤치고 용궁을 찾아가서
용과 대결하여 여의주를 노리노라.

거친 풍랑 대해를 뒤흔들고

번개 칠 벼락이 떨어진대도
수염을 움켜쥐고 턱을 후려갈겨
씩씩하게 빼앗으니 속 시원하여라.

快意行 二首

我有一長劍　紫氣凌斗牛
一擬蒼崖裂　再擊狻猊吼
直走無當前　旅拒無趄後
盡芟不平者　然後退靖守
　　　*
我有幷州刀　剪取滄溟水
手探驪龍窟　爭珠風浪裏
巨浸凌大空　電霆騰閃起
捋鬚摑其頷　健奪然後喜

길이 막혀

바다로 가려니
물결이 사나워라
산으로 가려니
산길도 사나워라.

어쩌면 두둥실 띄운 배에
거뜬히 몸을 싣고
부는 바람에 훨훨 날아가며
말끔히 가시려네 답답한 이 가슴을.

忽忽行

我欲遊滄海　滄海多鯨波
我欲登高岡　高岡多陂陀
焉得漢侯槎　悠揚遡黃河
搵埃風上征　忘我情蹉跎

동풍

불어오는 동풍에 나뭇잎 잠을 깨고
봄날은 느릿느릿 햇살도 따스해라.

서울 나그네 역사책 펼쳐 드니
한 번 읽고는 한숨 한 번 짓노라.
밥 한 술 뜰 사이에도 못 잊을 님이건만
무삼 일로 빈 산골에 헛되이 누웠는가.

수레 메워 행장을 꾸리려니
멀고 먼 험한 영에 승냥이 떼 싸다니네.
일어나 서쪽 하늘 바라보니
속마음만 타들어 가네.

東風行

東風料峭吹羊角　春日遲遲煖如爐
長安宕客讀詩史　一度吾伊一太息

古人一飯不忘君　如何徒臥空山雲
欲膏吾車戒行李　關山迢遞豺豕奔
側身西望心如焚

희롱 삼아

앞산에 봄비 실실이 내리는데
홀로 산속에서 시구 지어 읊노라.
뜰아래 채마 새싹 꿩 귀만큼 솟았는데
숲 사이 눈 조각은 기름처럼 미끄럽네.

널판자 귀틀집은 서방 사람 생활이요
바위틈 굴살이는 남방 사람 풍속일세.
두어라 대장부 사는 곳 누추한들 탓할쏜가
남은 생애 예서 놀고 예서 머무르리라.

戲作俳諧體

峯前春雨細如絲　人臥山中獨咏詩
階下蔬芽如雉耳　林間雪片似熊脂
在其板屋西戎子　依彼巖崖南蠻兒
君子居之何陋有　遊於斯又宿於斯

온 세상이 물 끓듯 하네

해마다 또 해마다 밭갈이만 하여도
절반은 세금 물고 절반은 빚 갚노라
아내 자식 굶주려 울부짖는 건
오히려 참을 수 있다만
고을 관리 달려드는 성화는
내 진정 견딜 수 없어라

도점에서

아이는 잠자리 낚고
노인은 울바자 겯고
실개천 봄물엔 물오리 떴네.
푸른 산 저 너머 돌아갈 길 먼데
손에는 꼬부랑 지팡이 하나.

陶店

兒打蜻蜓翁掇籬　小溪春水浴鸕鶿
靑山斷處歸程遠　橫擔烏藤一个枝

홍의관에서 여진인과 함께 머물면서

야릇한 말씨 통역으로 들으니
여진족 소식이 평온하다네.
갖옷에 금색 띠
털 갓에 구슬 끈
보졸을 늘상 꾸짖어
큰소리치기 좋아도 하지.
밤중엔 잠꼬대 심하더니
불끈 쥐는 주먹에 깜짝 놀랐네.

興義館同野人宿

異言憑寄譯　貊道尙夷平
皮服圍金帶　毛冠彈玉纓
常爲步卒罵　又喜叱呵聲
夜半侏僷甚　張拳亦可驚

어른이 되면

어른이 되면 공명을 세워
어진 임금 뜰아래서 어진 신하 되겠단다.
준마는 늙어도 마음은 천리건만
병들어 여윈 학은 언제나 외나뭇가지.

가죽나무 세상에 쓰일 날이 있을쏘냐
기린이 어찌 남에게 얽매이랴.
늙어도 정열만은 새로워지고
필봉은 한층 더 날이 서 가네.

壯歲

壯歲功名頗自期　虞庭吁咈接咎蘷
老駒伏櫪心千里　病鶴開籠笑一枝
樗櫟不能爲世用　麒麟豈肯作人羈
衰遲自笑狂豪甚　落筆崢嶸勝舊時

외침

어느 한 나그네
날 저물어 찾아오니
파파 백발 늙은이로구나.
가진 거란 지팡이 하나
옷은 해져 팔꿈치 절반이나 드러났네.

어드메서 오시느냐고 물었더니
저 멀리 푸른 산 뒤쪽만 가리킬 뿐.
거대한 몸집
묵중한 모습.

짐작하였노라 심상치 않은 나그네인 줄
옷깃 여미고 공손히 머리를 숙이네.
소나무 난간으로 반가이 맞아들여
풋나물 안주에 술상을 차렸노라.

마시자 취토록 마시자
주거니 받거니 멎을 줄도 모르고

취중에 속마음 한껏 털어놓았노니
누가 알아주랴 아무 죄도 없는 줄을.

나그네 일어나 노래하며 춤추고
나 또한 앉아서 장단을 친다.
노래로 춤으로 한없이 풀고 나니
밝은 달빛이 창문을 비춰 주네.

나그네 떠나가고 나 홀로 누웠으니
우수수 바람만이 온 수풀 설렌다.

   *

하찮은 이 한 몸이여
무삼 일로 마음속이 흐리다뇨.
백 년도 잠깐이라
만사가 총망하다.

얻으면 잃을까 염려해서야
어느 겨를에 옛 성인을 배울쏜가.
내 일찍이 버리고 물러나 앉아
저 무리들을 바구미 떼에 견주었네.

물도 격하여 울어예고

산도 솟구쳐 용트림하네.
아무리 마음껏 방종해도
정의가 아니면 가지 않으리.

　　　*

송아지 뿔인 양 동헌에 솟아나다
이것이 바로 죽순이었군.
좋이 길러 내어 크고 자라면
긴 막대 만들어 교룡을 낚겠더니
어이타 하룻밤에 도적이 꺾어 내어
모든 염원이 쓴웃음 되올 줄을.

　　　*

어린 솔 옮겨다가 뜨락에 심어 놓고
행여 꺾일세라 남의 손에 다칠세라
무럭무럭 자라나서 높이가 백 자러니
비늘 진 껍질에 새삼 이끼 얽혔어라.

가지 휘늘어져 잎이 더욱 무성하고
백학이 날아들어 밤낮으로 울더라.
묻노니 너 언제나 복령을 길러 내나
그 복령 캐다가 님에게 드리고자.

님과 너가 만년 장수하여
천지 무궁토록 천년만년 살고지고.
두어라 복령이야 나건 말건
차디찬 겨울철에 네 모습 장하도다.

    *

봄바람 사심 없어
온 누리 고루 부네.
따스한 입김에 모든 생명 깨어나고
부드러운 숨소리에 온갖 새가 노래하네.

복숭아 자두 꽃은 울바자 단장하고
아리따운 연꽃잎은 못물 위에 넘실거려
때마침 봄비 내려 목 흠뻑 축이나니
어절씨구 태평시절이 이로부터 시작일세.

산사람 봄바람에 취하여 두둥실
봄노래도 흥겹구나.
두어라 봄바람만 이러하랴
어진 정사는 천만대에 그 혜택이 미치느니.

放言 五首

有客趁暮來　皤皤白頭叟
行裝一筇杖　衣破半露肘
我問從何方　遙指青山後
碩大固無匹　塞淵端寡偶
心知非常輩　歛容恭俛首
引坐松筠軒　剪韭復釃酒
相與期酩酊　酬酢不停手
醉來放志意　孰知孰無咎
客起歌且舞　我坐亂擊岳
歌舞旣元罷　明月生甕牖
我倒客亦去　淸風動槁柳

*

眇將一粟身　復何心懵憧
百年只一息　萬事猶倥傯
旣得還恐失　奚暇尊周孔
有人早歸休　視彼同蟻蠓
溪聲激潺湲　山色聳巃嵸
雖云縱性遊　非禮卽勿動

*

犢角抽東軒　乃知生竹笋
竊期長且大　作竿釣蛟蜃
一夜盜折去　此計還可哂

*

稚松移種庭　禁人使勿剪
亭亭漸百尺　鱗甲鎖苔蘚
枝長葉復密　日夜聞鶴喘
幾時生茯苓　薄採貢玉輦
與人延頹齡　壽與天不殄
倘未生茯苓　歲寒姿亦善

*

春風無私心　普被於大小
啓口動群蟄　弄舌啼百鳥
桃李偃短墻　芙蓉泛碧沼
時雨好風俱　大平從此肇
山人樂舞蹈　浩浩歌窈窕
豈獨春風然　聖化流億兆

세상일

세상일 변고도 많아
푹푹 내 속 썩는다.
아침엔 승냥이 소굴 지나다가
저물녘엔 덤불 속을 헤매네.

어느덧 해님은 지나고
세월도 속절없이 늙었다.
대장부 세상에 태어나
어이 뜻을 펴지 않으리.

인생은 연자방아
돌고 돌아 멎을 때가 있으려니
모름지기 행장을 삼가라
크나큰 염원이 이룩될 그날까지.
하늘도 내 노래 마다할진댄
글 써서 뒷날을 기다리오리.

世故

世故屢多變　惻惻傷我心
朝畏豺虎關　暮避荊棘林
冉冉白日飛　鼎鼎光陰老
丈夫在世間　胡不展懷抱
人生如磨礪　磨盡自有時
直須愼行藏　志大終有期
天如使不鳴　立言要後知

큰 소리

한바다에 낚싯대 던져 큰 자라 낚노라니
천지 일월이 손아귀에 움켜쥐이네.
하늘 밖 따오기를 손끝으로 놀리고
천하 호걸을 손바닥으로 후려치네.

천상천하 온 누리를 모조리 쓸어버리고
만리 노도를 단숨에 삼키나니
서글퍼 웃노라 인간 세상 이다지도 좁음을
광활한 중국 땅도 털끝만 하거니.

大言

碧海投竿釣巨鼇　乾坤日月手中韜
指揮天外凌雲鵠　掌摑山東蓋世豪
挼盡三千塵佛界　吞窮萬里怒鯨濤
歸來浪笑人寰窄　八白中州只一毛

잔 소리

가을 털로 올을 뽑아
초명[1] 다리 매려다가
모기 눈썹에 부딪쳐
가냘픈 날개 떨어지네.

먼지 티끌에 선을 쳐서
황소 그림 그리고
바늘 끝에 홈을 파서
잔나비 얼굴 새기다.

환한 거울엔 분가루도 점이구나
텅 빈 허공에 안개 삼삼 돈는다.
보아라 저 하늘에 파리 한 마리
폴폴 날개 치며 날아오르네.

---

1) 작은 벌레. 《포박자抱朴子》에 "초명은 모기 눈썹 사이에 모여 산다."고 하였다.

小言

秋毫作紐繋蟭螟　撞著蚊眉墜薄翎
細析微塵裁物像　精雕纖刺塑猴形
粉糜鏡面團團點　輕霧空中細細零
坐看秋天蠅一箇　翩翩扣翼上靑冥

제목 없이

잔 들어 권하오니
박정타 말씀 마오.
산 깊고 물 깊은데
누가 그대 위로하리.

無題

擧鍾贈郞君　莫道吾情薄
山深水重複　誰與郞相慰

창문을 열어젖히고

나라님 대궐은 높고도 멀더라
겹겹이 싸여서 깊고도 깊더라.
승냥이 무리 길에 널리자
어진 인재들 종적을 감추었다.
다스리는 방책을 환히 알건만
사립문 닫아걸고 제갈량을 배우네.

開窓卽事

魏闕迢遙邈九重　豺狼當道寂人蹤
皁囊曾貯治安策　深閉茅廬學臥龍

메밭

돌밭이라 바위도 많구나.
높낮이 언덕에 넌출이 절반
땅이 메말라 잡풀만이 제철이요
비탈진 이랑엔 뿌리를 못 내리네.

굶주린 까마귀 가지에서 우짖고
뼈만 남은 송아지 산비탈에 누웠네.
이다지도 깊고 깊은 산골이어니
해마다 세금이나 면제해 주렴.

山畲

石田多犖确　高下半藤蘿
地薄多生朮　畦危不長禾
飢烏鳴樹杪　羸犢臥陂陀
縱是山深處　年年可免科

매를 만났다가 다시 이별하면서

금년 장마는 지루도 하구나
묻노니 그 고을 형편이 어떻더뇨.
강물이 몇 길이나 불었으니
채마밭 모조리 거덜 났으리.

날씨가 벌써 저러하니
인심을 짐작키 어려워라.
관동 메마른 땅에서
관청 조세 어이 문단 말가.

逢梅又別

今年霖雨久　凶歉問來方
江水幾篙漲　菜田應盡傷
天事旣如彼　人情那敢詳
關東磽薄地　官租可能當

글을 읽어라

이 세상 사람들
설치고 날뛰고 허풍만 치다가
배운 것도 없고
아는 것도 없는데
높은 자리에 오른다네.

나라를 망치고
백성을 배반하고
후세에 비웃음만 받나니
아서라 깨끗한 세상에서
글 읽기만 못하리.

옛날에는 벼슬하는 자들이 출세를 위하여 조급히 서두르지 않고 다만 타고난 직분을 닦을 뿐이었다. 이윤伊尹이 신야莘野에서 밭갈이하고 여상呂尙이 위수渭水에서 낚시질할 적에 그들이 어찌 벼슬길에 나아갈 생각을 했겠는가. 그러나 탕湯 임금이 세 번이나 초빙하고 문왕文王이 첫 대면에 알아주자 나랏일을 맡아 큰 공로를 세웠으니, 이는 그들의 학식과 덕망이 일찍부터 세상에 알려지고 그들의 역량이 군주를 도울 수 있는 기초가 있었기 때문이다. 그들이 어찌 처음부터 군주에게 알려지기 위하여 애썼겠는가.

  지금 사람들은 그렇지 못하여 권세에 아부하여 허풍만 치면서 그저 벼슬에 오를 생각만 하고, 심지어는 자리다툼에 매달려 다른 일은 돌보지 않는 자들도 있다. 그들은 사람들과 만나면 봉급 이야기와 출세 이야기뿐이니 어느 겨를에 임금을 위하여 힘을 기울이겠는가.

  이것이 내가 젊어 글을 읽을 때 책을 덮고 탄식하지 않을 수 없었던 이유이다. 설령 학문을 닦아 이윤이나 여상 같은 덕망을 이룩하지 못할지라도 반드시 학문에 힘써야 할 것이다. 학문에 힘쓰면 비록 깊이 사고하며 훌륭히 실행하지는 못한다 하더라도 저 무지한 자들보다는 나으리라.

淨几讀書

世人奔競倚吹噓　不學無知步玉除
誤國誤民爲後笑　何如淨几讀經書

古之爲仕者 不欲躁進以立其身 但修天爵而已 如伊之耕莘 呂之釣渭 何嘗有心於求官哉 然湯之三聘 文之一見 出而便會風雲者 以其道德夙著 能啓沃人主 何嘗爲人主之黜陟哉 今則不然 依勢吹噓 苟登仕路 至有筮仕而省事者矣 則其所與人語者 皆爲祿爲身也 何暇啓沃於人主哉 此余少年讀書時 未嘗不掩卷而長嘆也 然苟不得修道德如伊呂 必也讀書乎 雖不能愼思篤行 其與無知 蓋有分矣

누에 치는 아낙네

지붕 머리 저녁볕은
꽃가지를 비춰 주네.
빙글빙글 도는 물레
눈결 같은 실을 뽑네.

고운 단장 숙인 얼굴
만면 수심 무삼 일고.
이 실을 다 뽑은들
관가 세금 주고 나면.

蠶婦

屋頭斜日映花枝　憂憂繰車煮雪絲
粧嫩低眉緣底事　只愁分繭效功時

농민들이 토란국을 끓이다

해마다 또 해마다 밭갈이만 하여도
절반은 세금 물고 절반은 빚 갚노라.

아내 자식 굶주려 울부짖는 건
오히려 참을 수 있다만
고을 관리 달려드는 성화는
내 진정 견딜 수 없어라.

소도 양도 다 팔아 바쳤나니
어디메 찾을 길이 있단 말가.
닭도 개도 모조리 앗아 가리니
다시는 생각지도 말리로다.

궁전 안엔 옥백미 진수성찬 쌓였거늘
토란국 이 좋은 맛을 그들이야 어이 알리.

野人烹岷芋 有感

窮年卒歲事耘耔　半入征科半償私
妻子啼呼猶且忍　縣官催督正堪悲
牛羊已賣尋無處　鷄犬從攙蓋勿思
玉粒珍羞閶闔遠　芋根甛美乞遙知

주인에게

도토리 떡은 연하고 맛나고
갓 빚은 술은 맑고도 달아라.
파래 나물 해삼 꼬치에
햇마늘 다져 양념이라.

소박한 주인에
청렴한 나그네여
옛날과 이제를 이야기하고
나라와 백성을 걱정하노라.

아 진정한 방탕아는
그 어떤 옛날에도 있어 보지 못했으리.

戱贈主人

櫟餠嫩可啖　旨酒淸且䐈
加以新蒜芽　海帶蔘葭兼

主人亦坦率　客亦淸眞者
相談雜今古　謀慮延朝野
也是放蕩人　不在南朝下

알앙령에 올라서 북녘을 바라보며

알앙령 마루에 나무숲이 우거졌네
지나가는 스님 만나 잠깐 쉬어 오르노라.
깊은 계곡 지나니 험한 산발 마주 선다.
깎아질러 솟은 벼랑 칼날도 무딜세라.

객지 타향에 시절도 이상할사
떠다니는 이 나그네 마음 산란하구나.
지팡이 길잡이로 상상봉에 다다르자
가던 발길 멈추고 북녘을 바라보노라.

준령은 겹겹이 둘러쳐 있고
높은 봉은 구름 속에 솟아 있구나.
생각하노니 머나먼 고조선 옛날엔
산만 솟아 있고 숲만 짙어 있었으리.

여진족이 창날을 휘두르며
이곳 낙랑 땅에 둥지를 틀었어라.
산악을 넘나들며 소굴에 의지하여

무리로 몰려들어 온갖 행패 부렸것다.

그 어찌 알았으랴 오백 년 세월에
천고 영웅이 때를 만나 나설 줄을
삼 척 장검으로 변경을 개척하여
사나운 오랑캐를 모조리 몰아냈다.

우거져 얽혔던 숲 속에도
탄탄대로가 열렸구나.
거룩한 나라님이 대를 이으사
덕화가 멀리 넘쳐흘렀네.
이제야 북녘 변방이 태평을 누리오매
천리 강산에 서기가 어렸어라.

登乻鉡嶺北望

嶺上草樹繁　逢僧復夭閼
迮刻又復蘇　皴曲金鉤屈
異鄕節物異　令人多慘怛
策杖陟其嶺　北望空佇立
金城繚以曲　香岳雲中截
遙想九韓時　嵯峨柞棫拔
女眞荷戈殳　據此樂浪外

依崖竄窟穴　奔馳恣玩愒
豈知五百年　風雲千載會
三尺拓封疆　一驅昆夷駾
槎牙萬木中　遙遙行道兌
聖主再龍飛　德澤遠霶霈
朔漠絶傳烽　極望祥煙靄

꿩

— 어진 이를 격려하노라.

저기 저 산에 꿩이 나네
아침 햇볕에 메기장 쪼네.
암꿩 부르다 수꿩 만났네.
아이고 놀라서 푸르르 나네.

저기 저 산에 꿩이 나네
아침 햇볕에 풀잎을 쪼네.
열 걸음에 한 번 쪼더라도
우리 안에는 갇히기 싫어.

저기 저 산에 꿩이 나네
날면서 울면서 살아가네.
갸륵하여라 저기 저 선비
지조도 절개도 드높아라.

네 무늬는 빛깔도 좋아
네 차림은 맵시도 좋아.
갸륵하여라 저기 저 선비

예의범절이 얌전하구나.

예의범절이 얌전하기에
그 이름 세상에 드높아졌네.
갸륵하여라 저기 저 선비
그 행동 만민이 본받으리.

네 갈 길 네가 닦고
네 지조 네가 다져라.
어진 이여 천년만년 누리소서
크나큰 복록을 누리소서.

有雉 勸君子也

有雉有雉　朝啄山梁
求牝有牡　驚起翱翔
有雉有雉　朝啄藜蓬
十步一啄　不蘄樊籠
有雉有雉　飛鳴其間
斷斷介士　志操愈激
旣離旣文　有華其服
斷斷介士　威儀無斁
威儀無斁　令聞抑抑

豈弟君子　萬民爲則
式循爾軌　式純爾志
君子萬年　介爾景祉

갈잎

어진 이를 그리워한다. 고금 역사를 회상하면서 유유히 길이 탄식하노라.

갈잎은 자라나 푸르고 푸른데
흰 이슬 맺혀서 서리라네.
단 하나 그리운 이내 님이여
하늘 저쪽 까마득하여라.

가려도 가려도 님을 좇아가려도
험산과 준령이 멀고도 멀어
그립고 그리워 맺힌 마음은
상기도 풀 길이 없네.

갈잎은 우거져 우수수우수
흰 이슬 내려서 싸늘하여라.
단 하나 그리운 이내 님이여
하늘과 땅 사이가 너무 넓구나.

가려도 가려도 님을 좇아가려도
물길 산길이 아득하여라.
그립고 그리워 타는 마음은

날이 갈수록 더욱 서러워.

갈잎은 쓰러져 질펀한데
흰 이슬 내리다 깨어나네.
단 하나 그리운 이내 님이여
음성도 용모도 어슴푸레하여라.

가려도 가려도 님을 좇아가려도
일은 이미 글렀으니 어이할쏘냐.
그립고 그리워 애끊는 마음
누구와 함께 돌아가려노.

갈잎은 말라서 워석워석
흰 이슬 한결 더 매서워지네.
단 하나 그리운 이내 님이여
천년만년 옛일이로세.

가려도 가려도 님을 좇아가려도
때는 이미 글렀으니 어이할쏘냐.
그립고 그리워 찢어지는 마음
이 마음 언제나 잊어 볼꼬.

蒹葭

思賢人也 俯仰古今 悠悠永歎

蒹葭蒼蒼兮白露霜　有美一人兮天一方
欲往從之兮隴坂長　憂心悄悄兮猶未央
蒹葭萋萋兮白露淒　有美一人兮隔雲泥
欲往從之兮道路迷　憂心怛怛兮增慘悽
蒹葭依依兮白露晞　有美一人兮音容稀
欲往從之兮計已非　憂心隱隱兮誰同歸
蒹葭渼渼兮白露厲　有美一人兮居百世
欲往從之兮時已逝　憂心忉忉兮俾我泄

사나운 호랑이

아침에 호랑이 피했더니
저녁엔 독사를 만났네.
몸 하나 의지할 곳 없으랴마는
뜻있는 사람에겐 고심도 많다더라.

세월만 살같이 흘러
검은 머리 어느덧 희어졌네.
장한 뜻 덧없이 사라지고
눈 깜짝할 새 옛일 되었구나.

시름이나 풀까나
잔을 드세나.
원한에 사무쳐 노래 부르니
솔바람 소리가 장단이로세.

猛虎行

朝避猛虎窟　夕竄封蛇林
側身豈無地　志士多苦心
歲月旣云徂　華髮仍侵尋
壯志日銷薄　瞬目成古今
何如解我憂　杜康時孤斟
寄恨作短歌　細和松風吟

장군행

관서 천리 길에 늘어선 군사
펄럭이는 깃발은 온 성을 들레이네.
말들은 숨죽이고 군령을 기다리건만
삼군은 일이 없어 태평을 노래하네.

높은 산 질풍에 꿩이 날아가자
숲 속 찬 서리에 매가 노려본다.
장쾌한 이 마음 무엇으로 펴 보랴
천마를 달리며 사냥 길 떠나노라.

將軍行

關西千里帥戎兵　閃閃旌旗耀一城
萬馬不嘶聽號令　三軍無事賀昇平
山高風勁雉飛疾　木落霜淸鷹眼明
欲逞壯心時一展　分圍千騎獵行營

물러날 것을 권하노라

대장부 큰 뜻을 지녔을진대
해 저물면 마땅히 돌아갈지라.
솔 늙어 복령이 자라나고
가을 짙어 산약이 살찌누나.
벼슬길은 생강처럼 맵고
세상일은 비상보다 독하여라.
그대 일찍이 쓴맛을 보았거든
벼슬 던져두고 물러나게나.

勸退休

丈夫有遠志　歲晏行當歸
松老茯苓長　秋深山芋肥
宦情薑桂辣　世路乑鉛違
措大苦曾歷　早休忘是非

■ 약 이름을 적으며 이 시를 썼다.

수전노를 조롱하노라

마소유馬少游가 말하기를, "재물이 많거든 남에게 줄 줄을 알아야 한다. 그렇지 못하면 수전노일 뿐이다."고 하였다. 나는 탄식하노니, 이 세상 부자들은 제 입에 넣는 것도 오히려 아까워하는데 하물며 남에게 준단 말인가. 심지어는 돈꿰미가 삭아 버리고 곡식이 썩어도 쌓아만 둔다. 이로 하여 자손들이 교만을 부리고 사치를 일삼아 가문을 더럽힌 다음에야 끝나는 것이다. 그러므로 수전노를 조롱하는 시를 지어 경계하노라.

삶을 부디 아끼어라
백 년도 뜬구름 같나니
밥 두고 주리지 말며
옷 두고 헐벗지 말라.

돈이 쌓이면 마귀가 따르고
낟알을 아끼면 쥐가 끓나니
지난날 번화하던 그 땅에도
봄마다 잡초만 우거지더라.

退慳鬼

馬少游曰 凡多財 貴能賑施 否則守錢虜耳 余歎世上富足之人 自奉猶惜 況能賑人 至於貫朽粟腐 引他後世子孫 驕奢豪俠 以至累族而後已 故賦退慳鬼 以警之

此生須愛惜　百世一浮塵
得食須加飱　縫衣必着身
儲錢妖作祟　恪粟鼠爲困
昔日繁華地　年年草自春

농부의 말

지난해 일찍 가물고 늦장마 들어
논들이 진펄 되어 깊이가 한 자러니
메밭에 사태 내려 모조리 묵고
여뀌 명아주만 제철 만나듯.

굶주려 우는 아이 길바닥에 쓰러지고
길 가던 나그네는 한숨만 쉬고 가네.
마름 사채 관가 조세 밤낮으로 성화건만
얽매인 종살이에 도망도 못할 신세.
한 몸에 온갖 부담 큰 산처럼 지웠으니
이리 떼이고 저리 찢겨 참혹도 하도 할사
세전에 주운 굴밤 봄 어이 버티랴
해토 되면 나물 캐러 온 들판에 나선다네.

금년 들어 씨 뿌려서 속잎 겨우 자라날 땐
애꿎은 성에 끼어 달포나 묵히더니
보리 이삭 싹이 나고 벼 포기 썩어 들어
시절이 이러하니 민심도 험악하다.

팔월이라 늦벼 자라 꽃이 한창 피려 할 때
높새바람 몹시 불어 씨도 찾지 못했구나.
굴밤도 좀 먹고 푸성귀는 벌레 들어
흉년이 연달으니 살 길이 전혀 없네.

기름진 땅 수십 떼기 나에게도 있었건만
지난해에 지주네가 다 빼앗아 가 버렸고
힘센 장정 여름 농사 일손도 있었으나
군역에 쪼들리어 보인이 되어 뽑혀 갔네.

발가숭이 어린 자식 옆에서 울부짖으며
밥 달라 날 조르나 듣고도 못 들은 체
님 계신 대궐 궁전 깊고도 깊을시고
내달아 신소하쟀더니 문지기 호랑이 같구나.[1]

이 몸에 날개 돋치면 날아서도 가련마는
심화가 불이 되어 오장육부 타오르네.
어이타 빈풍칠월도나 그려 내어
원통한 이 사연을[2] 님에게 알려 볼꼬.

---

1) "문지기 호랑이 같구나"는 원문에서 빠진 부분을 추정하여 보충한 것이다.
2) "원통한 이 사연을"은 원문에서 빠진 부분을 추정하여 보충한 것이다.

記農夫語

去歲早旱晩霖劇　泥沒江滸深一尺
沙石塡塞卒汚茮　豐者游龍與陵舄
婦兒啼飢號路傍　路傍觀者爲歎息
私債官租日夜督　況我難逃白丁役
一身丁役亂於麻　東侵西擾多煩酷
歲收芉栗不足支　春田采芑盈阡陌
今歲于耟苗始秀　陰霾且噎經一月
麥穗生孽稻根腐　天步艱難民阢陧
八月晩秔花正繁　東北風吹秕不實
橡蠹茮蝗瓜蔓枯　飢饉連年無可活
我有腴田數十畝　去年已爲豪强奪
亦有壯雇服耕耘　昔年作保充軍額
赤子在左叫紛紛　交徧譙我如不聞
天門九重邃且深　欲往愬之□□□
□□附翼叫帝閽　瘝憂以痒心如焚
安得豳風七月圖　□□□子馳獻君

기생의 노래

초록 비단 말라 봄옷을 마련할 제
바늘 따라 실 따라서 고운 손길 노닐더니
서러워라 이내 일생 왜 이리도 박명한가
창가에 의지하여 소곤소곤 속삭이네.

*

어드메 뒷동산에 꾀꼴 소리 요란하냐
춘심을 자아내니 심사 더욱 산란하다.
가엾어라 여자의 몸 갈잎 같은 신세런가
동쪽 집 저녁 먹고 서쪽 집 침방 드네.

*

꿈결인 듯 얼핏 만난 그 사나이 누구더냐
한 번 보고 헤어지니 성명조차 모를레라.
교활해라 그의 거동 귀신인 듯
금비녀 은비녀도 떠날 적에 다 빼앗겼네.

詠妓 三首

綠羅新剪製春衫　理線拈針玉手纖
自敍一生人命薄　隔紗窓語細喃喃
　　　＊
誰家園裏曉鶯啼　撩亂春心意轉迷
自愧妾身輕似葉　食須東里宿須西
　　　＊
死麛茅束者何斯　一見飄風姓不知
狂且狡童如鬼蜮　去時批額奪竿兒

꽃의 노래

방실방실 함박꽃 한 손에 꺾어 들고
장미꽃 핀 울 밑에서 꾀꼬리 희롱하네.
꾀꼬리는 재불재불 담 너머로 날아가며
담 밖에서 엿보는 그 총각을 모르냐고.

*

수놓던 바늘 놓고 귀 기울여 들으니
동쪽 집에 짝궁궁 베 짜는 소리로세.
그 베에 짜는 무늬 원앙새 그림일세
원앙 이불 말라 오실 님 기다리리.

詠花 香奩體[1] 二首

手把初開紅藥枝 薔薇架下弄鶯兒
鶯兒饒舌踰墻去 墻外郎窺爾不知
    *
刺繡停針側耳聞 東家伊軋織波紋
波間須着鴛鴦戱 買却絳衾長待君

---

1) 당나라 한악이 규방 여성이나 궁녀의 자태와 미모를 노래한 시들을 모아 《향렴집》이라고 한 데서, 그와 같은 종류의 시를 향렴체라 한다.

도연명의 '권농'에 화운하여

우리 나라는 산세가 험준하고 들판이 비좁다. 함경도 산골 사람들은 기후가 차서 곡식이 되지 않는다고 하여 드넓은 토지를 묵힌 채 농사일에 힘쓰지 않아 해마다 생활이 곤궁하여 풀뿌리나 나무 열매로 주린 배를 채울 뿐이다. 더구나 우리 나라 풍습은 노비들의 힘만 믿고 살기 때문에 게으름뱅이와 한량패가 많으며 미신과 불교를 믿는 까닭에 남의 덕에 사는 자들이 적지 않다. 이른바 놀고먹는 귀족들과 쓸모없는 승려들이 이들이니, 이들은 모두 백성들의 노력을 착취하여 먹는 자들이다. 내 이를 애석하게 여겨 이 노래에 화답하여 그들에게 고하노니, 그들은 느끼는 바가 있을 것이다.

먼 옛날 옛적에
사람이 생겼으되
날고기 먹고 피를 마셔
원시생활 하였다네.

세월이 흘러가고
기교도 늘고 늘어
불을 발견함은
수인씨[1]부터일레라.

*

---

1) 수인씨燧人氏는 처음으로 불을 사용하였다는 전설 속의 인물.

하늘이 도왔던가
후직[2]이 태어나
좋은 씨앗 마련하여
심어서 가꾸었네.

백성의 본업이란
농사만 한 것이 없나니
농사일 게으르곤
먹고살기 어려워라.

   *

봄바람에 얼음 풀려
대지에 동이 트면
땅도 들먹이고
해도 춤을 추네.

밭갈이 논갈이에
쟁기 연장 바람 난다.
농사일 한창일 때
논에서 밤을 새지.

---

2) 후직后稷은 처음으로 사람들에게 농사를 가르쳤다는 전설 속의 인물.

*

일 안 하고 밥 먹는 자
너 언제까지 견딜쏘냐.
일 년 농사 너른 들에
천 골 만 골 매고 나면
하늘이 복비 내려
이랑마다 풍년일세.
인간 세상 태어나서
손은 두고 무엇 하리.

　　　*

아내는 베를 걸어
백 필 천 필 짜서 내고
남편은 밭을 갈아
백 섬 천 섬 거둬 보세.

시월 상달 추수하면
모든 사람 즐기리니
내 힘으로 내 먹으면
이 아니 떳떳하랴.

　　　*

양반님들 내 말 듣소
농부들도 내 말 듣소.
제갈량도 밭 갈고
진중[3]도 신 삼았네.

재간 있는 인재들도
이 길을 걸었나니
인생 백 년 한평생에
좋은 일을 왜 안 하리.

和靖節勸農

東國山多險阻 夷原偏小 嶺北窮谷之民 以謂土寒不荞 多荒阡曠野 不務耕種 歲窮以蘋栗充飢 而國俗恃臧獲 故懶遊者多 信異道 故寄食者繁 所謂閑散右族 無聊左道 皆遊手而仰食於民者 余惜之 和此篇以告其人 庶或感乎

自古在昔　天降烝民
茹毛飲血　餐道味眞
降自中古　機巧相因
燔黍捭豚　爰自燧人

   *

---

3) 중국 제齊나라의 청렴한 선비 진중자 陳仲子. 초나라 왕이 재상으로 등용하려고 불렀으나 거절하고 오릉於陵에 은둔하여 일생을 마쳤다 하여 오릉중자於陵仲子라고도 부른다.

天祐下民　乃生后稷
誕降嘉種　乃種乃殖
民之恒業　莫如力穡
惰農自安　其可艱食
　　*
和風解凍　日行東陸
土脈如膏　韶光沕穆
火耕水耨　耒耜相逐
農功旣窘　暴膚露宿
　　*
餬口素飱　其能長久
有事西疇　旣勤千耦
天錫爾祚　合穎殊畝
生于兩間　耐可斂手
　　*
婦勤紡績　千箱不匱
男服犂鋤　百困可冀
歲功將賽　田畯至喜
醉飽喧譁　俯仰無愧
　　*
戒爾華胄　警爾村鄙
臥龍躬耕　陳仲織履
將相之才　不屑斯軌
爾生千載　寧不服美

도연명의 '그림자에게'에 화운하여

너와 나 무슨 일로
일생 두고 따르는고.
달이 떠 불 켤 적에
너는 나를 따르더니
그늘에 찾아들면
너 어디로 갔더냐.

슬픔과 즐거움도
서로 함께 겪었나니
알겠노라 너 언제나
나와 함께 있었구나.
내가 쉬면 너도 쉬고
내가 가면 너도 가지.

묻노니 너 진정
어드메서 왔느뇨.
때로는 너로 하여
명상에 잠기노라.

춤인들 못 출쏘냐
벗 없다 설워 마라.

날 새어 거울 보니
내 모습 분명하다.
바라건대 백 년토록
너와 나 즐기리라.

形贈影[1]

與汝苦相累　相從能幾時
月燈汝隨我　處陰汝何之
同處悲歡中　不知常在茲
我靜汝亦靜　動則如有期
適從何處來　瞑目時紬思
相期辭舞中　莫伴涕交洏
向曉拭鏡看　似我無復疑
願言百歲內　爲歡君勿辭

---

1) 《매월당집》의 '화정절형신和靖節形影神' 세 수 중 한 수만 실었다.

도연명의 '걸식'에 화운하여

목구멍이 죄가 되어
지향 없이 문 나서네.
드높던 높은 뜻 어드메 두고
허리 굽혀 언사를 낮추는고.

철없는 아이놈은 문 막아 썩 나서며
무엇 하러 왔느냐고 혀 차며 거절터니
점잖은 주인 영감 유건을 젖혀 쓰고
반가이 맞아 주며 술 따라 대접하네.

너무나 홍감하여 못마땅히 여겼더니
나중엔 친숙하여 시를 함께 지었노라.
속마음 털어놓고 정담을 나눴더니
도리어 나의 재간 부끄러움 될 줄이야.
다정한 그의 말씨 이 아니 귀중하랴
금은보화도 이보다 더하랴.

和淵明乞食

口腹爲人累　出門無所之
以我磊塊心　磬折卑言辭
癡兒倚門閭　呫言何所來
儒冠主人出　歡迎將進杯
始欲謝不敢　終然陳賦詩
已欣愜中情　自愧駑駘才
軟語且爲珍　十朋非所貽

도연명의 '뒤뜰 논에서 올벼를 거두며'에 화운하여

생활이 군색하여 성 동쪽에 두어 뙈기 밭을 얻어 콩과 조 등을 심어서 거두었다.

인생 백 년에
근심 걱정 하도 많다.
사지를 놀려 두고
포식을 바랄쏘냐.

아 저 놀고먹는 무리들
이 세상 현실을 외면하거니
실천할 생각 하지 못하고
인과설만 믿는다더라.

먹어야 굶주림 면하고
입어야 헐벗음 면하리니
인간의 욕망은 다 같건마는
풍족히 살기는 진정 어려워라.

성 밖에 밭 뙈기 몇 이랑 얻어
농사일로 벼슬을 대신하였네.
새와 쥐가 절반은 축낼지라도

가난의 위안만은 될 듯하구나.

죽 쑤어 아침 때우고
산골 문을 닫아거니
아첨도 교만도 내사 몰라라
이만하면 여기가 낙원이로세.

和於西田穫早稻

拙於生事 乞城東數畝 種菽粟以穫

人生百歲內　所慮非一端
孰云惰四肢　居食求飽安
嗟嗟游手輩　世務專不觀
不恥原道篇　肯信因果還
飽食欲未飢　暖衣欲未寒
雖是物情同　所瞻良獨難
我乞城東畝　作力代學干
雖半雀鼠耗　足啓淸臣顏
淖糜光朝曛　堅鎖雲松關
甘處不謟驕　足以無永歎

정서¹⁾가 동래에 정배 가서 달밤에 거문고를 타다

나그네살이 서러워라
귀양살이 서러워라
남녘 먼 바닷가에
버린 몸이 되었구나.

어허 한 많은 이내 생애
누가 있어 위로하랴.
다정한 달빛만이
거문고 줄 비춰 주네.

鄭中丞謫居東萊 對月撫琴

旅魂羈思正堪憐　身落南荒瘴海邊
落魄此生誰肯唁　多情明月照繁絃

---

1) 정서鄭敍는 고려 인종 비 공예태후恭睿太后 동생의 남편으로 왕의 총애를 받다가 정함鄭諴과 김존중金存中의 참소로 동래로 유배되었다가 풀려났다. 동래 유배지에서 지은 '정과정곡鄭瓜亭曲'이 전한다.

산중의 달

창문에 의지하여
고개를 드노라니
푸른 산 저 멀리에
새 화폭이 펼쳐지네.

저녁노을 사라지고 서광이 비치더니
어느덧 쟁반 같은 둥근달 둥실 떴구나.
향 풍겨 훈훈하고 차관에 김 서린다.
어화 산중 운치 이만하면 족할세라.

산중에 숨은 선비 유정도 유정할사
좋은 산 좋은 풍경 마음 상쾌하여라.
인생 풍파는 잠깐 일이니
꿈속처럼 수이도 흘러가건만
사람들은 너무나 고생도 많아.

천만 번 그르친 일 너 언제나 깨달으랴
두어라 부질없는 옛이야기 된 것을

티끌에 뒤덮인 어지러운 세상에
이렇듯 좋은 강산 또 만나기 어려우리.

허나 기억하라 이 속에서도
때로는 흐린 구름에 비바람 치는 줄을.

山中看月 念奴嬌[1]

小窓靜倚　看靑山遠碧　蛾眉新畫

煙淡雲收光欲滴　更看冰輪倒掛

篆香初熏　茶煙欲起　景致多蕭洒

幽人多愛　好山佳境心快

人世風波須臾　推遷如夢　使人多勞慮

錯了千般那箇悟　些子風流閑話

百尺塵埃　難逢如此淸涼界

須知這裏　幾般伎倆摧敗

---

1) 염노교는 사패詞牌의 하나로 당나라 명기인 염노에서 유래한 명칭이다. 두 단으로 나누어 매단마다 4개 연으로 구성된다. 원사에 있어서 행마다 자수가 제한되어 1연은 4, 5, 4이고, 2연은 7, 6이며, 3연은 4, 4, 5로 제한한다. 4연은 4, 6이고, 5연은 6, 4, 5이며, 6연은 7, 6으로 제한한다. 7연은 4, 4, 5이고, 8연은 4, 6으로 제한한다. 단 여기서는 7연을 4, 7로 구성하여 일종의 변격을 이루었다.

벌목꾼의 노래

허리에 낫을 차고
어깨에 도끼 메고
이른 아침 나는 가네
산으로 가네.

해 저물어 오솔길을 돌아올 제는
구름만이 오락가락
산골은 어슴푸레

벼랑을 오르려면
숲이 길을 막고
개울물 건너려면
돌이 발을 베네.

이 산에서 사는 사람
고결한 그의 품성
아마득히 못 따르고
마음 그리워하노라.

북녘 수풀에 찬 서리 내리면
앙상한 가지에 나뭇잎 지나니
나는 새 어드메 의지할쏘냐.
잔나비만 매달려 구슬피 우네.

온 조정엔 금빛 은빛 수놓은
벼슬아치 비단옷이 눈부시건만
그대 무삼 일로 이 산골에 머무는고.

나무 찍어 나무 치며
섶도 베고 풀도 베며
노루 사슴 벗을 삼아
조정으로 돌아갈 줄 어이 모르는고.

*

떵떵 도끼 소리
산울림 울리며 나무를 찍네.
하늘을 가리는 고목도 베고
앞을 가로막는 덤불도 치네.
깎아지른 벼랑도 허물어 내고
흐느끼는 여울도 마구 치노라.

도끼를 쳐들고 번듯이 일어서서

번개 같은 눈알을 번득이며
용을 잡아 수염 뽑고
범을 잡아 골통 깨자.

단숨에 내달아 대궐에 가서
나라를 다스리는 방책 드렸더니
제왕이 나보고 하는 말
닥쳐라 너 무슨 뜬소리냐고.

  *

산골을 울리며 나무를 치네
우람찬 수풀이 다 넘어지네.
메고 실어서 냇가에 나르니
냇물은 맑고도 잔잔하더라.

밭갈이하지 않고 추수할 자 누구며
사냥질하지 않고 고기 먹자 누가 하랴.
뜨락엔 사슴 고기
곳집엔 낟알 섬.

하늘이 준다 하나
제 힘으로 먹나니
공것을 안 바라고

내 힘으로 먹으리라.

  *

높은 산엔 떡갈나무
낮은 산엔 가래나무
찍어라 베어라
밀어라 당겨라.

앞소리 메기며
뒷소리 받으니
소리는 나무 끝에
기세 좋게 울리네.

바르르 떨며 나뭇잎 지네
한 점 두 점 물 위에 지네
물새도 날아가며 조잘거려
우리네 노래에 화답하누나.

  *

그윽한 산골에 숨었노라
혼자서 사노라니
마음속에 그리운 님

못내 그리워.

머나먼 동해 바다 나 여기 왔거니
끝없이 먼먼 길을 또 어디로 가려나.

침조[1]를 불러서
중매를 서랬더니
침조 하는 말
좋은 짝이 없다네.

두어라 독수리 올빼미가 차라리 내 벗이로다
독수리 올빼미는 나와 함께 있거니.

산속에서 사노라
숲 속에서 사노라.
이래서 내 마음 편안하거니
타고난 운수를 길이 보전하리라.

析薪辭 五首

腰鎌兮荷斧 朝余登兮山上

---

1) 날개에 독이 있다는 새. 심술궂은 사람을 비유한다.

暮歸來兮微徑　雲騣鬣兮繞嶂

欲緣磴兮樹木蓼摵　欲渡溪兮石囓我足

山中人兮芳杜若　渺莫從兮中心悽惻

霜風老兮北林亂　葉脫兮枝蕭森

鳥飛兮何枝可依　猿掛兮哀吟

滿朝兮夔龍　君何以乎山中

伐樹兮伐檀　刈薪兮刈荊

胡熊羆兮爲伍　盍歸來兮明庭

　　　＊

坎坎兮伐樹　丁丁兮斧聲

顚蔽日之老喬兮　芟礙眼之紫荊

剗巉嵓之亂石　剪鳴咽之驚湍

荷斧兮卓立　轉電眼兮快觀

撫獰龍兮拧鬚　調猛虎兮挼顚

入帝閽兮獻策　帝顧謂余曰夫

　　　＊

坎坎兮伐檀　赭幽林之一攢

搬之溪之干兮　溪水淡沱而不瀾

孰不耕而有穫兮　孰不獵而有獲

庭有狟兮囷有粟　且曰天錫兮皆汝服力

吾將不素餐兮　謹修兮天爵

　　　＊

山有椴櫟兮　隰有樲杞

斧以斯之兮　喚者誰是

相呼兮相磨　聲在楓之磋札
霏霏兮亂下　點點兮潭之波
野鳥兮間關　和之兮余之短歌
　　　*
窮居幽巖兮獨處廓　有美一人兮心不懌
逍遙東海作遠客　迢飄颻兮今焉薄
吾將鳩爲媒嬺人兮　鳩告余以不好
吾將鴟梟爲伴兮　鴟梟在我傍惱
惟人生之如寄　渺滄海之藻草[2]
棲巖兮棲木願寧居　樂夫天命以自保

---

2) "너무도 짧은 인생살이 아마득한 바다에 떠도는 마름풀 같구나."라는 뜻인데, 북에서는 이 두 구를 국역 시에 넣지 않았다.

나라의 근본

백성이 있기에
군주가 있나니
우러러 떠받듦은
사랑하고 돌보는 까닭이러라.

홀아비 홀어미 외로운 자들
주리고 병들어 불쌍한 자들
작으나 크나 너나없이
보살펴 달라고 우러렀나니

혜택을 입히면 착한 임금
못살게 굴면 폭군이로다.
너 한 사람이 백성을 다스리나
백성은 너 하나만 믿지 않으리.

조금만 원한이 쌓일지라도
네 허물을 들추어내어
너에게 천벌 내리고

너의 관도 빼앗느리라.

다른 어진 자에게 맡기고 나면
너야 평민을 못 면하리라.
하루아침에 쫓겨난 뒤엔
아무리 뉘우친들 소용 있으랴.

그러기에 백성은 나라의 근본
근본이 든든해야 너도 편하리.

네가 먹는 밥이란
농군의 쌀이요
네가 입는 옷이란
백성의 천이요
왕궁도 수레도
백성의 힘이니라.

열에 하나를 공물로 바쳐
그로써 나라를 다스리라는 것
어질게 다스려야지
뽐내고 세 부리라는 건 아니었거늘
어이타 천심을 배반하고
짐짓 망나니 노릇만 하는고.

백성과 하늘을 공경하라
백성과 천명을 두려워하라.
백성의 웃어른이 되려거든
언제나 백성을 존경하고 두려워하게
그래야만 천명이 유지되어
길이 네 자리를 보전하리라.

邦本箴

天生烝民　立之司牧
惟其克尙　寵綏撫育
鰥寡孤獨　疲癃殘疾
無小無大　咸仰字活
惠我卽湯　虐我卽桀
以一治衆　非衆奉一
少有怨咨　辟爾之辜
天降之咎　奪爾版圖
與賢與仁　爾爲匹夫
一朝失勢　雖悔追乎
固名邦本　本固爾安
爾之食也　民之穀也
爾之服也　民之帛也
宮室車馬　民之力也

什一而貢　貢以爲帥
帥我以仁　非帥烈烈
如何慢天　故爲放佚
敬民敬天　畏民畏命
爲人上者　恒存畏敬
天命不僭　永保爾正

깊은 산이 내 집이라

나무에만 매달려 울어서 접동
방울방울 토하는 피 꽃가지를 물들이네
깃 나래 다 해져 돌아갈 곳 정 없는데
뭇 새들의 시새움에 하늘도 내 몰라라
두어라 온밤 지새도록 울어나 새나
쌓고 쌓인 그 원한을 풀어나 새나

경치

동산엔 구름 끼고
서산엔 비 묻었네.
북악엔 해 비끼고
남악엔 바람 이네.

이 중에 한 갈래 폭포
천둥소리 요란터니
하늘이 무너지는 듯
우르릉 쏟아지네.

即事

東山雲起西山雨　北岳斜輝南岳風
一道石泉鳴作惡　喧轟吹落半天中

비 멎은 가을날

가을비 개고 나니 날씨도 시원하다
창가에서 가끔 책 펴 드노라
삼천이나 되는 시를 읊고 나니
즐거움도 이만하면 족하구나.
오백 년 세월을 회상한들
나같이 미친 자 더는 없더라.
한강수 풍경은 까마득 꿈결인 듯
종남산 달빛만이 마음속에 어리었네.
나그네 물리치고 문 닫고 앉았노니
담장엔 이끼만이 뻗쳐 가네.

秋晴

秋雨初晴枕簟涼　小窓時復閱篇章
吟三千首有餘樂　想五百年無此狂
漢水風煙迷蝶夢　華山雲月沁詩腸
邇來嗔客關門坐　不覺莓苔侵短墻

봄 노래

봄바람 솔솔 불고 또 불어
마른 나뭇가지 되살아 꽃향기 풍기네.
만약에 조물주가 사심이 있었던들
들사람이 이토록 봄빛을 받을쏜가.

春咏

東風習習吹無盡 枯者重英臭者香
若也天工有私意 野人那得此春光

태백성을 비웃노라

동쪽 하늘에 태백성이 떴구나
껌벅껌벅 달빛을 시새움 내듯
이내 옷자락 비쳐야 준다마는
너 그리 밝은 빛은 아니로다.
가물가물 구름 속에 잠기다가도
활활 타오르며 빛발 내뿜네.

너 모든 별을 다 삼킬 듯이
온 하늘 돌며
죽이고 살리는
세도를 부릴지라도
머잖아 거대한 태양이 솟아오르면
보잘것없는 네 빛은 간 곳 없으리.

笑太白

太白出東方　睒睒配殘月

來照我衣裳　不能明且潔
廉纖礙微雲　光芒欲發越
汝能竝兩耀　斡運擅予奪
須臾大陽明　嚄彼無蹤滅

사나운 동풍

동풍도 사나워라
동풍도 사나워라.
멎을 줄도 모르고
불고 또 불어오네.

동풍은 그래도 철이 가면 멎으련만
인심은 길이길이 시새움만 피우네.
이 인심을 동풍에 비한다면
동풍은 놀라서 뒷걸음치리.

東風惡

東風惡東風惡　料峭無時休
東風有時動復靜　人心盡日長哦咻
若將人心比東風　東風忸怩爲下風

산 이름을 적으며

빗발에 씻겨 뼈만 남은 개골산
구름이 걷혀 드러난 오대산
향내 나는 계수나무 많아 묘향산
구슬처럼 반짝인다 설악산
멀고도 우뚝 솟아 장백산
높고도 장할사 두류산
만고 명산이 볼수록 그지없다
두어라 삼신산 찾아간들 무엇 하리.

紀山名

雨洗瘦皆骨　烟收露五臺
香峯桂子落　雪嶽玉簪開
長白遙兼聳　頭流壯且魁
名山窮眼界　不必往蓬萊

수박

하늘에는 불 구름이 불기둥 뿜고
땅에는 산과 강이 죽 솥처럼 끓는다.
대낮 뙤약볕이 온 누리 태우누나
사람은 더위 먹어 취한 듯 쓰러지네.
돌 틈에 찬 샘물도 흐르다가 말랐거니
베옷이고 쥘부채고 무슨 보람 있을쏘냐.

서쪽 나라 그 뉘 있어 수박씨를 전했던고
불꽃 같은 이 더위를 네가 씻어 줄 줄이야.

수정 같은 쪽을 갈라 옥 같은 씨를 뽑고
달콤한 샘물 파니 생명수 절로 나네.
청문 밖 동릉후[1]는 멀고 먼 옛날 일
천 년 전에 간 사람이 다시 어이 온단 말가.

---

[1] 진秦나라 때 동릉후東陵侯 소평召平이 진나라가 망하자 평민이 되어 청문靑門 밖에서 참외 농사를 지었다고 한다.

참외 심어 횡재했다 역사는 말하건만
부질없이 전해 오는 옛 이야기 되었어라.

이내 뒤뜰 울밑 밭에 수십 이랑 심었더니
둥글둥글 수박 열어 동이만큼 자라났네.
산골짝 밤이슬에 넌출 뻗어 덮였으되
오가는 이 없는 터에 남의 원망 산단 말가.[2)]
목말라 수박 따서 한번 실컷 먹고 나니
답답하던 이내 속이 시원도 하여라.

西瓜[3)]

天上火雲作峯頂　大地山河如粥鼎
午景燒空凝不去　暑氣逼人如酩酊
石竇寒泉流欲渴　蕉衣葵扇無功烈
西國誰傳種玉方　活我暘谷炎蒸域
水晶拆處玉粒屯　甘井鑿後瓊漿飜
靑門朱陵邈以遠　世變人亡不復返
紙上餘錢載簡編　空有話靶留人傳
我有東園十畝田　顆顆離離如盎圓

---

2) 외밭서는 신 끈도 다시 매지 말라는 속담이 있다.
3) 《매월당집》에는 '원중과園中瓜' 다섯 수가 실려 있으나 여기에는 그중 한 수만 실었다.

山中風露日滋蔓　境遠無隣可修怨
渴來切破蒼玉甁　一嚼可能消我悶

딱따구리

딱따구리 딱따구리 너 무슨 궁상이냐.
앞뜰 나뭇가지 쪼는 소리 딱다굴
쪼다가 모자라서 구슬피 울다
사람이 두려운지 먼 산으로 날아가네.

깊은 숲 속 고요 속에 소리 더욱 요란쿠나
가지 위의 뭇 벌레가 그 얼마나 질렸으랴.
좀도 많고 벌레도 많아 네 배를 다 채우니
좀벌레 없애 치운 네 공로 장하도다.

백성들을 해치는 이 세상 좀벌레
천도 만도 더 되건만 쫓는 사람 전혀 없네.
너 아무리 주둥이로 나무좀은 요절내도
인간 좀벌레야 어이 다 없앨쏘냐.

啄木

啄木啄木爾何窮　啄我庭樹聲丁東
啄之不足恰恰鳴　畏人避向深林中
林深山靜啄愈響　憎幾槎牙枝上蟲
蠹多蟲老飽汝腹　爾於啄蠹多全功
世上蠹物害民者　千百其數無人攻
縱汝利觜除木災　人間蠹穴詎能空

어미 까마귀

가지 위에서 까옥까옥 구슬피 우네
거친 수풀 속을 맴돌며 우네.
울어도 이 창가에선 그리 우지 말라
흐린 꿈 지새는 나그네 마음 서러워하노라.

慈烏啼

啞啞枝上吐哀音　飛遶荒城楓樹林
莫向綠窓啼更苦　五更殘夢正關心

접동새

천첩 봉머리에 달은 지는데
소리소리 귓가에서 애 저리게 우짖네.
가고파 울건마는 너 어디로 가려노
고국은 머나먼 하늘가 서쪽.

子規

千疊峯頭月欲低　聲聲偏向耳邊啼
不如歸去將何去　故國天遙只在西

새소리 다섯

— 개경사는 골이 깊고 나무가 울창한 곳이다. 비록 기묘하고 험준한 산세는 없으나 그윽하고 깊숙한 수림의 경치가 좋다. 게다가 온갖 새들이 밤낮 쉬지 않고 조잘거려 답답한 속을 풀 만하기 때문에 매소 고사[1]를 본떠서 새소리 다섯 가지를 쓴다.

뻐꾸기 ▪

뻐꾸기야 뻐꾸기야[2]
너 이다지도 우둔하냐
지난해 지은 농사
조세 주고 말았노라.
올해엔 내 아무리 밭을 갈래도
아침 끼니 풀죽 먹고 무슨 힘으로.

아 하늘이여 해마다 대풍 들게

---

1) 매소 고사梅蘇故事란 송나라 시인 매요신梅堯臣이 '오금언五禽言'을 쓰고 소식蘇軾이 '오금언'을 쓴 것을 가리킨다.
▪ 옛날 사람들은 탈고脫袴도 함께 뻐꾸기라고 하였는데, 지금의 산비둘기다. 《시경》에서 말한 '시구鳲鳩'가 그것이다. 우리 나라 사람들이 말하는 뻐꾸기는 이와는 다르니 검푸른 빛깔에 무늬가 없으며 닭처럼 생겼다.
2) 뻐꾸기를 한자로 쓰면 "씨를 뿌려라〔布穀〕"라는 뜻이 된다. 옛날부터 뻐꾸기가 봄갈이를 재촉하는 노래를 부른다고 하였다.

뒷동산 뻐꾸기 울지 말게 하여 주오.

탈폐고 ■

벗으라네 벗으라네
해진 핫바지 벗으라네
깊은 산 사월에 봄이 왔다고.

꽃 피어 꽃바람 불건마는
바람은 상기도 차가워라.
벗으라는 핫바지 아니 벗고도
양지쪽 햇볕이 생각나네.

두어라 강남으로 날아갈거나
봄날도 따스한 강남 땅에서
우거진 용나무 그늘 속에서
마음껏 노닐며 노래 부르세.

■ 산비둘기다. 연푸른 빛깔에 무늬는 없고 모양은 발고鵓鴣와 같다.

기첩부

작은 어멈 속여 먹는 큰 어멈이여
너 그리 사납게 굴지 말아라.
너나 나나 님의 사랑 같이 받거니.
아녀자의 도리나 닦을지니라
옛 사랑 새 사랑 따져서 무엇 하리.
백 년 두고 다진 맹세 하루같이 살아가세
청산이 솟아 있고 녹수가 흘러예듯.

아욕사

나 죽거든
뒷동산에 묻어나 주오.
사월이라 푸른 매실
상기 아니 여물었네.

깊은 산골 과일 없이 무얼 먹고 산단 말가
메마른 가지에서 헛된 애만 태우노라.
새야 새야 네 울음이 왜 그리도 애달프냐
수양산에 굶어 죽은 백이 숙제 모르더냐.

불여귀

돌아감만 못하련만
고향으로 돌아감만.
촉나라 하늘은 넓고 멀구나
아마득히 구름만 오락가락.

천봉은 첩첩 넘을 수 없을레라
숲 속은 겹겹 길 모를레라.
가려다 못다 가고 마음만 태우노라
나그네 신세 되어 마음만 태우노라.

開慶寺谷深樹密 雖無絶險之岡 而且有雲林之狀 百鳥和鳴 晝夜無時 可以遣悶 故倣梅蘇故事 作五禽言

布穀

布穀兒爾何愚　去歲力農輸官租
今年雖欲勤墾畝　奈此藥蒐爲朝晡
願天年年禾穀登　田家不用催鵓鴣

脫敝袴

脫敝袴催脫衣　山深四月春芳菲
花信風吹寒可掬　著袴猶戀淸朝暉
好去江南春暖地　啼向榕陰穊且肥

欺妾婦

欺妾婦汝莫悍　盡是卿卿情所玩
但修婦道縫衣裳　舊疎新寵何足算
百年信誓須朝朝　淇則有岸隰有泮

我欲死

我欲死埋山岡　四月靑梅如耳璫
深林無果可以食　飛向枯枝空斷腸
禽兮禽兮爾何苦　不思伯夷飢首陽

不如歸

不如歸歸故鄕　蜀天空闊雲茫茫
千峯疊疊不可越　萬木重重無處望
欲歸未歸摧心腸　客中雖樂徒增傷

괴이한 새

괴이한 새 한 마리
이름 모를 새 한 마리
밤마다 밤마다 귓가에서 우짖네.
그 소리 듣는 이도 없건만
새매를 피해서 이곳에 왔노라고
독수리 피해서 이곳에 왔노라고.

허나 너 아무리 수다를 떨어도
수다가 도리어 허물로 되는 것을
차라리 네 입을 닫고
날아서 떠나라 아득한 청산으로.

온갖 회포 봄바람에 하소한들
봄바람이 네 사연 알아줄쏘냐.
보아라 입으로만 수다 떠는 자들
곧은 절개 저버리고 남 시늉 낸다.

필경엔 젊은이들의 화살을 받으리니

너 무슨 주제로 용서를 바랄쏘냐.
때를 만나 서럽게 울지 말아라
울어 힘겨우면 다시 울지 못하리.

怪鳥

怪鳥不可名　夜夜鳴耳邊
無人會汝語　願避鷹與鸇
縱饒騰舌多　多言爲汝愆
不如緘爾口　飛入千峯烟
萬般訴春風　春風其汝憐
可比饒舌者　刓方爲團圓
竟遭少年彈　安能宥以□
逢時勿喇喇　勢盡應嗒然

호랑이

높은 벼랑 위에서 호랑이 으르렁
짐승들 자취 감추고 산천초목도 기가 질리네.
꼬리 휘두르며 두 눈에 번갯불 번쩍 켜고
드르렁 이를 갈며 천둥소리 지르네.

바람결에 휘파람 불며 준령을 내려가더니
비 멎은 진 땅 산길을 싸다닌다.
아 사나운 위력 너 아무리 드세나
명사수 화살 앞엔 범접도 못 하리라.

虎

山君哮吼傍巖隈　百獸潛蹤木石摧
掉尾回眸如掣電　磨牙鼓吻似奔雷
風前長嘯危峯下　雨後留蹤狹逕來
嗟爾威稜雖可畏　李廣神箭莫徘徊

곽쥐

곽쥐여 사나운 곽쥐여
우리네 낟알을 먹지 말아라.
세 해를 너를 고이 길렀건만
이내 사정을 어이 몰라주느뇨.
두어라 너희 나라 버리고 가련다
저 낙원으로 나는 떠나가련다.

곽쥐여 사나운 곽쥐여
네 이빨은 칼날과도 같구나.
우리네 지은 농사 모조리 해치더니
이내 수레마저 쏠고 헐 줄이야.
무삼 일로 떠나지도 못하게 하느뇨
가려도 가려도 갈 둥 말 둥 하여라.

곽쥐여 사나운 곽쥐여
네 소리 왜 그리도 찍찍거리나.
간교한 언사 인간을 해치나니
듣기만 해도 마음 끔찍하여라.

어쩌면 사나운 고양이를 데려다가
씨도 없이 모조리 잡아 버리나.

곽쥐는 한 번 새끼를 친다더니
젖 먹여 길러 온 집안에 퍼뜨렸네.
내 본래 인자한 호인이 아니니
법관의 준엄한 심판에 넘기리라.
깊은 구덩이에 모조리 처넣어
네놈들의 종적을 없애련다.

碩鼠

碩鼠復碩鼠　無食我場粟
三歲已慣汝　則莫我肯穀
逝將去汝土　適彼娛樂國

碩鼠復碩鼠　有牙如利刃
旣害我耘耔　又囓我車軔
使我不得行　亦復不得進

碩鼠復碩鼠　有聲常喞喞
佞言巧害人　使人心恟恟
安得不仁貓　一捕無有孑

碩鼠一産兒　乳哺滿我屋
我非永某氏　付之張湯獄
塡汝深窟穴　使之滅蹤跡

고양이

공로를 세웠구나
쥐구멍 비웠구나.
온 집안이 평온한 천국일세
포근한 꽃방석에 한가로이 누웠더니.
이제야 또 무슨 일 있으랴
문득 횃대 아래서 옷자락 만지작거리네.

貓兒

立功鼠穴便空虛　閑臥花氈飽有餘
一室淸平無外警　却來椸下弄衣裾

창문을 두들기는 벌

창구멍 찾노라고
창구멍 찾노라고
온 창문 두들기며 헤매는 벌이여
서러워라 서러워
너의 못내 어리석음.
세계는 넓고 넓은데
네 신세 너무 좁구나.

어이타 환한 창문을 두들기며
끝끝내 빠져나갈 구멍을 못 찾느뇨.
꽃이 그리워 꿀이 그리워
네 활개 두들기며
목멘 소리 지르누나.
몸은 비록 방 안에 갇혔을망정
마음은 의연히 꽃밭 속에 있노라고.

애달파라 애달파 너의 못내 수고로움
은근히 귓속말로 너에게 타이르노라

너 여기 얽매인 죄과는
너 자신이 저지른 죄과였나니
지난날 꽃밭 속을 싸다니면서
붉은 꽃 흰 꽃 가리지 않고
좋다거니 궂다거니 평가하여
때와 곳을 생각지 않고
네 버릇 되는 대로 떠벌렸구나.
조물주를 거슬러
하늘이 미워하여
너를 이 방 속에 가두어 두었나니
수다스런 너의 사설 다시는 못하도록.

너 아니 보았더냐
이 세상 사람들이 인물을 평가함을.
낮말은 새가 듣고 밤말은 쥐 듣나니
최상 최하를 논단할 적에
제 아무리 저울눈을 맞추었다 하더라도
세인들의 말썽이야 어이 능히 면했으랴.

왜 아니 보았느냐
쌍쌍이 춤을 추며 날아드는 저 나비를.
봄바람 따스한 날 서로 불러 노닐며
향기로운 꽃떨기를 말없이 찾아드니
즐거운 이 봄철을 누가 감히 시기하랴.

가다가 날 저물면 꽃 속에 쉬어 가며
가없는 꽃 나라에 마음 놓고 거니니
꽃도 반겨 웃고 나비 또한 즐겨 하네.

허나 너 꿀벌 소리 수다스런 그 소리는
듣기 진정 싫어하여 비웃음만 받나니
말을 삼가함이 너의 교훈 될지니라.

내 할 말 다 마치고 창문 열어 주었더니
벌은 그제야 마음 놓고 날아가네
아늑한 저녁볕에 바람도 가벼운 듯.
붉디붉은 고운 꽃이 온갖 향기 풍기건만
아양도 채 못하고 미안한 듯 인사하네.

끓는 국에 덴 입은 김칫국도 분다 하거늘
수다스런 네 버릇 너 만일 못 고치면
또다시 벌 받으리니 후회한들 무엇 하리.

蜂鑽紙

蜂鑽紙蜂鑽紙　吾嗟爾之爲惑
世界如許寬　爾生如許窄
奈何撲明窓　竟不見窓隙

鼓翅聲薨薨　嗡澁細咽咽
私語似戀花　踟躕如惜蜜
一室跡雖拘　心在名花實
我憫爾之苦　諄諄言提耳
爾之苦於此　亦爾自取爾
爾向名園中　評品各花藥
囂囂膝口喧　弄吻不知止
多爲造物忤　却被天公嗔
使之繫一隅　不復搖爾唇
君不見　世間品藻評人物　耳屬于垣曾不覺
得失長短議如衡　未免被他苦謠諑
獨不見　雙雙對舞傳粉郞　暖風晴日相彷徨
嘿嘿不語偸名香　句管春姸阿誰猜
風流月夜宿花房　富貴芳園挑香頤
栩栩蘧蘧百花場　花亦嫣然渠亦忙
蜜口蠆言衆所嗤　周廟三緘宜爾規
言訖開窓恣飛去　風輕煙淡斜陽時
千紅萬紫妬芳菲　巧語未了添瘦辭
懲羹吹韲卽莫揆　從遭百罹其可追

벌을 풍자하노라

어지러운 세상에
위태로운 세상에
가려면 가고 말려면 말려무나.
무엇을 못 잊어
또 무엇이 그리워
생각다 생각다 감돌아드느뇨.
수염이 세는 줄도
검은 머리 희는 줄도
아느냐 모르느냐.
분노의 소리로
세태를 읊조려
쉴 날이 없구나.

嘲蜂

世亂時危決去留　那能屑屑戀重遊
不知鬚鬢霜華染　慷慨論時猶未休

대

복사꽃 피고 지고
자두꽃 피고 지고
꽃다운 그의 모습
몇 날이나 견디던고
무정한 비바람에 가지만 앙상하네.

아마도 사시장춘 봄뜻을 지닌 것은
서리 속 눈 속에서도
굳건히 푸른 너뿐인가 하노라.

種竹[1)]

桃李芳華能幾時 無情風雨謝繁枝
要看留得長春意 須待氷霜凜冽時

---

1) 모두 아홉 수인데 그 가운데 한 수만 옮겨 실었다.

길목 집 버들[※]

길목 집 버들아 길목 집 버들아
길목 집 버들은 초록색 저고리
남포에 님 보낸 이 마음 어이하리
어느덧 지는 해 서산에 걸렸네.

이내 몸엔 초가집 두 칸뿐이고
님은 한바다로 천리 길 떠나네.
늘어진 저 가지 얽히고 설켜
애달픈 이 간장 다 녹이네.
옷을 잡고 묻노니
이제 떠나가시면 언제나 오시려오.

해마다 창공에 두둥실 저 달이
열두 번 둥글고 기울어지느니
북녘 땅에서 열두 번 둥글 적마다
아마득히 저 달만 쳐다보오리.

[※] 남을 대신하여 지었다.

長亭柳

長亭柳長亭柳　長亭柳色靑於衫
送人南浦情何堪　依依落日峯頭銜
我在黃茅數間屋　君駕滄波千里帆
柳絲糾結正銷魂　牽衣借問底時挽回轅
年年天上一輪月　十二回圓又缺
塞上十二回圓時　出門南望弛相思

꽃이 지네

꽃이 지네
서럽게 지네
소소리 바람이 너무 사나워
풀숲에 지면 그래도 나을 것을
진흙에 지네
눈물이 지네.

부슬부슬 내리는 붉은 비인 양
천 점 만 점 꽃이 지네
꽃잎이 지네.
푸른 그늘 동산에서
남의 애를 끊누나.

그대 아니 보았더냐
장신궁[1])에서
님 잃은 그 아낙네

---

1) 장신궁長信宮은 한나라 때 장낙궁長樂宮 안에 있던 궁전으로 주로 궁녀들이 살았다.

옥 같은 그 얼굴
누굴 위해 단장하랴.

꽃은 져도 다시 피어
내년에 다시 피련마는
님 잃은 그의 일생
길이 버려두었구나.

花狼籍

花狼籍甚可憐　一陣狂風何大顚
點着綠苔猶慰我　莫敎泥涴更潸然
霏霏紅雨萬點香　綠陰庭院人斷腸
君不見　長信宮中失寵姬　玉顔寂寞爲誰媚
花落更發明年枝　一棄永巷無出期

금전화

온 세상 물 끓듯이 싸우고 다투면서
돈보고 형님하며 섬기고 아낀다네.
돈이 진정 귀중타면 모아도 보련마는
어차피 양반들이 다 빼앗아 갈걸.

金錢花[1]

擧世滔滔競戰爭 紛紛恈惜孔方兄
若敎此物堪藏貯 應被權豪盡奪幷

---

[1] 두 수 가운데 한 수만 옮겨 실었다.

접동새

단종의 '두견가杜鵑歌'에 화운하여 짓는다.

접동 접동
접동새 우네.
달도 없는 빈 하늘에 무엇을 하소하노.

가고파라 가고파
가고파라 하건마는
아미산 바라보며 어이 가지 못하는고.

나무에만 매달려 울어서 접동
방울방울 토하는 피 꽃가지를 물들이네.
깃 나래 다 해져 돌아갈 곳 정 없는데
뭇 새들의 시새움에 하늘도 내 몰라라.

두어라 온밤 지새도록 울어나 새나
쌓고 쌓인 그 원한을 풀어나 새나.
님 잃은 이내 신세 하염없어라
고요한 산림 속에 잠 못 이루네.

子規詞

和魯陵杜鵑歌而作

子規啼子規啼　月落天空聲似訴

不如歸不如歸　西望峨嵋胡不度

懸樹苦啼呼謝豹　點點花枝哀血吐

落羽蕭蕭無處歸　衆鳥不尊天不顧

子規詞幽咽激不平　空使孤臣寂寞空山殘更數

봄

풀 향기 꽃향기
봄 산은 고요한데
새들은 숲 속에서 우짖고

널 구름 일며
등 넌출 뻗은 곳에
시냇물 소리는 빗소리 같다.

높고 낮은 돌길엔 이끼만 끼어 있고
깊숙한 골방엔 향불만 타오른다.

에헤라 두어라
뜬세상의 덧없는 고락
그들에게 실컷 맡겨나 두세.

아침에 이른 안개
문 열고 들어오고
산 위에 걸린 달은

복도를 스쳐 가네.

홀로 큰 소리로 노래하다가
지팡이 끌고서 밭 둘러본다.

산골의 이 생활이 내 마음에 흡족하다
초라한 갈건에 남루한 옷이건만.

허나 기억하라
이 밤이 어서 샐 것을 내 고대하노니
내 속 아는 이 없어도.

春興 滿江紅[1]

草暖花香 春山寂 鳥啼巖樹
溪雲起 藤蘿蔓處 澗聲作雨
石逕高低苔蘚古 竹房深鎖淸香炷
也不管 浮世乍悲歡 令他苦
朝霞襯 入處戶

---

1) 만강홍은 사 형식의 하나. 상단은 4개 연이고 하단은 5개 연인데 행마다 자수를 제한한다. 1연은 4, 3, 4이고, 2연은 3, 4, 4이며, 3연은 7, 7로 제한한다. 4연은 3, 5, 3이고, 5연과 6연은 각각 3, 3이다. 7연은 5, 4이며, 8연은 7, 7이고, 9연은 3, 5, 3으로 구성한다.

山月掛 穿廊廡
獨行狂歌發 倚筇看畫
松下棲遲意自適 葛巾蕭散衣䙆縷
須記取 待漏五更寒 人無數

황혼

우수수 대 바람
뒤뜰에서 설레누나.
먼 산에 해 넘어간다
사립문 닫아걸자.
숲 속에 깃든 새도 자리 보나니.

때 벌써 황혼이라
산성에 달이 뜨네
쟁반같이 둥근달이.

黃昏　憶王孫[1]

騷騷風竹響西軒
天外斜陽獨閉門

---

1) 억왕손은 소령小令에 속하는 사 형식의 하나. 상단과 하단으로 나누지 않고 모두 다섯 행으로 구성된다. 매 행마다 압운하지만 경우에 따라서는 1행과 4행은 압운하지 않기도 한다.

宿鳥爭枝相與喧
已黃昏
月上山城似玉盆

가을의 명상

가랑잎 지네
뜨락 가에서 지네
먼 산에 우뚝 솟은 너 솔만이 푸르구나.

온 누리는 쥐 죽은 듯 고요도 하다
난간에 기대 옥피리 비껴들고
나 홀로 조용히 불어 보노라.

달도 지고 별도 지건만
말없이 말없이
잠 못 이루어 하노라.

秋思　如夢令[1)]

庭畔黃葉交墜　只有澗邊松翠

---

1) 여몽령은 소령小令의 하나. 1연은 6, 6이고, 2연은 5, 6이며, 3연은 2, 2, 6으로 구성한다.

寂寞倚欄干　獨捻紫簫橫吹
無語　無語　月落參橫不寐

역사는 말하거늘

지난날의 아픈 경험
역사는 말하거늘
어이하여 무지한 임금이여
깨달을 줄 모르는가
너 어찌 보지도 못하느냐
대궐 한 채 짓고 나면
백성들은 열 집이 거덜 나
이고 지고 아우성치며
울부짖는 저 모양을

역사를 읽고 마음 상하여

내 더는 역사를 읽지 못하겠네
부질없이 속만 태우누나.
지각없는 저 나무
너의 자유가 도리어 부럽구나.

높은 벼슬 탐내어 무엇 하리
부디 양심을 속이지 말라.
불의의 공로를 탐내어 무엇 하리
먼저 가럼잡세를 없앨지니라.

너 아무리 살아생전에
이 나라 임금 옷을 입었다 해도
네 어이 죽은 후엔들
정의의 붓을 면할쏘냐.

정의와 불의는 천리 차이건만
그 시초는 털끝만 한 차이거니
그러기에 그 옛날 우리 공자께서도

정의를 밝힌다고 《춘추》를 썼느니라.

看史傷心[1]

不堪看史只多憂　莨楚無知羨自由
好爵何如無愧怍　豊功莫若少誅求
生前縱有人間袞　死後那堪筆下矛
義利三分毫髮耳　故吾夫子作春秋

---

[1] 세 수 가운데 한 수만 옮겨 실었다.

옛일

말아라 말아
개에게 뼈다귀를 던져 주지 말아라.
떼로 모여들어 너죽나죽 물어뜯나니.
제 놈들끼리만 싸운다더냐
나중엔 주인마저 물어 죽인다.

주나라 섬기노라 싸움질만 하였더냐[1]
한나라 섬기노라 어린 영을 죽였더냐.[2]
두어라 제 명분 제가 지키며
제 나라 보위함만 못하리.

---

1) 중국 전국시대에 열국이 주나라를 보호한다는 구실로 제후들끼리 쟁탈전을 벌인 일을 말한다.
2) 중국 전한前漢 때 왕망王莽이 한나라를 보위한다는 구실로 두 살 된 영嬰을 왕위에 앉혔다가 이 년 만에 추방하고 왕위를 빼앗았다. 세조가 단종을 죽이고 왕위를 찬탈한 일을 비유한 것이다.

述古[1]

母投與狗骨　集類亂喋唯
不獨其群戾　終應與主乖
尊周專戰伐　安漢弑嬰孩
莫若嚴名分　勤王作止偕

---

1) 열 수 가운데 한 수만 옮겨 실었다.

해로가[1]에 화답하다

방울방울 풀잎에 이슬
한 점 두 점 쉬이도 지네.
인생이 백 년 어간에
한번 가면 다시 못 오리.

진 시황이 눈 감은 뒤
조고가 권력을 다투더니
이세의 비위를 맞추면서
사슴을 가리켜 말이라네.

떼서리 영웅이 고개를 쳐들더니
온 누리에 칼부림 벌어져
옥신각신 열다섯 나라에
싸움의 불길이 타 번졌구나.

---

1) 해로가薤露歌는 고대 만가輓歌로서 사람의 목숨이 부추 위의 이슬과 같아서 쉽게 말라 없어진다는 뜻이다. 중국 제齊나라 왕 전횡田橫이 한漢나라 고조高祖의 부름을 거부하고 시향尸鄕이라는 곳에서 자결하자 함께 간 오백여 명의 백성들이 따라서 죽었는데, 그의 신하가 시신을 호송해 돌아가면서 지은 것이라고 한다.

우리도 이 틈에 때를 만나
제나라 강토를 넓혔더니
필경은 한나라 드센 서슬에
나라의 운명이 위태로웠네.
서러운 망국의 한을 안고
멀리 섬나라로 떠났더니라.

초나라 한나라 마지막 버티다가
너 죽나 나 죽나 겨루더니
역발산 힘센 항우도
끝장엔 해하에서 포위되고
용 같은 한나라 패공만이
드디어 천하를 호령하였네.

전후에 인심을 수습하노라
창해 가에서 우리를 달래는구나.
우리 왕은 차라리 자결하여
남의 모욕을 수치로 여겼거든
우린들 어이타 헛되이 살랴
따라서 죽었노라 한결같이.

한 번 죽음은 오히려 참으련만
천추만대에 놀림을 당할쏘냐.
차라리 시궁창에 묻힐지라도

부귀공명은 바라지 않노라.
울어 또 울어 목메어 우노니
청천백일은 날 알아주리.

和薤露歌

溥溥薤上露　湛湛何易晞
人生百歲內　一死無來歸
祖龍旣棄弓　趙高專權威
承迎二世意　鹿馬生禍機
群雄競角逐　四海干戈揮
紛紛十五國　擾擾煙塵飛
我國亦復振　奄有齊封畿
終爲漢將敗　入島歌式微
劉項復龍戰　雌雄相依違
扛鼎項將軍　卒爲垓下圍
龍顏劉沛公　氾上臨萬幾
兵罷網豪傑　拑我滄海磯
我王遂自刎　恥爲人所犧
吾儕敢徒生　從死如芝鐖
一死尙可忍　百歲何當譏
寧委溝壑中　侯王非所希
飮泣復吞聲　知我唯淸輝

어허 애달파

어허 애달프구나 애달파
누구를 위해 길이 눈물짓느뇨.
거듭 외치기에 백성들은 몸이 지쳐
아마득한 하늘만 우러러보네.

아방궁 세워 복도를 늘리느라
서산의 나무들을 깡그리 다 베더니
즐거움이 끝나기도 전에
초나라 사람들이 횃불을 들었느니라.

정륜관에 쓸쓸히 봄풀만 우거지고
결기각 옛터에는 사슴이 울어
양반들은 고대광실 사치를 꿈꿨으나
농민들은 한평생 굶주리고 헐벗었다.

애달프구나 나무도 돌도 발이 있을 리 없어라.

슬프다 백성들은 상기도 핏기가 남았더냐.
가죽을 벗기고 피를 짜내고 뼈마저 긁어 가
탐욕만 거듭 부려 그칠 줄을 모르누나.

지난날의 아픈 경험 역사는 말하거늘
어이하여 무지한 임금이여 깨달을 줄 모르는가.
너 어찌 보지도 못하느냐
대궐 한 채 짓고 나면 백성들은 열 집이 거덜 나
이고 지고 아우성치며 울부짖는 저 모양을.

嗚呼歌

嗚呼復嗚呼　爲誰長潸然
再歌民亦勞　悠悠望蒼天
阿房複道橫　兀盡西山木
佚樂不旋踵　楚炬燎奕赫
靚輪蕪沒生春草　結綺荒涼走麋鹿
雕楹刻桷事奢麗　卒歲田家無短褐
可惜木石本無脛　哀哉蒼生皮有血
剝皮浚血旣割骨　侈欲靡靡不知歇
前車事覆轍載靑史　胡乃甕君猶未徹
君不見　一宇成時十口逋　負戴踽踽啼呫呫

강태공[1]

날비 슬슬 뿌리는데
낚싯대 홀로 드리워
위천강 어부살이 세월도 잊었더니
너 어찌 늘그막에 풍운아가 되었더뇨.
백이 숙제 곧은 절개 굶어 죽게 하였구나.

呂望[2]

風雨蕭蕭拂釣磯　渭川魚鳥識忘機
如何老作風雲將　終使夷齊餓采薇

---

1) 한명회韓明澮가 김시습에게 '태공조어도太公釣魚圖'에다 시를 써 줄 것을 청하니 김시습이 이 시를 썼다고 한다. 또《청강시화淸江詩話》에는 서거정徐居正이 조어도釣魚圖를 김시습에게 보이자 김시습이 이 시를 썼는데 서거정은 한참 동안 말없이 앉았다가 "자네의 시는 나에 대한 논고장인 셈이네."라고 하였다는 이야기가 있다. 어느 것이 사실인지는 자세하지 않다.
2)《매월당집》에는 '조이조수嘲二釣叟' 두 수가 실려 있으나 여기에는 그중 한 수를 옮겨 실었다.

굴원

속 태우고 애태우며 떠돎은 무삼 일고
소상강 천추만대 외로운 넋 서러워라.
님이 그 옛날에 좋은 세상 만났던들
멱라수 강기슭에 애끊는 일 없었으리.

屈原[1]

湘江千古弔幽魂　憔悴行吟爲底冤
若使先生遭盛世　汨羅應欠斷腸猿

---

[1] 《매월당집》의 '영삼간신詠三諫臣' 세 수 중 두 번째 시다. 뒤에 나오는 '오자서'는 세 번째 시다.

오자서

지덕 묘 사당 가엔 잡풀만이 우거지고
고소대 기슭에는 멧짐승 우짖는다.
성난 파도 소리 공덕 없다 말 말아라.
충신의 천추 원한을 씻어 주는 듯하여라.

伍員

至德廟前禾黍堆　姑蘇臺畔猿猱哀
怒濤不是無功業　管領人間雪禍胎

백이 숙제

기양에 봉황이 울어 서광이 비치더니
조가를 돌아보니 일이 이미 글렀어라.
주나라 곡식 먹어 곧은 절개 누 될세라
수양산 고사리 꺾다 굶어 죽고 말았구나.

夷齊[1]

岐陽鳴鳳耀初輝　回顧朝歌事已非
食粟已爲慙節義　不妨餓死首山薇

---

1) 세 수 가운데 한 수만 옮겨 실었다.

울분에 겨워서
— 굴원의 '이소'[1]에 맞추어 짓는다.

조상의 미덕 이어
천지 정기 받았나니
하 그리 마음씨 순결터뇨
타고난 기질도 정채롭다.

님이여 이내 바탕 보살피시고
가상히 여겨 좋은 이름 주셨네.
연꽃같이 아리따운 의복을 입고
난초처럼 향기로운 향기를 품었네.

어화 나의 차림 내 마음에 흡족하다
백만 번 죽는다 한들 변할 줄이 있으랴.
금으로 은으로 패물 늘이고
연지 곤지로 몸치장하였노니
이래서 내 모습 아름답건만
아 세상인심 내 마음과 같지 않구나.

---

1) 중국 초나라의 애국 시인 굴원이 지은 시. 굴원이 추방되어 애국의 열정을 읊은 장편이다.

나에게서 고귀한 향기 맡으며
그 향기 풍겨서 퍼져 나가면
도리어 나의 지조 꾸짖는다네
거울같이 맑은 나의 지조를.
어 무삼 일로 내 뜻을 펴지 못하고
떼서리 뭇 입들의 시새움만 받느뇨.

옷깃 여미고 공순히 머리 숙여
옛날 성군 만난다면 묻기라도 하올 것을
하늘이 높아 오르지 못하고
땅이 깊어 뒤엎지도 못하고.

지는 해 새는 밤에 깊이 생각하노니
이생의 불우함이 서러울 뿐이로세.
그윽이 품은 뜻 풀지 못하고
외로이 곧은 지조 지켜가노라.

이윤과 부열[2]의 염원이건만
두어라 차라리 초야로 물러서리.
관룡방과 비간[3]의 절개이건만

---

[2] 이윤伊尹은 원래 농민이었는데 은殷나라의 이름난 재상이 되었다. 부열傅說은 원래 노동 자였는데 역시 뒷날 은나라의 이름난 재상이 되었다.
[3] 관룡방關龍逄은 하나라의 마지막 임금 걸桀의 폭정을 비판하다가 죽었다. 비간比干은 은 나라의 마지막 임금 주紂의 과오를 비판하다가 죽은 충신이다.

두어라 그윽한 산골로 돌아가리라.

어이타 화려한 내 차림이
도리어 뭇놈들의 원수로 되올 줄을.
저 거룩한 요 임금 순 임금은
대로 따라 큰 덕화를 펼쳤건만
어쩌자고 포악한 걸이여 주여
거친 언덕에서 헤매다 말았더뇨.
물러나 생각하면 슬픔에 잠길 뿐
하려다 못다 하고 누명을 입었노라.

어허 이내 지조 곧은 지조여
세상과는 뒤틀어져 시름에 싸였노라.
떠나가자 멀리 멎는 곳 없이
만리 강산에 끝없이 달리리라.

동으로 가없는 부상4)의 나라까지
서로 높이 솟은 낭풍5)의 산맥까지
남에는 남염부제6) 불꽃이 타오르고
북에는 북녘 바다 얼음이 엉겼어라.

---

4) 부상扶桑은 중국 전설에서 해가 뜨는 동쪽 바다 속에 있다는 상상의 나무.
5) 낭풍閬風은 신선이 사는 지방으로 곤륜산 봉우리에 있다.
6) 남염부제南閻浮提는 수미산 남쪽에 있다고 하는 땅.

위로는 허공 중천 높고도 높을시고
아래로는 여덟 기둥 깊고도 깊을시고
갈 길도 멀거니 까마득 멀거니
가려도 가려도 갈 곳 몰라 하노라.

순 임금 만나려고 창오로 가쟀더니
창오산은 까마득 높고도 높아라.
우 임금 만날세라 용문[7]으로 가쟀더니
삼급 가는 길에 벼랑도 험악해라.

다시금 길 멈추고 영도[8]로 돌아드니
사나운 바람에 먼지만 몰아치네.
어허 이내 한 몸 용납할 곳 바이 없네
모든 것 집어치고 앞날을 기다릴까.
두어라 내 짐짓 팽함[9]을 따라 놀아
차라리 천길 물속을 찾아가리.
고기밥이 되어 물 위에 떠다닐지언정
아무렴 내 평생에 굳은 절개 변할쏘냐.

---

[7] 용문龍門은 중국 산서성에 있는 산 이름. 《서경》에 우 임금이 용문에서 치수 공사를 했다고 하였다.
[8] 영도郢都는 초나라의 서울로 초나라 사람 굴원을 생각하면서 쓴 것이다.
[9] 팽함彭咸은 은나라의 현인으로 임금에게 충성으로 간하였으나 듣지 않자 물에 빠져 죽었다고 한다.

노래나 부르노니
천지는 무궁하되
인생은 끝이 있다.
인심은 날로 변해
헤아리기 어려워라.
야광 명월주를
품어 버림받았으나
난초의 고운 차림
끝끝내 아끼리라.
천심을 어이 알랴
인정도 말 못하리.
청백하게 끝마치면
고귀한 죽음 되리.
여봐라 나라 다스린다는 자들이여
너희네 운명도 오래 가진 못하리라.
내 이제 죽는단들 내 할 말 못 할쏘냐.

노래 멎고 말 막히나
이내 정신 남으리라.

擬離騷

承祖考之懿德兮　稟天地之淸明

何性命之純粹兮　資氣稟之精英
皇覽余之鍾秀兮　獎之余以嘉名
衣艾荷之婥妁兮　懷茝蘭之芳馨
寔余心之所善兮　雖九死其難抛
紛貫佩以薜茘兮　又重之以蘭苞
羌威儀之抑抑兮　嗟人之心不與余心同
旣詑余以襲馨兮　芳酷烈之戎戎
又詁余以藏珍兮　操氷鑑之冲瀜
何余心之所負兮　衆競訿而哄哄
焉敷衽以跪敶兮　遷勋華而因控
天蓋高而莫攀兮　地蓋厚而莫蹴
竟日夜而永懷兮　哀吾生之齷齪
抱幽靚而不攄兮　竟獨守此貞愨
初心自負於伊傅兮　不如攣而投諸溝也
雅操擬於逢干兮　不如舍而置之幽也
何衣服之姱麗兮　衆曖然而共讎
彼堯舜之欽明兮　旣遵路兮皇猷
何桀紂之淫昏兮　乃窘步乎荒之陬
退省躬以自悼兮　進不入以離尤
嗟余懷之耿介　反鉏鋙而牢愁
欲遠遊而無所止兮　窮迢遞之山河
東搏桑之無際兮　西閶風之欻䠥
南炎州之烜爀兮　北氷凌之咤呵
上九重之沆瀁兮　下八柱之叉摩

路脩遠以夐邈兮　羌不知吾所之
邀華遊於蒼梧兮　渺九疑之參差
睎姒功於龍門兮　逈三級之崇嵯
重返顧乎郢都兮　杳塵埃之旋吹
哀余靡所止疑兮　不若限之以大故
依彭咸以爲類兮　寧江潭之終赴
葬魚腹隨波以上下兮　焉能改乎前度
亂曰天地無垠生有極兮　人心反覆競難測兮
懷瑾握瑜卒罹辟兮　服蘭佩茝終可惜兮
天命不可度人情難謂兮　淸白死直大人所貴兮
吾告堵敖以不長兮　寧溘死而不諱
曲雖終而語絶兮　諒余情之難旣

멱라연부[1]

칼바람 일어
찬 서리 치네
하얀 달빛은 교교하고
파란 등불은 춤을 추누나.

'굴원열전'을 읽으며
'회사'[2]의 노래 읊노라니
아득히 그지없는 나의 명상
멱라수 물기슭을 찾아 달리네.

맑고도 잔잔한 저 물결 속에
가없는 하늘이 드리웠네.
벼랑은 솟아서 깎아지른 듯
오르다 숨 가빠 발을 멈추네.

---

1) 멱라연은 초나라 시인 굴원이 빠져 죽은 강이다. 부賦는 한시 장편 형식의 하나다.
2) 회사懷沙는 굴원의 《초사楚辭》 가운데 한 편명으로 멱라수에 빠져 죽으려는 이유를 서술하였다. 사마천이 쓴 《사기史記》 '굴원열전屈原列傳'에 이 시가 실려 있다.

아 초나라 굴원이
여기서 돌을 안고 빠졌더란다.
일은 천 년 전 옛일일망정
그의 이름 의연히 죽지 않았네.

보라 분명한 그의 모습이
완연히 여기에 살아 있구나.
그러기에 알리로다
충신 열사 크나큰 절개
세월이 흐를수록 이름 더욱 빛남을.

생각건대 지난날
주나라 정세가 문란할 제
뭇 나라 영웅들이 너죽나죽 다투어
공자도 맹자도 발붙이지 못하고
소진과 장의만이 기를 펴더니
도덕과 의리를 집어던지고
간계와 허위만을 일삼았더라.[3]

홀로 거룩한 저 굴원만이
힘써 초나라를 섬겼구나.

---

3) 소진蘇秦과 장의張儀는 중국 전국시대에 유세가. 권모술수로 국제 관계를 소란스럽게 했다는 뜻이다.

나오나 들어가나 나라 위해 바쳤나니
나라가 일어서고 공도 이룩되었더라.

초왕도 반겨하여 모든 일 맡기기에
뭇 나라 중에서도 앞장서서 나가더니
아 동료들이 질투하고 시기하여
못난 미꾸라지 큰 웅덩이를 흐리었네.
초왕은 어이하여 이런 사정 통 모르고
거짓을 잘못 믿고 노여움만 품었던고.

이전 왕이 외면하고
뒤의 왕도 나 몰라라
소상강 남쪽으로 추방을 당하다니
만 리 정배 길 날이 저물어.

나그네의 봄여름은 덧없이 가고
흐린 날씨 궂은 안개 걷힐 날이 없구나.
메마른 그의 모습 골수까지 병들고
파리한 그의 얼굴 주리고 여위었네.

충성을 다 바쳐 나라를 섬겼거늘
도리어 강기슭에 버린 사람 되올 줄을
어허 못 믿을손 천명
인정도 야속하다.

두어라 노래나 불러서 쌓인 시름 풀쟀건만
노래는 끝 있으되 시름은 한이 없네.
하늘을 우러러 울음을 터뜨려도
하늘은 높고 높아 알은체도 않는구나.

삼황오제는 머나먼 옛날이라
주공과 공자인들 어이 다시 온단 말가.
어디에 그의 마음 하소연하여
착한 자 악한 자를 갈라낸단 말인가.

무너져가는 내 고국을 차마 어이 본단 말고
차라리 죽어져서 열사를 따를거나.
강기슭 높이 솟은 강파른 벼랑에 올라
깎아지른 듯 위태로운 절벽을 바라보다
어허 나라 위한 원한을 가슴에 안고
떨어져 소상강 물속에 고기밥이 되었구나.

허나 곧고도 열렬한 그대 절개
천추만대를 옐수록 향기롭도다.

내 어이 오물 속에서
진흙을 걷어 내며 살아갈 줄 모르랴만
아 이내 조촐한 모습을 도리어 더럽힐세라
두어라 못 하리로다.

내 어이 주정뱅이 되어
이 세상에서 술찌끼 얻어먹으며
죽음을 면할 줄 모르랴마는
아 이내 말끔한 정신을 도리어 흐릴세라
두어라 못 하리로다.

내 마음 내가 변해 세속을 못 따르니
이것이 바로 나의 양심이어라.
차라리 깊은 물속에 뛰어들어가
한없는 평생 원한 풀어나 보겠던가.

보아라 지금까지 구름 걷고 바람 멎어
거울처럼 맑고 깨끗한 저 물속은
이것이 바로 선생의 풍채이어라.
궂은 바람 흐린 안개 주름진 저 물살은
이것이 바로 선생의 시름이어라.

억천만 년 뒷날 시인 문인
귀양살이 나그네와 떠다니는 길손들
이곳을 지나는 자
뉘 아니 생각하랴
그대의 모습.
뉘 아니 우러르랴
그대의 절개를.

汨羅淵賦

秋風颯 秋霜烈
素月皎潔 靑燈明滅
披列傳於古史 咏懷沙之一篇
渺余思之無窮 想汨羅之深淵
波澄泓而不瀾兮 涵無際之長天
崖巉屼而莫臨兮 登者惴而逃遷
哀三閭之爲纍兮 乃抱石而投焉
事雖往於千載兮 形若存而不亡
令人依俙於面目兮 宛若在乎其傍
然後知忠臣義士之大節兮 迹愈久而名愈芳
想夫周綱不振 戰國爭攘
坎軻丘軻 橫行蘇張
背仁義之宅路兮 行譎詐之富强
偉正則之脩能兮 共臣職於楚王
羌出入以先後兮 謀旣行而職脩
王甚珍而勿貳兮 楚幾强於諸侯
嗟同列之姦誋兮 蚊螭雜於鰕鰌
荃不察其中情兮 反信讒而齎怒
前王旣已疏遠兮 後王又不悟
乃放逐於湘南兮 路迢迢而日暮
方孟夏以遙徂兮 衝滔滔之瘴霧
形枯槁而疙瘦兮 顏憔悴而尨羸

竭忠誠而事君兮　反贅疣於江湄

哀天命之反覆兮　蓋人事之參差

擬作詞以抒情兮　言已窮而思遠

欲問天而聆音兮　天蓋高而勢渾

仰三五其已遠兮　哀周孔之不返

焉能瞰彼中情兮　分鯁直與姦讒

忍見宗國之顚亡兮　寧遠則乎彭咸

上蒼崖之嶍崒兮　俯靑壁之巉巖

竟懷沙以自隕兮　葬江湘之魚腹

然芳烈之貞心　綿千古而猶馥

豈不知溷泥以偸生兮　嗟不能濁我孤貞也

豈不知餔糟以避死兮　哀不能醉我獨醒也

不能變化以從俗兮　蓋素蘊發乎情也

終溘死以流亡兮　乃可得乎平生

至今雲收風止水鏡淨者　乃先生之風采也

烟籠颯轉憦輕瀾者　乃先生之愁態也

億千載之下　騷人墨士放臣逐客之輩過此淵者

孰不佇想芳踪歔欷而一酹也

서산부[1)]

오나라 옛 땅에
푸르른 서산
절강에 노도가 굽이치고
고소성엔 성벽이 솟았구나.

그 옆에 서 있는 옛 사당
그 사당 모습 쓸쓸도 하다.
단청도 다 벗겨졌거든
무늬인들 남았으랴.

거친 풀숲에는 흐린 연기 끼어 있고
고목나무 가지에는 찬 구름 오락가락
멧부리 우뚝 솟아 하늘 위에 푸른데
물결은 쏴 철썩 해는 저물어

---

1) 서산은 중국 강소성에 있는 산 이름.《사기史記》'오자서전伍子胥傳'에 "오자서가 죽은 뒤 오나라 사람들은 그를 추모하여 강 위에 사당을 세우고 그 산을 서산이라 하였다."고 하였다. 오자서는 춘추시대 사람으로 오나라를 섬기다가 간신의 참소를 받아 희생되었다. 서산부는 바로 그의 불요불굴한 충절을 노래한 부賦다.

제물을 차려 까막까치 날아들고
북소리 울려 멧짐승 달아난다.
노인네들 서로서로 부축하고
아가씨 할머니 모여서 소곤소곤

오르며 내리며
정성껏 치성 드려
복을 달라 명을 달라 우러르면서
술도 붓고 밥도 지어 드리누나.

님이여 그대 혼이 여기에 머물렀느뇨
귀신 장수들이 사면에 둘러섰네.
장검을 뽑아 들고 창을 비껴들었는데
깃발을 휘날리며 향불을 태우누나.

방불할사 그의 조각
그 얼굴에 일편단심 서리었네.
기상도 거룩할사
머리칼이 일떠선다.

상기도 월나라 쳐부수려는
장한 뜻 남아 있고
오나라 보위하려는
충성이 서려 있네.

이만하면 알리로다
예부터 일러 오던 오자서의 사당임을.
열사의 장한 뜻 몇천만 년 지나가도
썩지 않는 그 보람이 이 어찌 아닐쏘냐.

목숨 지도록 월나라 증오하고
오나라를 사모하며
참소를 싫어하고 나랏일 걱정하였거니
임금의 무지함에 애를 태웠고
간신의 교활함을 원망하였다.

손 다쳐[2] 맺힌 원한
뼛속 깊이 사무쳤고
탐오[3]에 대한 증오
가슴 깊이 맺혔더니

그 아무리 칼날 아래 목이 떨어졌을망정
고귀한 그 기개 꺾일 리 있으랴.
그 아무리 사지가 가죽 자루에 싸여 떠내려갔을망정
갸륵한 그 정신 사라질 리 없어라.

---

2) 오나라의 임금 합려闔閭가 월나라를 치다가 손에 상처를 입고 죽은 일을 가리킨다.
3) 오나라의 태재太宰 비嚭가 월나라의 뇌물을 받고 월나라를 돕다가 마침내 나라를 망친 일을 가리킨다.

저문 날 푸른 산에 연기가 서려 오네.
이는 시름 싸인 그대의 설움이로세.
장강 노도에 바람 일고 물결치거늘
이는 가슴에 서린 그대의 분노여라.

한때 부형의 원수를 갚기 위해
초나라를 잊었을망정
오나라 운명을 목숨으로 지키면서
월나라 간계에는 넘어가지 않았거니
초나라 폭군의 원한은
지난날에 풀었건만
오나라 참소[4]에 대한 분노가
오늘 다시 새로워라.

내 아무리 백만 번 죽는다 한들
그들을 어이 다 징계하지 않으리.
한 조각 붉은 마음 맺히고 또 맺혀라.

아 마음이 사물에 부딪치면
슬픔 오고 기쁨도 오며
사물이 마음에 반영되면
트이기도 하고 막히기도 하나니

---

4) 태재 비가 월나라의 뇌물을 먹고 오자서를 음해하여 왕에게 참소한 일을 가리킨다.

저 절강 성난 물결은
굽이쳐 흐르며 더더욱 울부짖고
저 전당의 긴긴 댐은
쌓고 또 쌓아도 해마다 터져 나네.

이것이야말로 만고 충신 오자서가
지난날 칼날에 목 베이고
가죽 자루에 시체 싸여
물 위에 둥실 떴다 여울 속에 파묻혀 버린
그윽한 천추 원한이 아니었으랴.

내 이제 그의 시름 풀어 주고
그의 영혼 위로코저
강가에 제물 차려
잔 들어 권하노니
님이여 이 술을 드소서
나의 노래 들으소서.

세 번까지 충고하다
안 들으면 둘 것을
때맞추어 떠났던들
그 뉘 있어 막을쏜가.

우리네 좋은 계책 실행되지 않을 바엔

두어라 하늘 높이 날아나 오를 것을
이 나라 이 세상엔 알아줄 이 없다거든
더 무엇을 생각하랴
또 어디를 돌아보랴.

오나라 옛터에는 넋이라도 오지 말라
구름 타고 바람 타고 날아나 가시라.
다시는 벼슬길에 얽매이지 말리로다
이제는 모든 생각 다 털어 버리소서.
동서남북 위아래로
끝없이 노닐며.

胥山賦

胥山蒼蒼　東吳故疆
臨浙江之怒濤　姑蘇屹乎其傍
爰有古廟　棟宇荒涼
丹靑剝落　黯淡莫章
淡烟枯草　寒雲老樹
山巃嵸兮天碧　波澎濞兮日暮
紙錢飜兮烏鴉飛　簫鼓促兮狐狸走
父老携扶　郎姥笑語
尸祝升降　羅列樽俎

答以福釐　報以椒糈

爾乃神踞於床　鬼呵其傍

聳長劍兮列戟　揚華旌兮焚香

塑像髥髯　丹渥其顏

氣狀儼然　髮上衝冠

猶存伐越之壯忿　不勝存吳之長嘆

豈非所謂吳伍員之廟貌　而忠魂壯志歷千載不爽而莫之刊者乎

至若憤越怜吳　哀讒憂國

惜壅君之不識　怨貪人之罔極

傷指之冤　內蓄於寸赤

受賂之嗔　常塡於膧臆

雖頸脰離於鐲鏤　而志氣則不斷也

形骸包於鴟夷　而精神則不散也

暮山淡碧而烟籠者　愁腸之憤懣也

長江濤激而風起者　嗔胸之慍憝也

雖報父兄之讎　已忘於西楚

而酬君國之恨　不馳於東越

怨楚佞之腸　旣抒於昔年

而忿吳讒之膽　尤張於當日

雖百死其可懲兮　諒丹心其如結

嗟夫心觸於物　或悲或悅

物感其心　有通有窒

無乃浙江之潮　弩而尤眰

錢塘之堤　楗而愈決者

盡是諫臣伍子 昔日頭殞銸鋩

尸裹革囊 浮諸江塞于淙之幽恨乎

乃欲慰弔撥悶 臨江而酹

擧爵而勸 而爲之侑之歌之

歌曰 三諫不聽 可以去矣

色斯擧矣 爾誰阻矣

道不行矣 遙增翥矣

國無人莫爾知兮 又何懷乎故處

魂無歸兮 乘雲馭兮

勿以羈宦兮 實諸慮兮

將四方上下 無央以游豫兮

매화 그림자
달빛 아래 춤추네

미운 놈 만나면 화풀이하고
말벗을 만나면 한바탕 떠드노니
어중이떠중이 내사 좋더라
말 새끼 소 새끼라 한들 무슨 허물 있으랴
못생긴 이 재목이 먹줄인들 맞을쏜가
해마다 해마다 가지만 뻗어 가네

대동강을 건너면서

시통 하나 걸머메고 손에는 막대 짚고
바람 비 꾸짖으며 관서 길을 떠났노라
강물도 나더러 물어보는 말
지난번 관동 산수 노닐 적에는
몇 편 시를 몇 군데다 쓰시었더뇨.

渡浿水

擔一詩筒荷一藜　呵風罵雨渡關西
江流問我關東去　幾首新詩幾處題

느낀 대로

벼슬길 내버리고
청산으로 내 왔더니
꽃이 반겨 웃음 짓고
새도 반겨 노래하네.

우거진 나무 그늘
돋아나는 남새 잎에
일생토록 공로는 없지만
두어라 맑은 시냇물에
추문에 부대낀 귀를 씻겠소.

書感

不向金門浪掛名　却來靑嶂解塵纓
花如識面逢人笑　鳥不知情隨意鳴
小院樹陰靑裊裊　滿園蔬茱綠菁菁
一生可是無功業　管却淸溪洗耳聲

시

시란 무엇인가
시는 깊은 샘물
돌에 부딪히면 흐느껴 울부짖고
못에 고이면 거울처럼 비치더라.
굴원 장주는 열정이 많았거니
위나라 진나라는 더욱 다채로웠네.
기이한 절조 심상한 풍격
그 묘리는 말하기 어려워라.

學詩[1]

客言詩可學　詩法似寒泉
觸石多嗚咽　盈潭靜不喧
屈莊多慷慨　魏晉漸拏煩
勦斷尋常格　玄關未易言

---

1) 두 수 가운데 한 수만 옮겨 실었다.

금오신화에 쓰노라

오막살이 푸른 털 담요 포근하여라
매화나무 꽃그늘이 창문에 비낀
달 밝은 밤이구나.
긴긴 이 밤에
등잔불 돋워 놓고
향불 피워 놓고
이 세상 사람들은 보지도 못한
이 글을 한가로이 쓰노라.

　　　*

옥당 벼슬길은 잊은 지 오래
산 깊고 물 깊은 데 단정히 앉았으니
밤은 바야흐로 깊어만 가네.
향로에 향 피우고
먹을 함빡 갈아서
기이한 새 이야기를 두루 적고 적노라.

題金鰲新話 二首

矮屋靑氈暖有餘　滿窓梅影月明初
挑燈永夜焚香坐　閑著人間不見書
　　*
玉堂揮翰已無心　端坐松窓夜正深
香揷銅鑪烏几淨　風流奇話細搜尋

삼신산 불로초를 캐러 간다고

삼신산 불로초를 캐러 간다고
청평 산기슭에 배 매었더니
신선도 못 만나고
먹을 것 떨어지고 길도 잃었네.

가다가 우연히 얻은 복숭아
보기도 곱거니와 먹기도 좋아라.
몸 한결 가벼워져 신선이로세
또다시 몇 리 길을 더 걸었노라.

시냇물 한결 더 맑고 얕더니
잔 하나 물 따라 떠내려 오네.
그 잔 안에 무엇이 있더뇨
소담히 갓 담은 깨 밥 한 그릇.

시냇가에 기다리던 고운 아가씨
방긋이 웃으며 날 맞이하네.
반가이 맞아들여 자리 펴는 양

예의범절이 얌전도 하여라.

옥당 선경에서 정들어 노느라니
꿈 없는 이 밤은 수이도 새네.
애석타 이내 몸은 뜬세상 사람
알고 보니 그대가 선녀였구나.

그대 이별하고 동문을 나섰더니
다시금 보고파도 찾을 길 없네.

采藥仙洞[1]

我欲采藥還　艤舟淸平渚
我如劉阮行　食盡歸無處
行行見桃實　團團舐可茹
身輕骨欲仙　行至數里許
溪流淸且淺　一杯隨水去
杯中何所有　胡麻飯新貯
溪邊窈窕女　一笑來延佇
迎入設床帳　禮數秩有序

---

1) 《매월당집》에는 '유객자춘천래 언기향중십경 인제이증有客自春川來 言其鄕中十景 因題以贈'으로 실려 있다.

伴宿玉堂淨　無夢淸夜阻
深嗟我塵人　已覺爾仙侶
送我出洞門　重尋迷處所

방랑하는 삶

방랑하는 삶이여
묻노니 어떻더뇨.
예로부터 교활한 자 잔꾀만 부렸구나.
미운 놈 만나면 화풀이하고
말벗을 만나면 한바탕 떠드노니.

어중이떠중이도 내사 좋더라
말 새끼 소 새끼라 한들 무슨 허물 있으랴.
못생긴 이 재목이 먹줄인들 맞을쏜가
해마다 해마다 가지만 뻗어 가네.

放曠狂疎[1]

放曠疎狂問若何　從來巧者計情多
逢人咄咄從敎怒　耦語期期任許詑

---

1) 《매월당집》의 '산중십경山中十景' 중 한 수만 옮겨 실었다.

蟲鼠臂肝皆可喜　馬牛呼召亦無訛
樗爲擁腫違繩墨　枝幹年年老不劂

병들어 앓으며

일생을 방랑하며 산수 간에 떠도니
궂은비 흐린 날씨 시름도 많아라.
강기슭에 밤을 새워 바람은 뼈를 에고
바위틈 굴샅이로 추위에 몸이 얼었네.

어느덧 귀밑은 검은 머리 희어지고
해마다 양미간에 주름살만 늘었구나.
옛 약방문 다 찾아도 백약이 무효로세
두어라 타고난 내 명대로 살리라.

譴病

十年放浪遊山水　瘴雨蠻煙多惱人
露宿江村風剪骨　星居巖竇冷侵身
唯看兩鬢年添白　不覺雙眉日漸皺
披閱古方無寸效　也宜看箇本來眞

만가

울긋불긋 꽃동산에
피고 지는 복숭아꽃
가을이면 지다가도
봄이 오면 다시 피네.

어이하여 이내 세상
하루살이 목숨인가.
황천으로 한번 가면
다시 오지 못하는고.

挽詞

灼灼園中桃與李　遇秋閑落遇春開
如何世上蜉蝣壽　一到黃泉不復來

댓가지에 부쳐

은실처럼 고운 장막 창문에 치고
꿈이라도 꾸어야 님을 보련만
어이타 지새도록 잠 못 이루노.
두어 오리 향불마저 다 타드네.

　　*

이 몸은 천 길 벼랑 얼음장인데
님은 이글이글 타오르는 해
어이타 타는 햇볕 비춰나 주어
이내 몸 천 길 얼음장 녹여나 볼꼬.

　　*

이 밤 언제 새려느뇨 밤은 아직 멀었는데
별은 서산에 지고 달이 비쳐 오누나.
인간이 못 할 일, 님 그리워 타는 마음
인정도 병인 듯 잠 못 이뤄 하노라.

竹枝詞 三絶

一片紙帳白於雲　夜撤東窓直到昕
擬夢情人眠不得　數條香線減三分
　　　＊
儂如百尺陰崖冰　爾似一竿陽曦騰
願借一竿朝陽暉　銷我百尺陰崖凝
　　　＊
夜如何其夜未央　星移西嶺月侵床
人間最是多情苦　展轉不寐空斷腸

등불 아래서 1

산골의 밤은 길기도 길다
기름 잦은 등잔에 불꽃만 껌벅껌벅

은 병풍 장막 안에 바람결도 잠잠하다
소스라쳐 정신 새로워
사면은 고요한데
불똥을 따고 나니 방 한결 밝아 오네.

꿈은 깨었다만 밤은 짐작 못할레라
달은 서산에 북두칠성 기울었고

옷깃 여미고 새벽종 울리다가
두레박줄을 늘여
우물물 길어 내어
풍로에 불 지피고 용봉탕을 끓이노라.

燈下 天仙子[1]

山室無人春夜永　銷盡蘭膏花吐影
銀屛紙帳自無風　心地惺　人初靜　紅艷剪來還耿耿
睡覺漏聲全未省　月在西峯星斗冷
整衣撞却四更鍾　沈短綆・汲寒井　爐火試剪龍鳳餠

---

1) 천선자는 사 형식의 하나. 1연은 7, 7로, 2연은 7, 3, 3, 7로 구성하고 하단도 동일한 형식으로 반복한다.

등불 아래서 2

북두성 기울고
은하수 옅고
선들선들 바람에 드린 발 물결 지네.

서늘한 베개에
차가운 병풍
밤은 야금야금 깊어만 가네.

불똥 따 버리고
심지 돋워 놓고
한가로이 바둑을 두고 있자니

솔 소리는 **쏴쏴**
대 소리는 우수수
먼 산에 새벽안개 피어오르네.

燈下 更漏子[1]

斗杓橫　銀河淡　浙浙風簾相撼
孤枕冷　素屛寒　夜深更漏殘
剔燈花　挑玉藥　靜裏閑敲碁子
松摵摵　竹蕭蕭　博山香霧消

---

[1] 경루자는 사 형식의 하나. 상단과 하단이 동일하게 구성되는데 1연은 3, 3, 6이고, 2연은 3, 3, 5이다.

느낌

해도 날아가고 달도 늙누나
살 같은 이 세월을 내 어이하랴.
강물이여 내 마음 너만이 알아주리.

일 년 열두 달에 좋은 날이 몇 날인고
백 년 풍파에 시름도 하도 할사.
두어라 휘파람 장단에 노래 한껏 불러 보세.

有感 浣溪沙[1]

天上雙輪似擲梭　倚欄情緒奈然何

知心唯有碧江波

人事一年歡意少　風光百歲苦心多

不如孤嘯一長歌

---

[1] 완계사는 사 형식의 하나. 상단과 하단이 동일하게 구성되는데 1연은 7, 7로 칠언율시의 첫째 연과 비슷하다. 두 번째 연은 일곱 자 독립 행으로 구성된다.

가을 강

마름이랑 갈대랑 우거도 지고
호숫가에 잎도 지는 가을이로세.

저녁볕 등지고 고깃배 돌아온다
어기여차 뱃노래도 드높이.

가없이 푸른 물은 맑고도 얕은데
먼 포구에는 저녁노을 사라진다.

얼씨구 좋구나 조각배 띄워라
오르락내리락 노 저어 가네.

秋江 菩薩蠻[1]

白蘋紅蓼映江渚　洞庭木落情如許

---

[1] 보살만은 사 형식의 하나다. 1연은 7, 7이고, 2연은 5, 5로, 3연과 4연은 5, 5로 구성된다.

漁艇背斜陽　短歌歸興長
下瀧水淸淺　別浦烟初卷
最好泛扁舟　沿流復泝流

가난

아 불우한 너의 신세
이내 말 좀 들어 보소.

너의 품성 소탈하고
너의 절개 굳을세라.
부귀공명 내던지니
소박할손 생애로세.
베 짜서 옷 마르고
밭 갈아 밥을 짓네.

분에 넘치게 날치지 말라
모자라도 만족할 줄 알라.
실행을 중히 여겨
간소하게 살리라.

나물 먹고 물 마셔도
즐거움이 그지없네.
정의 아닌 부귀공명

뜬구름과 같다거니
옛 성인을 본받아
우리 전통 이을세라.

나라 위해 하는 걱정
궁하다 아니 하랴.
초야에 숨은 몸이
외롭다 아니 노랴.

꽃구경 버들 구경
먹도 갈고 춤도 추세.
성현 군자 높은 덕을
잠시인들 잊을쏘냐.

하물며 이 산골은
네가 깃들 터일레라.
물 좋고 산 좋은데
오나가나 내 세상을
말없이 앉았다가
한가로이 거니노니
조물주야 시기 말라
내 마음 내 편하다.

만년 장수 누리면

염원도 이룩되리.
백 년 삼만 육천 날이
쏜살처럼 흘러간다.
살아 일생 끝나면
영결하여 관 속에 들리.

窮居箴

嗟爾形骸　聽我言話
爾性疎放　爾守偏介
旣謝闤闠　宜當蕭洒
易布以衣　力耕以食
勿求分外　少欲知足
勿諂踐履　長處簡約
曲肱飮水　盡以歡忻
不義富貴　眎如浮雲
慕顔睎曾　不墜斯文
國家之憂　雖窮幷憂
林泉之遊　雖獨宜遊
傍花隨柳　浴沂舞雩
賢聖高標　勿忘斯須
矧此盤谷　惟汝之寬
泉甘土肥　動靜恒安

和以守默　靖以盤桓
造物莫猜　精神自完
飮食壽康　志尙宜端
三萬六千　保送跳丸
乘化歸盡　永訣蓋棺

남명[1]

힘쓰라 너의 덕을
다하라 너의 힘을
어두우나 밝으나
낮이나 밤이나
옛것도 널리 알고
부닥친 일 바로 보라.
부귀공명 서둘지 말고
가난하고 천하다고 서러워 말라.

이윤[2]의 뜻을 본받고
안연[3]의 학문 배우리라.
초야에 숨었건만 나라 근심 버릴쏘냐.
베잠방이 옷으로도 충신 사명 못 잊노라.
팔자는 하늘에 매였다 하나

---

1) 남쪽 벽에 써서 붙인 좌우명. 명銘은 곧 한문 운문 문체의 하나로, 원래는 돌이나 기물에 어떤 사람의 사적을 찬양하는 내용이나 교훈을 새겨 두던 것이었다.
2) 이윤伊尹은 농민 출신으로 탕湯 임금을 도와 하夏나라 걸桀 임금을 멸망시킨 사람.
3) 안연顔淵은 공자의 제자로 가난을 극복하고 학문에 전력하였다.

덕행은 사람에게 달려 있나니
스스로 만족치 말라
제 몸은 제가 살펴야지.
턱없이 들뜨지 말라
주어진 복록을 누려야지.
바라노니 그대는
남명에서 깨달으라.

南銘

懋乃德　勤乃力
昏以繼夙　晨以繼夕
溫古博學　莅事精確
富貴勿汲汲　貧賤勿戚戚
志伊尹之志　學顔淵之學
雖蓬榻甕樞　不弛廟堂之憂國
籜冠鶉衣　不忘鵷冕以言責
窮達顯晦　雖關天錫
忠信德義　實在人力
不自滿假　用三省於吾身
無卽慆淫　受五福於皇極
冀而顧諟　粘諸南壁

북명[1]

물 한 모금
밥 한 술도
헛되이 먹지 말라
한 술 밥 받을 때도
사람 한 명 부릴 때도
의리에 비추어 따질지니라.

하루아침 근심이 없다 하여도
한평생 걱정될 일 생각하여라.
병 없이 탈 없이 늙어 가도
영원한 기쁨을 즐거워하리.

선비의 깨끗한 예절 지키고
세속의 교활한 버릇 버리라.
자랑과 명예는 그만두고
비방과 모욕은 두려워 말라.

---

1) 북쪽 벽에 써서 붙인 좌우명.

진리를 찾아 나아가면
정녕코 얻는 바 있으리니
고갯마루에 솟는 구름과 같이
하늘에 걸린 달빛과 같이.

언어와 행동이 자연스러운 건
상고 때의 순박한 풍습이요
행동거지를 삼감은
옛 어진 이의 모범이로다.
바라노니 그대는
북명에서 배우라.

北銘

水一瓢食一簞　切勿素餐
受一飯使一力　須知義適
無一朝之患　而憂終身之憂
有不病之癯　而樂不改之樂
敦尙士風廉恥　輕厭俗態詐慝
勿喜矜譽　勿嗔毁辱
怡然順理　悠然有得
無心出岫之雲影　不阿懸空之月色
動靜語默忘形骸　羲皇上世之淳朴

容止軌則存想像 唐虞三代之典則
冀子觀省 感於北壁

나의 초상[1]

공명도 명예도
너와는 무슨 상관
못생긴 너의 얼굴
오활한 너의 언사
깊은 산골에 파묻힘이
마땅할밖에.

自寫眞贊

俯視李賀　優於海東[2]
騰名謾譽　於爾孰逢
爾形至眇　爾言大侗
宜爾置之　丘壑之中

---

1) 김시습이 무량사無量寺에 있을 때에 스스로 두 폭의 자화상을 그렸는데, 이 글은 그 그림에 쓴 찬贊이다. 찬은 한문 운문 문체의 하나로 송가에 속한다.
2) "이하를 내려다볼 만큼 해동에서 최고라네."라는 뜻인데, 북에서는 이 두 구를 국역 시에 넣지 않았다.

금오신화

만복사 윷놀이〔萬福寺摴蒲記〕
이생과 최랑〔李生窺墻傳〕
부벽정의 달맞이〔醉遊浮碧亭記〕
꿈에 본 남염부주〔南炎浮洲志〕
용궁의 상량 잔치〔龍宮赴宴錄〕

만복사 윷놀이
萬福寺摴蒲記

남원 땅에 양생이라는 노총각이 있었다. 그는 어려서 부모를 여의고 집 없는 고아로 자라나 결혼도 못 한 채 만복사 절 방에서 살고 있었다. 절 방 밖에는 배나무 한 그루가 있었다. 바야흐로 봄철이라 꽃이 활짝 피어 가지마다 구슬이요, 송이마다 은빛이었다. 양생은 매번 달밤이면 그 나무 아래를 거닐며 낭랑한 목소리로 시를 읊곤 하였다.

한 그루 배꽃을 벗으로 삼고
달 밝은 이 한밤을 뜻 없이 보내다니.
젊은 이 몸 외로이 창가에 누웠는데
어디선지 아름다운 피리 소리 들려오네.
一樹梨花伴寂寥　可憐辜負月明宵
靑年獨臥孤窓畔　何處玉人吹鳳簫

*

물총새 짝을 잃고 외로이 날고
원앙도 벗을 잃고 물 위에 떴네.
그 누가 온다면 바둑이나 두련마는
밤들어 등불 켜고 창에 기대었네.
翡翠孤飛不作雙　鴛鴦失侶浴晴江
誰家有約敲碁子　夜卜燈花愁倚窓

양생이 이렇게 시 읊기를 마치자 문득 공중에서 말소리가 들려왔다.

"자네가 좋은 배필을 얻고 싶은 모양인데 그거야 안 될까. 무엇을 걱정하랴."

이 말을 들은 양생은 내심 기뻐하였다.

그 이튿날은 바로 삼월 스무나흘 날이었다. 이 고을 풍속에 이날이면 마을 사람들이 만복사에 모여 연등놀이[1]를 하면서 복을 비는데, 이때에도 남녀들이 떼를 지어 서로 앞 다투어 몰려들었다. 그들은 모두 자기 소원을 부처 앞에 하소연하였다. 날이 저물어 염불 소리가 끝나고 사람 자취가 드물어지자 양생도 부처 앞에 나타났다. 그는 소매 속에 넣었던 윷가락을 부처 앞에 내놓으면서 중얼거린다.

"내 이제 부처님과 윷으로 내기를 하려 합니다. 만약 내가 지면 한턱 내어 불공을 드리려니와 부처님이 지시면 아름다운 여인을 얻으려는 내 소원을 이루어 주셔야 합니다."

빌기를 끝마치고 양생은 윷가락을 던졌다. 윷 내기는 마침내 양

---

[1] 연등놀이는 사람들이 절에 모여 등을 켜서 달고 놀던 민속놀이의 하나다.

생이 이겼다. 그는 부처 앞에 꿇어앉으며 말했다.

"이미 약속하신 일이니, 그 약속을 어기지는 못하리이다."

이렇게 부처에게 다짐을 거듭하면서 양생은 궤 뒤에 몸을 숨기고 약속이 이루어지기를 기다렸다.

과연 얼마 뒤에 아름다운 한 처녀가 나타났다. 나이는 열대여섯 인데 검은 머리를 단정하게 꾸민 처녀의 용모는 선녀처럼 아리따웠 고 일거일동은 보기만 하여도 얌전하였다. 처녀는 기름병을 가져다 가 부처 앞에 불을 켜고 향을 피운 다음 일어나 세 번 절하고 꿇어 앉아,

"인생이 어이하여 이렇게도 목숨이 짧을까."

하면서 연달아 긴 한숨을 짓더니 품속에서 종이쪽지를 꺼내 탁자 앞에 바친다. 글의 사연은 이러하였다.

"어느 고을 어느 마을에 사는 아무개는 알립니다. 지난날 우리 나라가 변방을 잘 지키지 못하여 왜적의 침입을 받았습니다. 칼 날이 사방에서 번쩍거리고 봉화가 해마다 올랐습니다. 왜적이 집 을 불사르고 백성들의 재산을 약탈하였으며 사람들은 동서로 헤 어지고 남북으로 피난하여 가족, 친척, 머슴 들이 모조리 난리 통 에 흩어지게 되었습니다. 소녀는 연약한 몸으로 먼 곳으로는 떠 날 수 없는 형편이라 깊이 골방 안에 들어앉아 끝까지 절개를 지 키고 몸을 깨끗이 보전하여 원수들의 만행을 목숨으로 막아 내었 습니다.

부모님께서 딸자식의 수절을 대견하게 여기시고 한적한 산골 에 살게 하여 거친 풀 속에서 외롭게 지내 온 지가 벌써 세 해나 되었습니다. 달 밝은 가을밤에도 꽃 피는 봄에도 안타까운 마음

으로 청춘을 허송해 왔으며, 떠다니는 구름처럼 흘러가는 강물처럼 부질없이 세월만 보냈습니다. 쓸쓸한 산골에서 짧은 인생을 한탄하고 독수공방 긴긴밤을 헛되이 보내면서 혼자 추는 난새 춤을 서러워하였습니다. 날이 가고 달이 가매 맑은 정신이 사라지고 여름 낮과 겨울 밤에 가슴이 미어지는 듯하였습니다.

바라건대 부처님께서는 애처로운 이 사연을 굽어 살펴 주십시오. 전생에 맺은 연분 피할 길이 없사오니 행여 좋은 분이 있거든 저에게 즐거운 일이 있도록 점지해 주시기를 간절히 바랍니다."

처녀는 읽던 글을 내던지고 그만 목멘 소리로 흐느껴 울기 시작하였다. 이때 양생은 틈 사이로 그 자태를 엿보고 있다가 넘쳐흐르는 애정을 진정하지 못하여 선뜻 몸을 일으켜 앞으로 나아갔다.

"읽던 글을 내던지니 무슨 일이오?"

양생은 처녀가 읽던 글을 훑어보고는 은근히 기쁜 빛이 얼굴에 넘쳐 처녀에게 다시 말을 건넸다.

"당신은 대체 어떤 사람이기에 혼자 여기 왔는지요?"

"저도 역시 사람입니다. 무슨 의아할 것이 있겠습니까? 당신은 아름다운 배필이나 만나면 그만일 터이온데 이름은 알아 무엇 하시렵니까? 그처럼 당황할 것은 없습니다."

처녀는 이렇게 대꾸하는 것이었다.

이 절은 퇴락하여 중들은 절 한쪽 구석에 몰려 살고 있었으며 법당 앞에는 쓸쓸하게 아래채만 남아 있었는데, 복도가 끝나는 곳에 좁은 마루방이 있었다. 양생은 처녀를 데리고 마루방으로 들어갔다. 처녀 역시 조금도 사양하는 빛이 없었다. 서로 웃고 즐기는 것이 마치 인간과 다름없었다. 밤이 점점 깊어져 달이 벌써 동산에 솟아올라 나무 그림자가 창문에 비쳐 든다. 바로 이때였다. 문득 어디선가 사람 발자국 소리가 들려오는데 처녀는 적이 짐작이 되는 듯 물었다.

"게 누구냐? 시녀가 아니냐?"

"예, 그렇습니다. 아씨께서 지난날에는 중문 밖을 나가지 않으시고 걸음걸이도 여간 조심하지 않으셨는데, 어제저녁에는 우연히 나가시더니 어째 이렇게 늦도록 돌아오실 줄을 모르십니까?"

바로 처녀의 시중을 들던 시녀가 찾아왔던 것이다. 그러나 처녀는 태연스럽게 시녀를 보고 분부하였다.

"오늘 일은 우연이 아니다. 하늘이 돕고 부처님이 돌보신 덕으로 선량한 분을 만나 백년가약을 맺게 되었다. 부모님께 알리지 않고 혼인해서는 안 된다고 법전에서 가르치고 있으나, 이렇게 사사로운 자리에서 맞이하게 된 것도 또한 평생의 기이한 연분이다. 그러니 너는 초막으로 돌아가서 돗자리와 술, 과실을 가져오너라."

시녀는 아무 말 없이 처녀의 분부대로 따랐다. 뜰에 자리를 깔았을 때는 벌써 새벽 두 시경이나 되었다. 차려 놓은 주안상은 소박하여 아무 꾸밈새도 없으나 말끔한 청주가 그윽한 향기를 풍기는데 정녕코 인간 세상의 음식이 아닌 듯하였다. 양생은 의아스럽고 괴이쩍은 생각이 없지 않았으나 처녀의 말씨나 웃는 모습이 청초하고 아름다우며 용모와 태도가 너무나 의젓하여 더는 의심하지 않았다. 처녀는 술을 따라 양생에게 드리고 시녀에게 노래를 불러 술을 권하도록 하였다.

"저 애는 옛날 곡조 그대로 부를 뿐이니, 제가 새로 노래 한 곡조를 지어 부르게 하는 것이 어떻겠습니까?"

이 말에 양생은 더욱 기뻐하였다. 처녀는 즉시 노래 한 곡을 지어 시녀에게 부르게 한다.

　싸늘한 봄추위
　엷은 옷에 스며들 제
　그 얼마나 마음속을 태웠던가요.

　향로는 차디차고
　황혼은 짙어 가며
　저녁노을 떠오를 제
　장막 안 원앙금침에 님이 그리워
　비녀를 반만 꽂고 피리만 불었더니
　야속해라 세월은 살 같아
　하염없이 마음만 태웠더니라.

　등잔엔 불 꺼지고
　병풍도 나직하여
　한갓 눈물만 흘렸건만
　누구 있어 이 마음을 알아주리오.

　즐거워라 오늘 밤 한 곡조 피리 소리
　무르녹는 봄철이 다시 돌아올 줄이야.

황천에 맺힌 설움 천추 원한 깨뜨리고
한 곡조 노래하며 은 술잔을 기울이니
서러워라 지난날이 서러워.
원한에 싸여 시름에 잠겨
독수공방 새던 날 그날이 서러워라.

惻惻春寒羅衫薄　幾回腸斷金鴨冷

晚山凝黛　暮雲漲織

錦帳鴛衾無與伴　寶釵半倒吹龍管

可惜許光陰易跳丸　中情懣

燈無焰銀屛短　徒抆淚誰從款

喜今宵 鄒律一吹回暖

破我佳城千古恨　細歌金縷傾銀椀

悔昔時抱恨 蹙眉兒眠孤館

노래가 끝나자 처녀는 서글프게 한숨을 지으면서 말했다.
"지난날 봉래산에서 좋은 님 만날 연분을 놓쳤으나 오늘날 소상 강에서 다시 옛 벗을 만난 셈입니다. 어찌 천행이 아니오리까? 님이 만일 저를 저버리지 않으신다면 한평생 몸 바쳐 모실 것이오나, 제 소원을 들어주지 않으신다면 님과 저는 영원히 하늘과 땅 사이로 갈라지게 될 것입니다."
양생이 이 말을 듣고 한편 감격하면서도 한편 놀라서 말하였다.
"감히 당신 소원을 들어주지 않으리오."
그러나 처녀의 태도가 아무래도 심상치 않았다. 양생은 처녀의 행동을 낱낱이 눈여겨보았다. 이때 달은 벌써 서산에 걸리고 멀리 마을에서 닭 우는 소리가 들려오고 절에서도 새벽종이 울리고 동이 트기 시작하였다.

"애야, 이젠 자리를 걷고 돌아가야 되겠구나."

처녀가 이렇게 말하자 시녀는 주섬주섬 차렸던 것을 걷어 가지고 어디론지 간데없이 사라졌다.

"연분이 이미 정해졌으니 손잡고 함께 가시기를 청하옵니다."

이리하여 양생은 처녀의 손을 잡고 마을 집들을 지나가는데 울 밑에서는 개들이 짖어 대고 사람들은 벌써 길에 나다니고 있었다. 오가는 사람들 가운데 혹 양생을 아는 이가 있어서,

"자네 이 이른 아침에 어디 가는 길인가?"

하고 물었으나, 양생이 어떤 여인과 같이 걸어가는 줄은 모르는 것이었다. 그래 양생은 천연스럽게 대꾸하였다.

"마침 술에 취해 만복사에 누웠다가 친구 집을 찾아가는 길일세."

날이 활짝 밝을 무렵 처녀는 양생을 이끌고 무성한 풀숲 속으로 들어갔다. 옷을 흠뻑 적시는 풀 이슬뿐이고 오솔길조차 찾아볼 수 없는 묵은 벌판이었다. 양생은 물었다.

"사람 사는 곳이 어째 이러하오?"

"여자 혼자 사는 곳이란 본래 이러하답니다."

하면서 또 희롱하는 어조로 옛 노래를 외운다.

> 아 길이여 님이 오실 길이여
> 아침에 저물녘에
> 그 어이 만나고 싶지 않으랴만

길섶 짙은 이슬에
옷 젖을까 염려로세.
於邑行路 豈不夙夜 謂行多露

양생도 이에 희롱하여,

여우도 짝을 찾아
강 언덕을 거닐도다.
노나라 풍속이 문란타더니
제나라 아가씨도 잘 놀아나네.
有孤綏綏　在彼淇梁
魯道有蕩　齊子翶翔

라는 옛 시를 읊으면서 한바탕 웃었다. 그들은 마침내 개령동開寧洞에 이르렀다. 그곳은 사방이 쑥대밭이었으며 가시덤불이 하늘을 찌를 듯 무성하였다. 그 속에 자그마한 초막 한 채가 있었는데 작지만 매우 화려하였다. 처녀가 양생을 인도하여 함께 방으로 들어갔다. 방 안에는 이부자리와 휘장들이 가지런히 정돈되어 있는데 그중 일부는 바로 엊저녁에 보던 것이 틀림없었다.

 양생은 여기에서 겨우 사흘 동안 머물렀으나 즐거운 한평생을 누리는 듯하였다. 처녀는 아름다우면서 교활하지 않았으며 살림살이는 깨끗하면서 꾸밈없는 품이 암만해도 인간 세상이 아닌 듯하였으나 처녀에 대한 끊을 수 없는 애정으로 조금도 다른 의심을 품을 생각을 하지 않았다.

그런데 그 처녀가 양생에게 말하였다.

"이곳에서 보낸 사흘은 인간 세상의 삼 년이나 다름없는 긴 세월입니다. 이제는 댁으로 돌아가서 살림살이를 돌보시도록 하셔야겠습니다."

드디어 송별연을 차리기 시작하였다. 양생은 너무나 섭섭한 마음이 들어 처녀에게 물었다.

"왜 이다지도 갑자기 이별을 해야 하오?"

처녀는 서슴지 않고 청하였다.

"다시 만나 평생소원을 다 풀 때가 있을 것입니다. 오늘 이렇게 제 집에 오신 것은 필시 지난날의 연분이 있었기 때문이지요. 이왕이면 떠나시는 길에 우리 친척들이나 한번 만나 보시는 것이 어떠실는지요?"

"그야 좋고말고요. 그렇게 하지요."

양생은 쾌히 승낙하였다. 처녀는 곧 시녀를 시켜 사방 이웃에 기별하여 모이게 하였다. 첫째는 정랑鄭娘이요, 둘째는 오랑吳娘이요, 셋째는 김랑金娘요, 넷째는 유랑柳娘이었는데 모두가 대갓집으로 그 처녀와 한 동리에서 사는 친척 처녀들이었다. 그들은 성격이 온화하고 풍류와 운치가 범상하지 않을 뿐만 아니라 모두 총명하고 글을 잘해서 시를 지을 줄 알았다. 그들은 모두 칠언 절구를 네 수씩 지어 양생에게 선물로 주었다.

정랑은 태도가 풍류스러우며 구름 같은 머리채가 귀밑을 덮은 처녀였는데 한숨을 한 번 쉬더니 다음과 같이 읊는다.

봄철이라 밤이 드니 꽃도 곱고 달도 곱네.

길이 시름 안고 해 가는 줄 몰랐어라.
서러워라 내 언제나 비익조 되어
저 푸른 하늘 위에서 쌍쌍이 날아 보나.
春宵花月兩嬋娟　長把春愁不記年
自恨不能如比翼　雙雙相戱舞靑天

   *

불도 없는 어두운 밤 얼마나 깊었는지
북두칠성 가로눕고 달은 벌써 기울었네.
그윽한 이 황천에 오는 사람 있을쏘냐.
옷차림도 어지럽고 귀밑머리 흩어졌네.
漆燈無焰夜如何　星斗初橫月半斜
惆悵幽宮人不到　翠衫撩亂鬢鬖髿

   *

늦게 맺은 그 연분도 끝끝내 허사 되어
청춘이 다 지나니 일이 이미 글렀어라.
베개 위에 지는 눈물 방울방울 맺혔는데
뜨락에는 비 내리고 꽃잎도 지네.
摽梅情約竟蹉跎　辜負春風事已過
枕上淚痕幾圓點　滿庭山雨打梨花

지루한 봄 한 철도 속절없이 다 가는데
적막한 공산에서 몇 밤이나 새웠느뇨.
남교2)에 지나는 님 만날 길이 없구나
언제려나 배항이 운교를 찾을 날이.
　一春心事已無聊　寂寞空山幾度宵
　不見藍橋經過客　何年裵航遇雲翹

오랑은 두 가닥 머리를 늘인 예쁘고 연약한 처녀였다. 그는 넘쳐 흐르는 정분을 감추지 못하고 정랑의 뒤를 이어 시를 읊는다.

절간에서 향 피우고 돌아오던 길
넌지시 돈을 던져 좋은 연분 만났구나.
피는 꽃 지는 달에 쌓고 쌓인 그 원한이
주고받은 한잔 술에 다 사라졌어라.
　寺裏燒香歸去來　金錢暗擲竟誰媒
　春花秋月無窮恨　銷却樽前酒一杯

　　　　　*

복숭아꽃 활짝 피어 이슬 함빡 머금어도
산골짝 짙은 봄에 나비 올 줄 모르더니

---

2) 남교藍橋는 중국 섬서성에 있는 지명으로 당나라 때 이곳에서 선비 배항裵航이 미인 운영 雲英을 만나 함께 신선이 되었다는 이야기가 전한다.

반가워라 이웃집에 궁합 맞는 경사 있어
노래 지어 부르면서 잔을 거듭 드리네.
溥溥曉露浥桃腮　幽谷春深蝶不來
却喜隣家銅鏡合　更歌新曲酌金罍

　　　*

해마다 봄이 되면 산 제비는 돌아와도
애달파라 이내 몸엔 봄소식도 부질없네.
부러울손 저 연꽃은 한 꼭지에 둘이 달려
긴긴밤 못물 속에서 쌍쌍이 춤을 추네.
年年燕子舞東風　腸斷春心事已空
羨却芙蕖猶並蔕　夜深同浴一池中

　　　*

단층 누각이 산 가운데 솟았는데
연리지[3] 가지 위에 꽃이 한창 붉었구나.
한스러워라 나의 생애 나무만도 못하니
기구한 청춘에 눈물겨워 하노라.
一層樓在碧山中　連理枝頭花正紅
却恨人生不如樹　靑年薄命淚凝瞳

---

3) 연리지連理枝는 다른 두 나무의 가지가 한데 합쳐져 한 가지가 된 것으로 부부를 비유한다.

김랑은 몸가짐을 단정히 하고 점잖게 붓을 들어 먹을 흠뻑 찍더니 정랑과 오랑의 시가 너무 음란하다고 책망하면서,
　"오늘 이 자리에서는 수다스러운 사연을 늘어놓을 것이 아니라 다만 좋은 풍경이나 읊어야 한다. 무슨 일로 회포를 풀어 놓아 예절을 잃고 야릇한 감회를 속세에까지 전하려고 하는 것인가?"
하고, 드디어 낭랑한 목소리로 시를 읊기 시작한다.

　　새벽바람 찬 바람에 접동새 울고
　　은하수는 소리 없이 동쪽에 기울었네.
　　애처로운 피리 소리 거듭 불지 마라.
　　저 세상 속인들과 정들까 걱정일세.
　　杜鵑啼了五更風　寥落星河已轉東
　　莫把玉簫重再弄　風情恐與俗人通

　　　　　＊

　　금 술잔 은 술잔에 술 가득 부어 놓고
　　너무 많다 사양 말고 취토록 마시고저.
　　내일 아침 이는 바람 사납게 불면
　　어쩌랴 봄 한 철도 꿈결인 것을.
　　滿酌烏程金叵羅　會須取醉莫辭多
　　明朝捲地東風惡　一段春光奈夢何

　　　　　＊

초록빛 옷자락을 나직이 드리우고
풍악 소리 맞춰 잔 거듭 기울이네.
이 흥을 다 풀기 전엔 집에 돌아가지 못하리라.
다시금 노래 지어 새 곡조로 부르세.
綠紗衣袂懶來垂　絃管聲中酒百巵
淸興未闌歸未可　更將新語製新詞

*

몇몇 해나 고운 얼굴 진토 속에 묻혔더뇨.
오늘이야 사람 만나 한번 웃어 보누나.
신선의 좋은 일은 말하지 마시라.
풍류스런 이 이야기 인간에 퍼질세라.
幾年塵土惹雲鬟　今日逢人一解顔
莫把高唐神境事　風流話柄落人間

　유랑은 약간 화장을 하였으나 흰옷을 입어 그다지 화려해 보이지는 않았으며 일거일동이 모두 절도 있어 보였다. 그는 잠잠히 앉아 말이 없다가 상긋 웃으며 시를 읊는다.

곧은 절개 굳게 지켜 몇 해나 되었느뇨.
고상한 넋 귀한 몸이 황천에 묻혔어라.
봄밤이면 내 언제나 달빛을 벗 삼고
계수나무 꽃그늘에 외로이 잠들었네.

確守幽貞經幾年　香魂玉骨掩重泉
春宵每與姮娥伴　叢桂花邊愛獨眠

　　*

복숭아꽃 자두꽃이 봄바람에 춤을 추며
무르익은 꽃동산에 천 점 만 점 휘날리네.
허나 삼가라 이내 평생 삼가라
곤륜산 고운 옥에 티가 되면 어쩌리.
却笑東風桃李花　飄飄萬點落人家
平生莫把靑蠅點　誤作崑山玉上瑕

　　*

연지분 내던지니 머리만 흐트러져
향 그릇엔 먼지 앉고 거울엔 녹슬었네.
이웃집 잔치라고 흥에 겨워 내 왔더니
곱게 꾸민 단장 보고 수줍어만 하노라.
脂粉慵拈首似蓬　塵埋香匣綠生銅
今朝幸預隣家宴　羞看冠花別樣紅

　　*

아리따운 아가씨는 고운 신랑 짝일레라.
하늘이 정한 연분 정분도 두터울사

달나라 늙은이도 노끈을 맺었으리.
양홍과 맹광[4]처럼 서로 화목하시라.
娘娘今配白面郎　天定因緣契闊香
月老已傳琴瑟線　從今相待似鴻光

처녀는 유랑의 시 마지막 편에 감동하여 자리에 나앉으며,
"나 역시 약간 글줄을 읽었으니 한 마디 덧붙이지 않을 수 있겠습니까?"
하면서 근체시 칠언 사운 한 수를 읊는다.

개령동 골짜기 안에서 봄 시름 가득 안고
지는 꽃 피는 꽃에 한숨 겨워 하였노라.
무산 구름 속에 님을 어이 본단 말가
소상강 대 그늘에 눈물만 적셨더니.
따스한 맑은 강에 원앙새 쌍쌍
구름 낀 푸른 하늘엔 물총새 쌍쌍
쌍고 쌍줄 동심결을 좋이 맺어 내어
가을바람 원망하는 가을 부채 되지 마세.
開寧洞裏抱春愁　花落花開感百憂
楚峽雲中君不見　湘江竹下淚盈眸

---

4) 양홍梁鴻은 중국 동한東漢 때의 은사이고, 맹광孟光은 그의 아내다. 맹광은 남편을 따라 산속으로 들어가 누더기를 입고 농사짓고 베 짜며 생활하면서도 남편을 잘 섬겨 부부간에 화목한 것으로 이름났다.

晴江日暖鴛鴦竝　碧落雲銷翡翠遊
好是同心雙縮結　莫將紈扇怨淸秋

 양생도 원래 글줄이나 하는지라 그들의 시 뜻이 맑고 고상하며 여운이 넘쳐흐름을 보고 칭찬해 마지않았다. 그도 즉석에서 고풍古風 장단구 한 편을 단숨에 내리써서 화답하였다.

　이 밤이 웬 밤이냐
　선남선녀 만날 줄을.
　꽃같이 고운 얼굴
　앵두처럼 붉은 입술

　시며 노래며 마디마디 깊은 뜻
　이안도 입을 떼지 못하리라.
　저 하늘 직녀 아씨 베 짜다가 내려온 듯
　달나라 항아 아씨 방아 찧다 내려온 듯.

　꽃같이 고운 단장 온 방 안이 휘황하네
　잔 들어 권할수록 잔치놀이 흥겨워라.
　선남선녀 사는 세계 자세히는 모르건만
　마시고 노래 불러 마음 서로 화락하다.

　즐거울손 어쩌다가 봉래도에 들어와서
　신선 나라 선남선녀 만나게 되었구나.

선남선녀 먹는 술은 항아리에 넘쳐 나고
향불 타는 연기 금향로에 서려 있네.

백옥 상 상머리에 좋은 향기 풍겨 오고
바람 솔솔 불어와 비단 휘장 물결친다.
선남선녀 나를 위해 합환주를 차렸나니
채색 구름 뭉게뭉게 그지없이 피어나네.

그대 아니 보았더뇨 문소와 오채란[5]을
또 아니 보았더뇨 장석과 두난향[6]을.
인생의 서로 만남 연분일시 분명하다.
마음껏 잔을 들고 한없이 즐겨 보세.

님이여 무삼 일로 섭섭한 말씀이오.
가을 부채 버릴세라 나더러 말씀이오.
천세를 누리고저 만세를 누리고저
꽃그늘 달빛 아래 서로 함께 거닐며.
今夕何夕　見此仙姝
花顔何婥妁　絳唇似櫻珠
風騷尤巧妙　易安當含糊

---

5) 문소文簫는 진晉나라의 서생이고, 오채란吳彩鸞은 서산西山 선녀다. 문소는 종릉鐘陵에서 오채란을 만나 부부가 되어 십 년 만에 신선이 되었다고 한다.
6) 장석張碩은 한나라 때 신선이고, 두란향杜蘭香은 선녀다. 두란향이 장석의 집에 가서 신선술을 가르치다가 뒤에 함께 신선이 되었다고 한다.

織女投機下天津　嫦娥拋杵離淸都
靚粧照此玳瑁筵　豜觴交飛淸譴娛
殘雨尤雲雖未慣　淺斟低唱相怡愉
自喜誤入蓬萊島　對此仙府風流徒
瑤漿瓊液溢芳樽　瑞腦霧噴金猊爐
白玉床前香屑飛　微風撼波靑紗廚
眞人會我合巹卮　綵雲冉冉相縈紆
君不見文簫遇彩鸞　張碩逢杜蘭
人生相合定有緣　會須擧白相闌珊
娘子何爲出輕言　道我奄棄秋風紈
世世生生爲配耦　花前月下相盤桓

 술이 끝난 다음 서로 이별 인사를 나누었다. 처녀는 은 반상기 한 벌을 양생에게 주면서 말하였다.
 "내일은 우리 부모님께서 저를 위해 음식을 차려 가지고 보련사 寶蓮寺에 오시는 날입니다. 만일 낭군께서 저를 버리지 않으신다면 길거리에서 다시 만나 함께 절로 가서 우리 부모님을 뵙도록 하는 것이 어떠한지요?"
 양생은 흔쾌히 승낙하였다. 이튿날 양생은 은 반상기를 들고 처녀가 말한 길가에서 기다렸다. 과연 어느 대갓집 행차가 나타났다. 그들은 죽은 딸의 대상大祥을 치르러 가는 길이라고 하면서 수레와 말이 길에 미어지도록 늘어서서 보련사 쪽으로 가는 것이었다. 일행 중 한 사람이 은 반상기를 들고 길가에 서 있는 양생을 보더니 말하였다.

"아씨의 무덤 속에 넣었던 물건이 벌써 도적을 맞았나 봅니다."
이 말이 바로 주인의 귀에 들어갔다.
"무엇 말이냐?"
"저기 저 사람이 들고 있는 은 반상기 말입니다."

그들은 마침내 말을 멈추고 양생에게 은 반상기의 내력을 물었다. 양생은 전날 처녀와 약속한 사실을 그대로 말해 주었다. 처녀의 부모는 한참 동안 놀란 얼굴로 양생의 이야기를 듣고 있다가 이윽고 한숨을 지었다.

"나에게는 딸 하나가 있었는데 왜적의 난리 때 원수들의 창끝에 숨졌네. 그 뒤 미처 무덤도 만들지 못하고 개령사 근처에다 관 채로 놓아두었소. 그래 놓고 이럭저럭 지금까지도 장례도 옳게 치러 주지 못하였소. 오늘이 벌써 그 애의 대상이라 변변치 못하나마 재라도 한번 올려서 그 애의 명복을 빌까 하였소. 그대가 만일 그런 일이 있었다면 그 애를 기다렸다가 함께 와 주는 것이 어떠하오? 부디 놀라지 마시게."

처녀의 부모는 이렇게 당부하고 먼저 떠났다. 양생은 한참 동안 그 자리에 선 채 기다렸다. 약속한 시간이 되자 과연 한 처녀가 시녀를 따라 사뿐사뿐 걸어오는데 전날 만났던 처녀가 분명하였다. 기쁨에 넘쳐 서로 손을 잡고 보련사로 들어갔다. 처녀는 절에 들어서자 부처 앞에 인사를 하더니 바로 뒤에 있는 흰 장막 안으로 들어가 버렸다. 처녀의 친척이나 절의 중들은 모두 이 사실을 믿지 못하였으나 오직 양생의 눈에는 처녀가 똑똑히 보였다. 처녀는 또 양생에게 청하였다.

"저와 함께 진지를 잡수시지요."

양생은 이 말을 처녀의 부모에게 알렸더니 부모는 시험 삼아 그 애의 소원대로 해 주라고 하였다. 그러자 달그락거리는 수저 소리가 들려오는데 그 소리는 분명 산 사람이 마주 앉아 밥 먹는 소리와 같았다. 처녀의 부모는 놀라고 감탄하여 마침내 양생에게 휘장 곁에서 하룻밤 함께 머무르라고 권하였다. 밤이 점점 깊어지자 두 남녀의 이야기 소리가 소곤소곤 들려왔으나 유심히 이야기를 들어 보려고 하면 말소리가 뚝 그치곤 하였다. 처녀가 말하였다.

"제가 규중 예절을 잃었다는 것은 스스로 잘 압니다. 어릴 적부터 시서詩書를 읽었기에 예의범절을 대강은 알고 있습니다. 여자가 남자를 찾아다니는 것이 외람스러운 일이라, 인간으로서 예절을 지키지 못함이 부끄러운 일인 줄 모르는 바 아닙니다. 그러나 오랫동안 쓸쓸한 벌판에 버려진 채 쑥대밭 속에 파묻혀 있다 보니 애정이 한번 일어나자 끝내 억제할 줄 몰랐던 것입니다.

지난번 절간에서 소원을 빌면서 불전에 향을 피우고 박명한 인생을 자탄하였더니 문득 삼생의 연분을 만나게 되었습니다. 비록 소박한 몸차림이나마 갸륵한 님의 사랑을 받으며 백 년토록 모시면서 밥 짓고 옷 말라서 한생 동안 아내의 도리를 닦으려 했습니다.

그러나 한스러운 운명을 피할 길이 없어 마땅히 저승길로 떠나야 하니, 즐거움이 다하기도 전에 슬픈 이별이 닥쳐올 줄이야. 이제는 제 발걸음도 병풍 속으로 들어가고 우레 신도 수레를 돌리며 양대陽臺에는 구름 비가 걷히고 은하수에는 까막까치가 흩어질 것입니다. 이제 한번 헤어지면 언제 다시 만나게 되겠는지요? 이별에 다다라 섭섭한 심정을 무어라 말씀드려야 할지 모르겠습니다."

처녀의 넋이 떠날 때 줄곧 울음 섞인 소리가 끊이지 않더니, 문밖에 이르러서는 다만 은은한 하소연만이 공중에서 들릴 뿐이었다.

저승길 운명은 막을 수 없어
애달프고 서러운 이별이로세.
바라건대 사랑하는 님이여
길이길이 이내 몸을 잊지 마소서.

슬프고 슬프도다 우리 부모님
나를 짝 지어 주지 못하셨네.
까마득 머나먼 저승에서도
이 마음은 언제나 맺혀 있으리.
冥數有限　慘然將別
願我良人　無或疎闊
哀哀父母　不我匹兮
漠漠九原　心糾結兮

소리는 점점 멀어지면서 흐느끼는 울음소리 때문에 분간할 수 없었다. 여인의 부모는 이제야 딸의 심정을 짐작하고 다시는 더 의심하지 않았다. 양생도 또한 처녀가 저승 사람이 되었다는 것을 깨닫자 더욱 슬픈 생각이 북받쳐 올라 처녀의 부모와 함께 머리를 맞대고 통곡하였다. 처녀의 부모가 양생을 보고 부탁하였다.

"은 반상기는 그대가 맡아 쓰시오. 그리고 우리 딸애에게는 토지가 두어 돼기 있으며 시중꾼도 몇 사람 있으니, 그대는 이것이나마 맡아 신표로 여기면서 우리 딸애를 잊지 말아 주오."

양생은 이튿날 제물을 차리고 술을 갖추어 전날 처녀와 놀던 곳을 찾으니 거기에는 과연 시체 하나가 임시로 안치되어 있었다. 양생은 재를 드리면서 지전을 태워 명복을 빈 다음 무덤을 만들어 장례를 치러 주었다. 양생이 그를 추모한 제문은 이러하였다.

슬프다 그대는
나면서 온화한 성품이었고
자라면서 깨끗한 자질이었구나.
용모는 서시의 짝이요
문장은 숙진[7]을 앞섰거니.
언제나 규방 안을 떠나지 않았고
항상 부모의 교훈을 받았네.

난리를 만나 귀한 몸 보전하여
포악한 도적 앞에서 정절을 지켰네.
쑥대밭 의지하여 외로이 살았나니
지는 꽃 뜨는 달에 마음 상했으리.

애끊는 봄바람에
접동새 울음인 양

---

7) 송나라 여류 시인 주숙진朱淑眞을 말한다.

피눈물 흘리었고
차디찬 가을 서리에
철 늦은 부채인 양
신세를 한탄했네.

지난날 하룻밤에 우연히 만났다가
마음속 깃든 사랑 얽히고설키어
저승과 이승이 다르다 하나
고기와 물처럼 기뻐하였네.
앞으로 백년을 함께 해로하쟀더니
어이타 하룻밤에 이별할 줄이야.

달나라에서 난새 타던 아가씨였고
무산에서 비 따라 내리던 선녀였구나.
땅도 아득하여 찾을 길 전혀 없고
하늘도 아득하여 바라보기 어려워라.
들어서면 황홀하여 말이 막히고
나서면 창망하여 갈 곳 몰라라.

영전에 눈물 뿌리며
술 따라 슬픔 고하네.
요조한 얼굴 눈에 삼삼히 보이는 듯
다정한 음성 귀에 낭랑히 들리는 듯.
아 슬프도다

그대의 기질은 영민하고
그대의 품성은 상냥하더니
넋은 흩어져 떠났으나
정신이야 어이 길이 사라질쏘냐.

응당 내려와 여기에 머물라
향기 풍기며 내 곁에 있으리라.
사생이 다르다 하나
내 심정만은 알아주리.

惟靈生而溫麗 長而淸淳
儀容侔於西施 詩賦高於淑眞
不出香閨之內 常聽鯉庭之箴
逢亂離而璧完 遇寇賊而珠沈
托蓬蒿而獨處 對花月而傷心
腸斷春風 哀杜鵑之啼血
膽裂秋霜 歎紈扇之無緣
嚮者一夜邂逅 心緖纏綿
雖識幽冥之相隔 實盡魚水之同歡
將謂百年以偕老 豈期一夕而悲酸
月窟驂鸞之姝 巫山行雨之娘
地黯黯而莫歸 天漠漠而難望
入不言兮恍惚 出不逝兮蒼茫
對靈幃而掩泣 酌瓊漿而增傷
感音容之窈窈 想言語之琅琅

嗚庫哀哉　爾性聰慧　爾氣精詳
三魂縱散　一靈何亡
應降臨而陟庭　或薰蒿而在傍
雖死生之有異　庶有感於些章

그 뒤 양생은 애정과 슬픔을 다 바쳐 집과 밭을 모두 팔아 여러 차례 명복을 빌었다. 처녀의 영혼이 하룻밤에 공중에서 외치면서 마지막 인사를 하였다.

"당신의 지성 덕택으로 저는 이미 다른 나라에서 남자로 태어났습니다. 비록 저승과 이승이 다르다 하나 당신의 은혜를 잊지 못하겠습니다. 당신도 다시 업을 닦아 함께 윤회를 벗어나도록 합시다."

양생은 그 뒤 다시 결혼하지 않고 지리산으로 들어가 약을 캐며 살았는데, 그의 종말은 누구도 아는 이가 없었다.

이생과 최랑
李生窺墻傳

송도 낙타교駱駝橋 옆에 이생이라는 젊은 청년이 살고 있었다. 나이는 열여덟으로 풍채 좋고 재주도 훌륭했는데 날마다 국학國學에 다니며 글공부를 하였다. 그가 다니는 길목 선죽리善竹里에는 대갓집 딸 최랑이 살고 있었다. 그는 나이 열대여섯쯤 되는 처녀로 얼굴이 아름답고 자수와 바느질 솜씨가 놀라웠으며 글재주도 뛰어나서 시 짓기에 능하였다. 그래서 최랑과 이생은 당시 사람들의 입에 오르내리게 되어 다음과 같은 노래까지 불려졌다.

    풍류 호걸 이 도령
    어여쁠사 최 낭자
    재주와 얼굴이 밥이라면
    삼키고 싶어라.
    風流李氏子　窈窕崔家娘
    才色若可餐　可以療飢腸

이생이 책을 끼고 국학으로 갈 때는 언제나 최랑의 집 앞을 지나게 된다. 그 집 뒷담 밖에는 늘어진 수양버들 수십 그루가 줄지어 섰는데 이생은 가끔 그 아래에서 쉬어 가곤 하였다. 하루는 이생이 그 집 뒷담 안을 슬그머니 들여다보았더니 꽃은 피어 우거지고 벌 나비는 춤을 추며 새 노래도 한창이었다. 그런데 그 속에는 조그마한 별당이 있어 꽃떨기에 싸여서 보일락 말락 하였다. 주렴을 반쯤 걷고 비단 휘장을 나직이 드리웠으며 방 안에는 한 미인이 앉아서 수를 놓고 있었다. 그는 힘에 겨운 듯 슬그머니 바늘을 멈추더니 턱을 고이고서 노래를 부르기 시작하였다.

> 사창에 홀로 앉아 수놓기도 지쳤는데
> 우거진 꽃떨기에 꾀꼬리 소리 요란하네.
> 부질없는 봄바람이 원망스러워
> 말없이 바늘 놓고 뜬생각에 잠기노라.
> 獨倚紗窓刺繡遲　百花叢裏囀黃鸝
> 無端暗結東風怨　不語停針有所思

*

> 길 가는 저 도련님 어떤 도련님
> 청도포 늘인 띠만 버들 새로 보이누나.
> 어쩌면 날아 예는 제비로 되어
> 구슬발 걷어차고 담장 넘어갈거나.
> 路上誰家白面郎　青衿大帶映垂楊
> 何方可化堂中燕　低掠珠簾斜度墻

이생은 이 노래를 듣고서 싱숭생숭 설레는 마음을 좀처럼 억누를 수 없었다. 그러나 그 집 담장은 높아서 몇 길이요, 솟을대문 문고리도 굳게 걸려 있었다. 그윽한 남의 집 뒷담을 함부로 넘어갈 수도 없는 형편이라 섭섭한 마음을 억누르면서 그 자리를 떠났다. 그날 이생은 글공부를 마치고 돌아오는 길에 하얀 종이쪽지에 시 세 수를 써서 조약돌에 매달아 담 안으로 던졌다.

　　무산 열두 봉우리 안개 겹겹 싸였더니
　　반만 나온 높은 봉엔 푸른빛이 서렸구나.
　　초 양왕의 외로운 꿈 시름도 많을세라
　　구름 되고 비 되어서 양대에 내리소서.
　　巫山六六霧重回　半露尖峰紫翠堆
　　惱却襄王孤枕夢　肯爲雲雨下陽臺

　　　　*

　　사마상여 탁문군을 사랑하듯이
　　오고 가는 정회는 하마 무르익었으리.
　　울긋불긋 담장 머리 저 복숭아꽃은
　　바람 따라 어느 곳에 지려 하느뇨.
　　相如欲挑卓文君　多少情懷已十分
　　紅粉墻頭桃李艶　隨風何處落繽紛

　　　　*

이 좋은 연분이냐 아니 좋은 배필이냐
속절없이 조이는 맘 하루가 일 년일세.
그대 읊은 시로 하여 마음 서로 얽혔으니
남교 어느 날에 선녀를 만날 건가.
好因緣耶惡因緣　空把愁腸日抵年
二十八字媒已就　藍橋何日遇神仙

　최랑이 시녀 향아香兒를 시켜 종이쪽지를 가져다 보니 바로 이생의 시였다. 두서너 번 거듭 읽으면서 마음속으로 몹시 기뻐하였다. 최랑은 즉시 종이쪽지에 "당신은 의심 말아. 저물거든 만나오리."라고 써서 이생에게 던져 보냈다. 이생은 그 말대로 어두워지기를 기다려 다시 그곳으로 갔더니 복숭아꽃 한 가지가 담장 위에 가로 놓여 그림자를 하늘거리고 있었다. 이생이 다가가 눈여겨보노라니 안에서 그넷줄이 드리워져 있는데 거기에는 앉을깨까지 매여 있었다. 이생은 즉시 그넷줄을 타고 담 안으로 넘어갔다. 때마침 동산에 달이 솟아오르며 꽃나무 그림자는 온 마당을 쓰는 듯이 너울거리고 훈훈한 꽃향기가 코를 찌르며 풍겨 왔다.
　이생은 선경에 들어선 것처럼 한없이 즐거웠다. 그러나 한편 은밀한 애정으로 남몰래 하는 일이라 마음이 조마조마하여 머리털이 쭈뼛 설 지경이었다. 눈을 휘둘러 좌우를 살펴보니 처녀는 벌써 나와 꽃떨기 속에서 향아와 함께 꽃송이를 꺾어 머리에 꽂은 채 으슥한 곳에다 담요를 깔아 자리를 만들고 있었다. 최랑은 이생을 보더니 방긋 웃으며 시 두 구절을 먼저 읊었다.

복숭아 가지마다 꽃 활짝 피었는데
원앙침 베갯머리에 달빛이 새로워라.
桃李枝間花富貴　鴛鴦枕上月嬋娟

이생은 곧 그 시에 화답하였다.

다른 날 이 봄소식 누설될세라
무정한 비바람이 못내 서러워.
他時漏洩春消息　風雨無情亦可憐

이생이 읊기를 마치자마자 최랑은 그만 얼굴빛을 붉히면서,
"저는 본래 당신을 모시고 아내로서 도리를 다하여 길이 행복을 누리고저 하였는데 당신이 갑자기 이런 말씀을 하실 줄은 몰랐사옵니다. 저는 비록 여자의 몸이지만 마음이 아무렇지도 않은데 어찌 대장부의 몸으로서 이런 말씀을 하십니까? 다른 날 이 일이 누설된다면 부모님의 꾸지람은 제가 받겠습니다."
하고는, 향아를 보고 말하였다.
"너는 방에 들어가 주과를 차려 오너라."
향아는 분부대로 곧바로 자리에서 일어섰다. 사방은 고요하여 인기척 하나 들리지 않았다. 이생이 먼저 침묵을 깨뜨렸다.
"대체 여기가 어디입니까?"
"여기는 우리 집 후원에 있는 조그마한 별당입니다. 저의 부모님께서 무남독녀 저 하나를 각별히 사랑하시어 여기 연못가에다 별당을 한 채 지어 주셨습니다. 바야흐로 봄철에 온갖 꽃들이 만발

하면 부모님께서는 저를 여기서 거처하게 하여 시녀들과 함께 놀도록 하십니다. 부모님이 계시는 곳은 여기에서 동떨어져 있어 여간 웃고 떠들어도 좀처럼 들리지 않습니다."

최랑은 술 한 잔을 따라 이생에게 권하고 고풍古風 한 편을 지어 읊는다.

꼬부라진 난간이 연못 속에 잠겼는데
연못가 꽃 속에서 님과 서로 속삭이네.
뭉게뭉게 피는 안개 무르익는 봄밤에
노래 가사 새로 지어 상사곡을 부르누나.

달 뜨자 꽃 그림자 담요 위에 비쳐 들고
꽃가지 부여쥐니 꽃비가 쏟아지네.
바람 일어 맑은 향기 온몸에 풍기는데
님 위해 처음으로 봄볕 아래 춤추노라.
비단 치마 옷자락이 꽃가지를 스쳤구나.
꽃 속에 자던 앵무 잠 깨어 일어나네.

曲闌下壓芙蓉池　池上花叢人共語
香霧霏霏春融融　製出新詞歌白紵
月轉花陰入氍毹　共挽長條落紅雨
風攪淸香香襲衣　賈女初踏春陽舞
羅衫輕拂海棠枝　驚起花間宿鸚鵡

이생도 또한 노래를 받는다.

무릉도원 들어서니 꽃은 피어 만발이라
님 그리던 이 정회를 어이 다 이르리오.
쌓고 늘인 머리에 금비녀 나직하고
초록색 모시 적삼 봄빛이 새로워라.

봄바람에 피어나는 두 송이 꽃이거니
애꿎은 비바람이 꽃가지를 스칠세라
선남선녀 옷자락은 봄바람에 너울너울
계수나무 그늘 속에 항아 아씨 춤이런 듯
좋은 일 끝나기 전에 시름도 따르나니
앵무새야 이 노래를 퍼뜨리지 말아 다오.

誤入桃源花爛熳　多少情懷不能語
翠鬟雙綰金釵低　楚楚春衫裁綠紵
東風初拆並蒂花　莫使繁枝戰風雨
飄飄仙袂影婆娑　叢桂陰中素娥舞
勝事未了愁必隨　莫製新詞敎鸚鵡

상을 물린 다음 최랑은 이생에게 말하였다.
"오늘 일은 결코 이만저만한 연분이 아닙니다. 낭군은 저를 따라가서 좀더 정담을 나누는 것이 어떠하실지요?"

말을 마치자 최랑은 별당 뒷문을 열고 이생을 인도한다. 이생은 그의 뒤를 따랐다. 별당의 아랫방에는 사닥다리가 놓였는데 그 사닥다리를 타고 올라가니 그곳은 바로 별당의 다락방이었다. 그 안에는 문방구가 깨끗하게 정리되어 있고 한쪽 벽에는 '연강첩장도煙

江疊嶂圖'와 '유황고목도幽篁古木圖'가 걸려 있는데 모두 이름난 명화였다. 그 그림에는 이름 모를 무명 시인들의 시가 쓰여 있었다. 첫 그림에 쓰인 시는 이러하다.

그 누구 필력이 이렇게도 힘차더냐.
강 가운데 첩첩 산을 수이 그려 내었거니.
장하도다 방장산은 그 높이 만 길이라
까마득한 구름 속에 우뚝 솟아올랐네.

저 멀리는 가물가물 몇백 리나 되는고.
가까이는 웅긋중긋 옆에서 보는 듯.
푸른 물결 넘실넘실 하늘가에 닿았구나.
저문 날 먼먼 길에 고향 생각 절로 나리.

바라볼수록 이내 심사 더욱 설레어
소상강 비바람에 몸이 둥실 떠오르네.

何人筆端有餘力　寫此江心千疊山
壯哉方壺三萬丈　半出縹緲烟雲間
遠勢微茫幾百里　近見崒崔靑螺鬟
滄波淼淼浮遠空　日暮遙望愁鄕關
對此令人意蕭索　疑泛湘江風雨灣

두 번째 그림에는 다음과 같은 시가 적혀 있다.

이생과 최랑 | 415

그윽한 대숲엔 바람 소리 들리는 듯
구부러진 고목나무는 무슨 말을 하려는 듯
얽혀진 대 뿌리엔 이끼 가득 앉아 있고
고목나무 저 둥지엔 만고풍상 서려 있네.

화공의 가슴속엔 조화를 품었으리.
신비로운 저 풍경을 말로 어이 표현하랴.
위언 같은 옛 화공 이미 고인 되었건만
천기를 누설한 자 또 누가 있었던고.

맑고 밝은 창가에서 말없이 바라보니
그림의 세계로 마음 절로 끌리네.

幽篁蕭颯如有聲　古木偃蹇如有情
狂根盤屈惹莓苔　老幹矢矯排風雷
胸中自有造化窟　妙處豈與傍人說
韋偃與可已爲鬼　漏洩天機知有幾
晴窓嗒然淡相對　愛看幻墨神三昧

또 한 벽에는 봄, 여름, 가을, 겨울 사계절의 풍경화가 걸려 있고 거기에도 각기 이름 모를 시인의 시가 네 수씩 쓰여 있었다. 그 글씨는 조송설(趙松雪, 조맹부趙孟頫)의 해서체를 닮았는데 필법이 매우 단정하였다. 첫째 폭 봄 풍경화에는 이런 시가 적혀 있다.

따스한 휘장 안엔 향불 피어오르고

보슬보슬 창밖에는 봄비 내리네.
초당도 꿈을 꾸는 희미한 이른 새벽
저기 저 꽃동산에 새소리 들려오네.
芙蓉帳暖香如縷　窓外霏霏紅杏雨
樓頭殘夢五更鍾　百舌啼在辛夷塢

　　　　*

그윽한 규중 속에 강남 제비 돌아오면
봄 날씨에 몸이 지쳐 일손도 멈추노라.
뒷동산 꽃그늘에 나비 쌍쌍 날아들다
천 점 만 점 꽃이 지면 나비도 따라 떨어지네.
燕子日長閨閣深　懶來無語停金針
花底雙雙蛺蝶飛　爭趁落花庭院陰

　　　　*

훈훈한 봄기운이 온몸에 스며들면
부질없이 봄바람에 애를 태우리.
맥맥한 이 심정을 뉘라서 알아주랴.
우거진 꽃 속에서 원앙 춤만 추노라.
嫩寒輕透綠羅裳　空對春風暗斷腸
脈脈此情誰料得　百花叢裏舞鴛鴦

　　　　*

　　봄은 점점 깊어서 뜨락에 짙었는데
　　붉은 꽃 푸른 풀이 창가에 현란하다.
　　어느덧 녹음방초 봄철이 다 가는 듯
　　구슬발을 반만 걷고 지는 꽃을 보노라.
　　春色深藏黃四家　深紅淺綠映窓紗
　　一庭芳草春心苦　輕揭珠簾看落花

둘째 폭은 여름 풍경화였다.

　　밀 이삭 갓 패고 산 제비는 새끼 치고
　　앞뜨락 화원에는 석류꽃이 만발했네.
　　창가에 어린 처녀 소꿉 가위 집어 들고
　　꽃잎을 비단인 양 붉은 치마 마르자네.
　　小麥初胎乳燕斜　南園開遍石榴花
　　綠窓工女幷刀響　擬試紅裙剪紫霞

　　　　*

　　오월이라 장마 들어 날비 슬슬 뿌릴 제면
　　꾀꼬리 노래하고 제비 쌍쌍 날아드네.
　　또 한 해 좋은 풍경 속절없이 늙어 가네.
　　오동 꽃 떨어지고 죽순 돋아나누나.

黃梅時節雨廉纖　鷪囀槐陰燕入簾
又是一年風景老　楝花零落笋生尖

　　　*

살구 열매 던져서 꾀꼬리 날리니
산들산들 바람에 해그림자 더디다.
연꽃 피어 향기롭고 못물은 치런치런
그 못물 깊은 곳에 가마우지 먹을 감네.
手拈靑杏打鷪兒　風過南軒日影遲
荷葉已香池水滿　碧波深處浴鸂鶒

　　　*

침상과 대자리에 무늬가 물결지는데
그림 속 소상강엔 구름이 머흘레라.
춘곤에 겨웠더냐 낮잠을 얼핏 깨니
어느덧 지는 해가 서산에 기울었네.
藤床筠簟浪波紋　屛畵瀟湘一抹雲
懶慢不堪醒午夢　半窓斜日欲西曛

셋째 폭은 가을 풍경화였다.

가을바람 일자 이슬이 맺히네.

달 밝은 가을 물 맑은 가을이구나.
끼럭끼럭 지르며 기러기 날아예고
우물가엔 우수수 오동잎 지네.
秋風策策秋露凝　秋月娟娟秋水碧
一聲二聲鴻雁歸　更聽金井梧桐葉

　　　　*

뜰아래 우는 벌레 소리도 구슬프니
뜰 위에 앉은 미인 눈물만 짓는다네.
님이여 만 리 먼 곳에 군사로 있으니
오늘 밤 싸움터엔 달이 밝으리.
床下百蟲鳴喞喞　床上佳人珠淚滴
良人萬里事征戰　今夜玉門關月白

　　　　*

새 옷을 지으려니 가위도 차가워라.
아이야 옷이나 다리자 다리미 가져오라.
다리미도 불이 꺼져 식은 지 오래구나.
하염없이 비파 뜯다 머리 긁적이노라.
新衣欲製剪刀冷　低喚丫兒呼熨斗
熨斗火銷全未省　細撥秦箏又搔首

420 | 금오신화에 쓰노라

  *

 연못가에 연잎 지고 파초 잎도 시들었네.
 기왓골엔 아침마다 찬 서리만 치누나.
 옛 시름 새 근심이 언제나 끝나려나.
 하물며 귀뚜라미 구슬프게 우는 데야.
  小池荷盡芭蕉黃　鴛鴦瓦上粘新霜
  舊愁新恨不能禁　況聞蟋蟀鳴洞房

넷째 폭은 겨울의 풍경화였다.

 매화나무 꽃가지 창문에 비치는데
 바람 없는 난간에 달빛이 밝아 오네.
 화롯불 꺼질세라 부저로 돋우니
 아이야 차 끓이자 차관 가져오너라.
  一枝梅影向窓橫　風緊西廊月色明
  爐火未銷金筋撥　施呼丫鬟換茶鐺

  *

 한밤중 찬 서리에 나뭇잎 떨리는데
 바람은 눈을 날려 창문을 치네.
 하염없이 이 한밤에 가신 님이 그리워
 꿈길만 북녘 땅 싸움터로 달리누나.

林葉頻驚半夜霜　回風飄雪入長廊
無端一夜相思夢　都在氷河古戰場

　　　　*

창문에 해가 드니 봄철인 듯 따스한데
시름 낀 눈썹에는 졸음이 맺혔어라.
꽃병에 꽂은 매화 봉오리를 지었는데
수줍어 말없이 원앙 수만 놓누나.
滿窓紅日似春溫　愁鎖眉峰著睡痕
膽甁小梅腮半吐　含羞不語綉雙鴛

　　　　*

에이는 듯 찬바람에 북쪽 수풀 설레는데
달밤에 까마귀 소리 더욱 스산하구나.
외로운 등불 아래 님 그리운 탓이런가.
눈물이 실을 적셔 바느질을 멈추네.
剪剪霜風掠北林　寒烏啼月正關心
燈前爲有思人淚　滴在穿絲少挫針

　그 방의 한쪽에는 조그마한 방이 있는데 휘장이며 요, 이불, 베개가 깨끗이 정돈되어 있었다. 그리고 휘장 앞에는 사향을 피워 놓고 난향 기름으로 만든 초에다 불을 켜 놓았는데 온 방 안이 휘황찬란하여 대낮같이 밝았다. 이생은 이 방에서 최랑과 더불어 정다운 말을 주고받으며 며칠 동안 묵었다. 하루는 이생이 최랑에게 말하였다.

"옛 성인의 말에, '부모를 모신 자는 외출할 때는 반드시 가는 곳을 알리라.' 하였는데 지금 나는 부모님의 거처를 보살펴 드리지 못한 지가 벌써 사흘이나 되었소. 부모님께서는 아마 문밖에 나와서 내가 돌아오기만 기다릴 것이니 자식 된 도리가 아니군요."

최랑은 섭섭하기 짝이 없어 간신히 턱만 끄덕일 뿐이었다. 최랑은 마지못해 이생을 담을 넘겨 보내 주었다. 이런 일이 있은 뒤 이생은 밤마다 최랑의 집 담을 넘지 않는 날이 없었다.

하루는 이생의 아버지가 아들을 불러 놓고 꾸짖었다.

"네가 아침에 국학에 갔다가 저녁에 돌아오는 것은 성현들의 어질고 정의로운 교훈을 배우고저 함이다. 그런데 요즘에는 어스름에 나갔다가 새벽에 돌아오니 무슨 짓을 저지르고 다니는 게냐? 필시 방탕한 버릇을 배워 남의 집 담을 넘나들면서 꽃가지를 꺾는 게로구나. 이 일이 만일 드러나면 남들은 내가 자식을 엄하게 가르치지 못한 탓이라고 나무랄 뿐더러 더욱이 여자 집안이 이름난 양반 가문이라면 필연코 너의 주책없는 행동으로 그 집 가문의 명예를 더럽히고 남에게 씻지 못할 누를 끼치게 될 게다.

이 일은 작은 일이 아니로다. 너는 즉시 집을 떠나 영남으로 내려가서 일꾼들을 데리고 농사나 지어라. 다시는 집으로 돌아오지 못할 줄 알아라."

이리하여 이생은 이튿날로 울주(蔚州, 울산)로 쫓겨 내려갔다.

최랑은 밤마다 꽃동산에서 이생을 기다렸으나 날이 가고 달이 가도 이생은 나타나지 않았다. 최랑은 별 생각을 다 하다가 이생이 혹시 병이 들어 앓아눕지 않았나 하고 향아를 이생의 이웃집에 보내 은밀히 소식을 물어보게 하였다. 천만뜻밖에도 이웃집 사람들이 전하는 말인즉, 이생은 부모에게 죄를 지어 영남 지방으로 떠난 지가 벌써 몇 달이나 되었다는 것이었다. 최랑은 이 소식을 듣자 그만 그 자리에서 쓰러지고 말았다. 이것이 병이 되어 자리에 몸져눕더니 병이 점점 깊어져 다시는 일어나지 못했다. 나중에는 물 한 모금, 장 한 방울도 넘기지 못하고 하는 말이란 헛소리뿐이었으며 얼굴은 뼈와 가죽밖에 남지 않았다.

　최랑의 부모는 너무나 안타까워 병세를 두루 물어보았으나 부질없이 속만 태울 뿐 최랑은 시원스럽게 말을 하지 않았다. 최랑의 부모는 딸이 쓰던 상자를 뒤지다가 뜻밖에도 전날 최랑과 이생이 서로 화답하던 시책을 발견하였다. 최랑의 부모는 그제야 무릎을 치며 놀라면서, "하마터면 딸 하나를 속절없이 잃을 뻔하였다."고 외쳤다. 최랑의 부모는 곧 딸에게 물었다.

　"이생이 누구냐?"

　일이 이쯤 되자 최랑도 더 이상 숨기려고 하지 않았다. 세세한 사정을 부모 앞에서 울음 섞어 고백하였다.

　"아버님, 어머님! 저를 길러 주신 은혜 바다보다도 깊습니다. 어찌 끝까지 감출 것이 있겠습니까? 철없는 저의 소견이건만 남녀 간에 맺어지는 연분이란 지극히 신중한 일이라고 생각합니다. 그러기에 《시경》에서도 매실이 다 져가는 시절에 잔칫날을 맞이하는 경사를 노래하였사옵고 《역경》에서는 지레 섣불리 서둘다가는 도리어 불길한 결과를 가져온다고 훈계하였나 봅니다.

　불초한 소녀가 연약한 체질로 옛사람의 간곡한 교훈을 생각지도 않고 밤이슬에 옷을 적셔 남의 비웃음을 받게 되었으며 풀 수 없는 정에 얽혀 음탕한 행실을 범하게 되었습니다. 불초 소녀 지은 죄는 말할 나위 없거니와 귀중한 우리 가문에 누를 끼치게 되었습니다. 게다가 야속한 그이가 한번 떠난 뒤로 소녀는 끝없이 원망만 하고 있습니다. 소녀의 여린 몸에 온갖 시름 말 못 하고 외로이 견디노라니 심회는 날로 깊어 가고 병은 날로 더쳐 들어 사경에 이르렀습니다. 이래서 원통한 귀신이 되오면…….

아버님, 어머님! 만일 제 소원을 들어주시면 남은 목숨 건질 것이오나 소녀 심정 몰라주시면 죽음뿐입니다. 한 번 죽어 황천에서 이생을 만나 놀지언정 맹세코 다른 가문에는 다시 가지 않겠습니다."

이 말을 들은 최랑의 부모는 자기 딸의 소원이 무엇인지 똑똑히 알았다. 더는 병에 대해 물어볼 필요도 없는지라 적이 놀라면서도 간곡하게 달래어 딸의 마음을 풀어 주려고 애썼다. 최랑의 부모는 이씨 댁에 매파를 보내 청혼하였다. 그런데 이씨 댁에서는 최랑의 가문 형편을 따지면서,

"우리 집 도령이 철이 아직 들지 않아 바람을 피우고 다니긴 하였으나 학문에 정통하고 풍채도 남만치는 생겼으니 뒷날 과거에 급제하면 귀한 사람이 될 날이 반드시 있으리다. 그래 너무 빨리 정혼하는 것은 바라지 않습니다."

하고 청혼을 거절하였다. 매파는 할 수 없이 그대로 최씨 댁에 전하였다. 그러나 최랑의 집에서는 매파를 다시 한 번 보내 재차 청혼하였다.

"임자네 아들이 재주가 남보다 뛰어난 데 대하여는 누구나 칭찬

이 자자합니다. 물론 지금은 과거에 오르지 못하였으나 어찌 앞날에도 못 속의 고기처럼 갇혀만 있으리라고 여기겠습니까. 아무쪼록 제때에 좋은 날을 받아 두 사람의 연분을 이루어 주는 것이 마땅할까 합니다."

매파는 다시 이 말을 이씨 댁에 가서 전하였다. 이생의 아버지는 그제야 자기 실정을 토로하였다.

"나 역시 젊은 시절부터 손에 책을 놓지 않고 글공부만 하였으나 이렇게 늙은 몸이 되도록 이룬 게 아무것도 없소. 게다가 노복들은 뿔뿔이 흩어져 가 버리고 친척들의 도움도 받을 길이 없어 생활이 말이 아니고 집안 살림살이란 보잘것없소. 지금 듣자니 최랑 댁은 대단히 부귀한 가문이오라 어찌 나 같은 일개 가난한 선비가 서로 사돈을 맺자고 엄두나 내겠소. 이는 필시 남의 말 좋아하는 어떤 사람이 우리 집 형편을 지나치게 칭찬하여 임자네를 속인 것이 아닐까 하오."

매파는 또 이대로 최랑의 부모에게 고하였다. 최랑의 부모는,

"혼인 예물과 혼수 비용은 모두 우리가 마련하겠으니 좋은 날을 받아 혼사를 거행하는 것이 좋을까 하오."

하고, 매파를 다시 돌려보냈다. 일이 이쯤 되자 이씨 집에서도 마음을 돌려 즉시 사람을 보내 아들을 불러 의사를 물어보기로 하였다. 이생은 이 소식을 듣자 저대로 기쁨을 누를 수 없어 시를 지었다.

깨어진 거울이 다시 합칠 날이 왔네.
은하수 까막까치 칠월칠석 만났구나.
그립고 그립던 님 이제야 만나리니

불어오는 봄바람에 접동새여 서러워 말라.
破鏡重圓會有時　天津烏鵲助佳期
從今月老纏繩去　莫向東風怨子規

　최랑도 이 소식을 듣고 병이 약간 차도가 생겼다. 그도 또한 시를 지었다.

애꿎은 인연이 좋은 연분 되었어라
마음 굳게 다진 맹세 끝내 이루어졌지.
언제려나 님과 함께 화촉동방 밝힐 날이.
애야 날 일으켜라 경대 어디 두었느냐.
惡因緣是好因緣　盟語終須到底圓
共輓鹿車何日是　倩人扶起理花鈿

　이리하여 혼사 날이 되매 드디어 성례를 갖추어 끊어졌던 거문고 줄은 다시 이어졌다. 최랑과 이생은 혼인 잔치를 치른 뒤로 원앙새 같이 화목하여 극진히 사랑하면서도 서로 존경하기를 손님 대하듯이 하였다. 자고로 부부의 정리가 지극했다는 양홍과 맹광 사이나 포선과 환소군[1] 사이도 이들의 정리에 비하면 보잘것이 없었다.
　이생은 이듬해에 과거를 보아 높은 벼슬에 올랐고 명망이 나라에 알려졌다.

---

1) 포선鮑宣은 중국 한나라 때 사람. 그의 아내 환소군桓小君은 부유하게 자랐으나 결혼한 뒤에는 가난한 남편을 따라 검소한 생활을 한 현처로 유명하다.

바로 이러한 때, 때는 신축년(1361, 공민왕 10년)이었는데 홍두적[2]이 우리 나라를 쳐들어왔다. 적들이 우리 도읍까지 점령하자 왕은 복주(福州, 안동)로 피난하였다. 적은 도처에서 민가를 불태우고 인명을 해치며 가축과 재산을 닥치는 대로 약탈하였다. 부부와 친척들이 모두 가정을 보전하지 못하고 이리저리 도망쳐 숨으면서 각기 자기 목숨 하나도 돌보기 어려운 형편이었다. 이판에 이생도 가족을 인솔하여 어느 궁벽한 산골까지 피난처를 찾아서 떠났다. 그런데 가는 도중에 적이 나타났다. 적은 칼을 뽑아 들고 이생에게 달려들었다. 이생은 엉겁결에 냅다 뛰어 적의 손아귀에서 벗어났다. 그러나 그의 아내 최랑은 적에게 사로잡히고 말았다. 적이 최랑에게 덤벼들자 최랑은 분에 넘쳐 큰소리를 지르면서 적을 호령하였다.

"범 같은 마귀들아, 죽일 테면 죽여라. 내 차라리 죽어 이리 승냥이의 뱃속에서 원한의 넋이 될지언정 어찌 개돼지만도 못한 너희 놈들의 짝이 될 줄 아느냐?"

그러자 적은 분에 못 이겨 최랑을 칼로 내리찍었다.

이생은 거친 벌판으로 숨어 다니면서 근근이 목숨을 부지하였다. 적들이 이미 물러간 뒤에야 드디어 부모님이 계시던 옛집을 찾아갔다. 집은 벌써 전쟁의 불길 속에 타 버리고 빈 터만 남아 있었다. 그는 다시 최랑의 친정을 찾아갔다. 여기도 주인 없는 빈집만 쓸쓸히 서 있는데 구석마다 쥐 떼들이 싸다니고 새 울음만 들릴 뿐이었다. 이생은 서글픈 감회를 참을 수 없었다. 지난날 최랑과 놀던 후원 별

---

[2] 1359년부터 우리 나라 북쪽 국경을 침입하기 시작한 홍두적紅頭賊은 1361년에 이르러 약 십만 명의 대부대를 끌고 고려의 수도 개성까지 쳐들어와 약탈을 하였다.

당으로 찾아가니 눈물만 쏟아지고 한숨만 나올 뿐이었다. 이러는 동안에 날이 어느덧 저물었다. 우두커니 혼자 앉아 지난 일을 생각하노라니 모든 것이 한바탕 꿈인 것만 같았다.

밤은 점점 깊어 거의 이경쯤 될 무렵이었다. 동산에 솟은 달이 희미하게 집 마루를 비추는데 문득 정적을 깨뜨리고 복도 저편에서 발자국 소리가 점점 가까이 들려왔다. 조마조마하던 차에 앞에 다가서는 이는 틀림없는 최랑이었다. 이생은 최랑이 이미 죽은 줄 알고 있었지만 너무도 그리워하던 차라 다시 의문을 품을 여유가 없었다.

"아, 어디로 피난하여 목숨을 보전하였소?"

이생이 이렇게 소리쳐 묻기도 전에 최랑은 와락 달려들어 이생의 손을 잡고 한바탕 통곡을 하더니 이어서 자기 설움을 낱낱이 하소연하였다.

"저는 본디 양가집 딸로 태어나서 어릴 적부터 가정의 교훈을 받들어 바느질과 수놓기를 재간껏 배웠으며 《시전》과 《서전》을 다 읽고 어질고 곧은 절개를 배웠습니다. 허나 다만 아낙네의 예절만 닦았을 뿐이라, 어이 이 세상 밖의 일을 알기나 하였으리까? 그러나 어쩌다가 살구꽃 무르익은 담장 밖을 내다보게 되어 옥 같은 이내 청춘을 님에게 맡겼습니다. 꽃그늘에서 한번 웃고 일생 연분을 맺었으며 별당 안에서 다시금 백 년 정분을 나눴습니다. 이리하여 장차 의탁하여 백년해로하려고 했더니 청춘에 허리 잘려 시궁창 구렁텅이에 떨어지게 될 줄을 어찌 알았겠습니까?

스스로 살점 찢어 땅바닥에 발랐으나 끝끝내 원수에게 귀중한 이 한 몸을 더럽히지 않았사오니, 이야 이내 몸이 지켜야 할 본분이나 인정상 차마 어이 다 말하리까? 서러워라! 깊고 깊은 산골에서 님과 한번 이별하자 마침내 짝을 잃은 외기러기 되었습니다. 집도 절도 다 타 버리고 부모님 곁을 떠났으니 서러운 이내 넋이 의지할 곳 바이 없지만, 산악 같은 절개 위해 이 한 목숨 바쳤으니 죽은 여인 이 한 몸이 행여 욕을 면했습니다. 마디마디 녹는 마음 뉘 있어 위로해 주겠습니까. 굽이굽이 썩은 간장 속절없이 애달픕니다. 해골은 들에 있고 창자는 땅에 널려, 지난날의 즐거움을 생각할수록 오늘의 이 원한만이 더욱 깊어 가는 듯합니다.

그러나 오늘에는 추연이 피리 불어 죽은 풀이 살아나고[3] 천랑의 떠난 혼이 이 세상에 다시 오듯[4] 봉래산 백년언약 굳게굳게 얽혀 있고 취굴[5]의 삼생 연분 다시금 향기로워 이때에 여기에서 다시 만나 뵈오니 지난날 맺은 맹세 저버리지 마옵소서. 행여 잊지 않았거든 길이 함께 살고 지고. 님이여, 도련님이시여, 허락 아니 하시리까?"

이생은 감격에 잠겨 한참 동안 어쩔 줄을 모르다가 평생소원이 다시 이루어진 것을 기뻐해 마지않았다. 서로 간곡한 정회를 끝없이 이야기하다가 집 재산이 적에게 약탈당하여 아무것도 남은 것이 없더라고 말하자 최랑은 문득 말하였다.

---

3) 추연鄒衍은 중국 전국시대 사람. 《열자列子》에 추연이 북방 추운 지방에서 피리를 불자 날씨가 따뜻해져 나지 않던 곡식이 되살아났다는 전설이 실려 있다.
4) 천랑倩娘은 당나라 진현우陳玄祐가 지은 소설 《이혼기離魂記》에 나오는 주인공의 이름. 장일張鎰의 딸 천랑이 혼자 왕주王宙를 따라가려고 하자 장일이 반대하니 천랑의 혼이 왕주에게 가서 살다가 오년 뒤에야 본가로 돌아왔다. 그동안 천랑의 육신은 넋을 잃은 사람이 되어 앓다가 혼이 돌아온 뒤에야 온전한 사람이 되었다는 내용이다.
5) 취굴聚窟은 신선이 산다는 곳으로 십주十洲의 하나다.

"조금도 잃은 것이 없습니다. 다만 아무 산 아무 골짜기에 묻혀 있을 뿐입니다."

"그러면 양쪽 집안 부모님의 유골은 어디메에 있소?"

"아무 곳에 그대로 널려 있습니다."

이런 이야기를 비롯하여 온갖 정담을 다 나누고 그날 밤은 그곳에서 같이 쉬었다. 모든 일이 옛날이나 다름없이 즐거웠다. 이튿날 최랑과 이생이 자기 집 재산이 묻혀 있는 곳을 찾아갔더니 과연 금과 은 몇 덩어리와 약간의 재물을 찾아내었고, 또 양쪽 집안 부모의 시신을 찾아내었다. 그들은 금과 재물을 팔아 오관산五冠山 기슭에 부모의 시신을 매장하여 봉분을 짓고 묘비를 세우고 제물을 차려 재를 지내는 등 자식 된 예를 다하였다.

그 뒤 이생은 벼슬에 나가지 않고 최랑과 더불어 가정의 즐거움을 누렸으며 각지로 피난하여 흩어졌던 하인들도 돌아와서 살림을 도왔다. 이생은 갈수록 세상일에는 관심이 적어졌다. 심지어는 친척과 벗에게 축하하고 조문해야 할 일이 있어도 별로 참여하는 일이 없었다. 이생은 집안에 들어앉아 언제나 최랑과 더불어 글이나 지으며 화답하는 것으로 낙을 삼았다. 그들의 정분이 이렇게 두터운 가운데 어느덧 몇 해가 흘렀다.

어느 날 저녁 최랑은 문득 이생에게 이런 말을 하는 것이었다.

"우리가 세 번이나 좋은 시절을 얻게 되었으나 세상일이란 원래 곡절이 많은 법이라, 즐거운 이 생활이 싫은 건 아니지만 어느덧 이별해야 될 때가 닥쳐왔나 봅니다."

최랑은 말을 마치기도 전에 그만 목이 메어 울기 시작하였다. 이생은 깜짝 놀라지 않을 수 없었다.

"이 무슨 뜻밖의 말씀이오."

"운명은 피할 길이 없나 봅니다. 지난날 저와 낭군 사이에 연분이 끊어지지 않았고 또 아무 죄도 없었으므로 잠시 저의 화신으로 하여금 낭군과 함께 안타까운 정분을 풀도록 한 것입니다. 허나 저는 너무 이 세상에 오래 머물러 있었습니다. 더 이상 이 세상 사람을 속일 수는 없는 일입니다."

최랑은 이렇게 말하면서 시녀를 시켜 술을 차려 오게 하고 옥루춘玉樓春 한 곡조를 불러 이생을 위로하였다.

> 칼이 번쩍 창이 번쩍 이 나라 싸움터에
> 구슬처럼 깨어졌네 꽃잎처럼 떨어졌네.
> 짝을 잃은 원앙새여
> 흩어진 이 해골을 뉘라서 묻어 주랴.
> 피 묻어 놀란 넋이 말하자니 바이 없어.
>
> 무산의 선녀 되어 고당에 내 왔더니
> 만나자 또 이별에 마음 서러워하노라.
> 이제 한번 갈라지면 가는 길 더욱 멀어
> 저승과 이승 간엔 소식조차 없으리.
> 干戈滿目交揮處　玉碎花飛鴛失侶
> 殘骸狼藉竟誰埋　血汚遊魂無與語
> 高唐一下巫山女　破鏡重分心慘楚
> 從茲一別兩茫茫　天上人間音信阻

노래는 마디마디 울음이 절반 섞여 가락을 이루지 못하였다. 이생도 슬프고 애달파 견딜 수가 없었다.

"차라리 임자와 함께 저승으로 갈지언정 내 어이 외롭게 혼자 남아 있을쏜가? 지난날 전란을 겪은 뒤에 친척과 노복들이 제각기 흩어지고 부모님 유골이 벌판에 흩어져 있을 때 임자가 아니었던들 뉘 있어 그 유골을 거두어 묻었으랴? 옛사람이 이르기를, '살았을 적엔 예 갖추어 섬기고 죽었을 때도 예 갖추어 장례한다.'고 하였더니 이 예절을 지킨 이는 바로 임자가 아니오. 효성이 지극하고 애정이 유달랐기 때문이라오. 내 못내 감격하는 바나 내 자신은 도리어 부끄러울 뿐이오. 임자도 이 세상에 남아 백 년을 누린 뒤에 함께 땅에 묻힙시다."

"낭군의 수명은 아직도 남은 세월이 있으나 저는 이미 귀신 대장에 있는 몸이니 오래 지체할 수 없습니다. 만일 이 세상을 그리워하여 떠나지 않아 정해진 운명을 어기는 날에는 제 한 몸이 죄를 받을 뿐 아니라 그 누가 낭군에게 미칠 것입니다. 제 해골은 아무 곳에 흩어져 있으니 행여 염려되면 그것이나 거두어 비바람이나 가리게 해 주십시오."

최랑은 말을 채 맺지 못한 채 그냥 이생을 바라보면서 울기만 하다가 말하였다.

"낭군께서는 편안히 계십시오."

마지막 인사를 하더니 최랑의 몸이 점점 사라져 마침내 자취조차 찾을 수 없게 되었다. 이생은 최랑의 해골을 거두어 부모님 무덤 곁에 묻어 주었다. 최랑의 장례를 치른 뒤 이생 역시 최랑에 대한 추억이 병이 되어 두어 달 만에 죽고 말았다.

이 소문을 들은 사람들은 어느 누구 할 것 없이 그들의 일을 감탄하고 그들의 절의를 사모하지 않은 이가 없었다.

부벽정의 달맞이

醉遊浮碧亭記

평양은 고조선의 수도였다. (원문 25자 번역 생략) 평양의 명승지로 금수산錦繡山, 봉황대鳳凰臺, 능라도綾羅島, 기린굴麒麟窟, 조천석朝天石, 추남허楸南墟 등의 고적이 있거니와 영명사永明寺, 부벽정浮碧亭도 바로 그중 하나다.

영명사는 곧 동명왕의 구제궁九梯宮 터였다. 평양성 동북쪽 20리쯤 되는 곳에 있는데 아래로 큰 강을 굽어보고 멀리 넓은 평야를 바라본다. 안계는 일망무제하여 참으로 명승이라 할 만하다. 그림 같은 장삿배들이 저녁이면 대동문大同門 밖 수양버들이 휘늘어진 강기슭에 들이 매이는데, 상인들은 밤이 되면 으레 이 물을 거슬러 올라가 부벽정 일대의 경치를 구경하면서 맘껏 즐기다가 돌아가곤 하였다. 부벽정 남쪽에는 돌을 깎아 쌓은 층층대가 드리워져 있다. 그 왼쪽이 청운제青雲梯이고 오른쪽이 백운제白雲梯라 하는데 돌에다 글자를 새겨 푯말을 세워 놓고 지나가는 사람들의 관심을 끌었다.

천순[1] 초년에 송도에 홍생이라는 부자가 있었다. 그는 나이도 젊

---

[1] 천순天順은 중국 명나라 영종英宗의 연호. 1457년부터 1464년까지에 해당한다.

고 얼굴이 잘났으며 풍류스러운 성격에 글짓기도 잘하였다. 때마침 팔월 한가위라 동료들과 함께 포목을 가득 싣고 평양에서 비단실과 교역하기 위하여 오던 차에 대동강 기슭에다 배를 대었다. 평양 성 안에 있던 명창들은 모두 성문에 나와 그를 맞이하였으며, 또 성안에 살던 옛 친구 이생도 나와서 연회를 차리고 먼 길에 배를 타고 온 그의 피로를 풀어 주었다.

　홍생은 술이 얼근히 취하자 배에 돌아왔으나 선선한 밤인지라 좀처럼 잠을 이룰 수 없었다. 게다가 옛날 장계가 풍교에 배를 매어 두고 불렀다는 시[2]가 떠올랐다. 취흥을 억제할 수 없었던 그는 드디어 조그마한 쪽배 한 척을 끌어내어 달빛을 가득 싣고 노를 저어 올라갔다. 이러다가 취흥이 다 풀어지면 돌아오려는 것이었다.

　가던 배가 이른 곳은 바로 부벽정 아래였다. 갈대 기슭에 뱃줄을 매고 층층대를 올라 부벽정 난간에 몸을 기대어 끝없이 펼쳐진 시야를 바라보았다. 시를 읊조리기도 하고 휘파람을 불기도 하였다. 때는 바로 달빛이 낮같이 밝으며 물결은 비단결처럼 곱게 흘렀다. 물가 모래사장에는 기러기가 날아 울며 이슬 듣는 소나무 가지에선 두루미도 놀라 울었다. 이야말로 선남선녀가 산다는 천상 세계에 올라온 것이나 다름없었다. 한편으로 옛 서울의 모습을 바라보니 허물어진 궁터에는 연기가 자우룩하고 쓸쓸한 성벽 밑에는 물결만 출렁거려 저절로 오랜 역사의 자취를 더듬게 하였다. 고금 역사의 흥망성쇠에 대해 한탄하지 않을 수 없었다. 홍생은 느낀 바 있어 시

---

[2] 장계張繼는 중국 당나라 시인. 그의 시 '풍교에 배를 매고〔楓橋夜泊〕'는 달밤에 배를 타고 강산 풍경을 읊은 시로 유명하다.

여섯 수를 지었다

노래 섬긴 사람 부벽정에 못 올레라.
흐느껴 우는 강물 애끊는 소리거니
고구려의 드센 기세 꺾인 지 오래건만
거친 성벽에는 옛 모습 남아 있네.

백사장엔 달이 밝아 기러기 날아들며
풀숲엔 저녁 안개 걷히고 반딧불 춤을 춘다.
풍경도 쓸쓸할사 인걸은 간곳없고
영명사 한밤중에 종소리만 들려오네.
不堪吟上浿江亭　嗚咽江流腸斷聲
故國已銷龍虎氣　荒城猶帶鳳凰形
汀沙月白迷歸雁　庭草烟收點露螢
風景蕭條人事換　寒山寺裏聽鍾鳴

*

제왕의 궁전 터엔 가랑잎만 우수수
돌층계 굽은 길엔 구름이 머물레라.
춤추던 정자에는 잡풀만 우거지고
담 너머 지는 달에 까마귀 소리 스산하네.

풍류스런 지난 일이 진토가 되었구나.

적막한 빈 성터엔 가시덤불뿐이로세.
다만 강물만이 예대로 흘러예네.
바다로 바다로 예대로 흘러예네.

帝宮秋草冷凄凄　回燈雲遮徑轉迷
妓館故基荒薺合　女墻殘月夜烏啼
風流勝事成塵土　寂寞空城蔓蒺藜
唯有江波依舊咽　滔滔流向海門西

　　　　*

대동강 저 강물은 쪽빛처럼 푸르구나.
천고 흥망에 원한이 서렸으리.
물 없는 우물가엔 풀 넌출 드리웠고
이끼 덮인 옛 제단엔 수양버들 둘러섰네.

타향의 이 풍경은 시로나 읊어 보랴.
고국을 생각하는 정 술에나 취하리라.
달 밝은 정자 위에 잠이 어이 온단 말가.
깊은 밤 계수나무 향기 더욱 풍겨 오네.

浿江之水碧於藍　千古興亡恨不堪
金井水枯垂薜荔　石壇苔蝕擁檉楠
異鄉風月詩千首　故國情懷酒半酣
月白依軒眠不得　夜深香桂落毿毿

한가위 보름달은 하 그리도 밝건마는
외로운 저 성벽은 만단 설움 자아내네.
옛 성터 앞 고목엔 세월이 서려 있고
단군사 담 넌출엔 역사가 얽혀 있네.

영웅호걸들아 너 어드메 있느냐
그윽한 저 수풀은 몇 해나 되었난다.
유정도 유정할사 천 년 전 저 달만이
금빛 은빛 춤을 추며 이내 마음 비춰 주네.
中秋月色正嬋娟　一望孤城一悵然
箕子廟庭喬木老　檀君祠壁女蘿緣
英雄寂寞今何在　草樹依稀問幾年
唯有昔時端正月　清光流彩照衣邊

         *

동산에 달이 뜨니 까막까치 날아간다.
깊은 밤 찬 이슬은 이내 옷을 다 적시네.
천 년 문물 인걸도 간곳없고
만고강산에 성터만 허물어져

하늘로 가신 님[3]은 다시 아니 오시거니

남아 있는 이 백성은 누구를 의지하랴.
금수레 기린마[4]는 자췬들 남았으랴.
님 다니던 길에는 중이 홀로 돌아오네.

月出東山烏鵲飛　夜深寒露襲人衣

千年文物衣冠盡　萬古山河城郭非

聖帝朝天今不返　閑談落世竟誰依

金轝麟馬無行迹　輦路草荒僧獨歸

　　　　*

차디찬 가을 풀숲엔 이슬 맺히고
청운교는 백운교와 마주 섰구나.
수나라 병졸들은 여울에서 흐느끼고
수 양제의 죽은 넋은 쓰르라미 되었더냐.[5]

노을 비낀 한길에는 인적이 끊겼는데
절간의 종소리 솔바람에 울려오네.
내 예 와서 시 지으나 뉘와 함께 즐길쏜가.
달 밝고 바람 맑아 흥취를 못 이기네.

庭草秋寒玉露凋　青雲橋對白雲橋

---

3) 동명왕을 가리킨다.
4) 동명왕이 금수레와 기린마를 타고 다녔다는 전설이 있다.
5) 수 양제隋煬帝의 백만 군대가 고구려 을지문덕에게 패하여 청천강淸川江에 빠져 죽은 일을 가리킨다.

隋家士卒隨鳴瀨　帝子精靈化怨蜩
馳道煙埋香輦絶　行宮松偃暮鍾搖
登高作賦誰同賞　月白風淸興未消

홍생은 시를 다 짓고는 손뼉을 치고 일어나 너울너울 춤을 추면서 시를 읊기 시작하였다. 시 한 구절씩 읊을 적마다 애수 어린 휘파람을 섞어 가면서 감상에 휩싸인 마음을 풀어놓았다. 비록 뱃전을 두드리며 피리를 불어 주는 즐거움은 없을망정 격동된 그 음조는 깊은 물속에 잠긴 용을 춤추게 하고 외로이 배를 저어 가는 과부를 울릴 만하였다.

그가 마음껏 시를 읊고 막 돌아가려고 할 무렵이었다. 밤은 벌써 삼경이나 되었는데 문득 발자국 소리가 들리더니 서쪽 언덕에서 어떤 사람이 이쪽을 향해 걸어오고 있었다. 홍생은 마음속으로 아마 절의 중이 시 읊는 소리를 듣고 이상하게 여겨 오는 것이리라 생각하고 그대로 앉아서 기다렸다. 그러나 점점 가까워오는 것을 보니 천만뜻밖에 한 미인이었다. 시녀들이 좌우에서 모시고 오는데 한쪽 시녀는 옥 자루가 달린 먼지떨이를 들었고 또 한쪽은 얇은 비단으로 만든 부채를 들고 있었다. 거동이 엄숙할 뿐만 아니라 모든 차림차림이 범상치 않은 대갓집 처녀인 듯하였다. 홍생은 슬그머니 계단을 내려와서 담장 틈에 몸을 숨기고 그들의 거동을 살폈다.

미인은 남쪽 난간에 몸을 기대고 달빛을 바라보면서 가냘픈 목소리로 무언가를 읊었다. 그 품성과 자태는 매우 단정해 보였다. 시녀가 비단 방석을 갖다 깔자 몸을 가누고 앉으며 명랑한 목소리로 말하였다.

"이곳에서 시를 읊던 사람이 있더니 지금 어디로 가셨나요? 나는 꽃이나 달의 화신도 아니며 보련步蓮 같은 여인도 아닙니다. 마침 오늘 밤 만리 허공에 하늘은 넓고 구름이 걷히며 달 뜨고 은하수 맑아 계수나무 그늘에 천상의 다락이 서늘한지라 잔 들어 노래하여 그윽한 정회를 마음 놓고 풀려 했더니, 이렇듯 좋은 밤을 내 어이 넘길 수 있겠어요?"

홍생이 이 말을 듣고 한편으론 두렵기도 하고 한편으론 반갑기도 하여 얼마 동안 어쩔 줄 모르고 머뭇거리다가 기침 소리를 내었다. 그러자 시녀는 이리 기웃 저리 기웃 기침 소리가 나는 곳을 살피더니 홍생 앞에 나타나 청하였다.

"우리 아씨께서 당신을 받들어 모셔 오라 하십니다."

홍생은 주춤거리다가 허리를 굽히고 나아가 절하고 꿇어앉았다. 그러나 미인은 의젓한 태도로 조금도 어려워하는 빛이 없이 이리 올라오라고 할 뿐이었다. 시녀가 나지막한 병풍으로 미인 앞을 가렸으므로 상반신만 서로 볼 수 있었다. 미인은 조용히 입을 열었다.

"그대가 여기서 읊은 시는 무슨 뜻인지요? 나를 위해 들려 주세요."

홍생이 자기가 지은 시 하나를 외웠더니 미인은 웃으면서,

"그대는 함께 시를 이야기할 만한 분입니다."

하고, 즉시 시녀를 시켜 술상을 차려 놓고 술을 따라 권하는데 그 술안주는 모두 인간 세상의 음식 같지 않았다. 홍생이 시험 삼아 안주를 집어 드니 어떻게나 딱딱한지 씹어 삼킬 수 없었고 술맛 또한 쓰거워서 입에 댈 수가 없었다. 미인은 상긋이 웃으며 말하였다.

"속세의 선비가 어찌 신선의 음식을 알아보겠습니까?"

다시 시녀를 돌아보며 분부하였다.

"너는 빨리 신호사*에 가서 절 밥을 좀 얻어 오너라."

시녀는 명령대로 가더니 잠깐 뒤에 음식을 차려 왔는데 그것은 곧 사람이 먹는 밥이었다. 그러나 또 밥을 넘길 만한 반찬이 없었다. 미인은 다시 시녀에게 명하였다.

"너는 또 주암*에 가서 찬을 얻어 오너라."

얼마 뒤에 잉어찜이 상에 올랐다. 홍생은 그 음식을 맛있게 먹었다. 홍생이 밥을 다 먹고 나자 미인은 그동안 홍생의 시에 맞추어 화답시를 짓고 이를 좋은 종이에 써서 시녀를 시켜 홍생에게 내주었다. 그의 시는 이러하다.

> 부벽정 오늘 밤엔 달도 밝아라
> 어이 다 말하리 강개한 이 심사를.
> 나뭇잎 휘늘어져 일산이더냐
> 강물은 넘실넘실 비단결인 양.
>
> 세월은 살같이 덧없이 흘러
> 놀라울손 세상일이 변해 감이여.
> 이 밤 이 심사를 뉘 있어 알아주랴.
> 몇 마디 종소리만 숲 속에서 울려온다.
> 東亭今夜月明多　淸話其如感慨何

---

* 신호사神護寺에는 나한상羅漢像이 있다.
* 주암酒巖 아래에 연못이 있는데 용이 살고 있다.

樹色依稀靑蓋展　江流瀲灩練裙拖
光陰忽盡若飛鳥　世事屢驚如逝波
此夕情懷誰了得　數聲鍾磬出煙蘿

　　　＊

옛 성의 남쪽으로 대동강이 갈라지고
푸른 물 흰 모래에 기러기 울어옌다.
동명왕이 다시 오랴 떠나신 님이
피리 소리 끊어지고 무덤만 남았어라.

짙어 가는 밤 노을에 시흥이 무르익어
사람 없는 절간에서 술이 얼근 취했어라.
나라 여읜 그 모습을 차마 어이 본단 말가
천 년 옛 자취는 뜬구름뿐이로세.
故城南望浿江分　水碧沙明叫雁群
麟駕不來龍已去　鳳吹會斷土爲墳
晴嵐欲雨詩圓就　野寺無人酒半醺
忍看銅駝沒荊棘　千年蹤跡化浮雲

　　　＊

풀숲에 우는 벌레 무슨 설움 맺혔더냐.
정자에 오르려니 생각도 아득해라.

비 멎자 흐린 구름 지난 일 애달파라.
지는 꽃 예는 물에 시절을 한하노라.

밀물도 가을이면 소리 한결 거세구나.
누각이 강에 잠겨 달빛도 서늘해라.
예가 바로 천 년 전 옛 도읍지
허물어진 성터 보니 애간장 끓는구나.
草根咽咽泣寒螿　一上高亭思渺茫
斷雨殘雲傷往事　落花流水感時光
波添秋氣潮聲壯　樓蘸江心月色涼
此是昔年文物地　荒城疎樹惱人腸

　　　*

금수산 산봉우리 비단으로 수놓은 듯
단풍은 울긋불긋 성벽을 물들였네.
어디선지 다듬이소리 요란히 들리는데
어기여차 한 곡조에 고깃배 둥실.

돌벼랑의 늙은 나무 넌출에 얽혀 있고
풀숲의 조각 비석 이끼에 덮였어라.
묵묵히 난간에서 지난 일 생각하노니
달빛도 물소리도 모두 설움뿐이로세.
錦繡山前錦繡堆　江楓掩映古城隈

丁東何處秋砧苦　欸乃一聲漁艇回
老樹倚巖緣薜荔　斷碑橫草惹莓苔
凭欄無語傷前事　月色波聲摠是哀

*

몇몇 큰 별들이 하늘 궁전 지키더니
은하수 흐려지고 달빛 한결 밝아 오네.
좋아라 하던 일이 모두 허사 될 줄을
어느 생에 또다시 이생에 태어나랴.

자하배 좋은 술을 취토록 마시고자
뜬세상 칼부림은 생각도 말리라.
만고 영웅이 땅속에 묻혔건만
그 이름 뒷세상에 남았다고 일러라.

幾介疎星點玉京　銀河淸淺月分明
方知好事皆虛事　難卜他生遇此生
醽醁一樽宜取醉　風塵三尺莫嬰情
英雄萬古成塵土　世上空餘身後名

*

밤 어찌 되었느냐 어느덧 깊었구나.
새벽하늘 둥근달이 서산으로 넘어가네.

이로부터 그대와는 영영 갈라지려니
만나선 평생의 낙 여한 없이 누리었소.

강기슭 정자에서 이별을 고하려니
섬돌 앞 나뭇잎에 이슬이 듣네.
이다음 다시 만날 그날은 언제려나
바다가 뭍이 되고 천도[6]가 무르익을 그때인 줄 아노라.

夜何如其夜向闌　女墻殘月正團團
君今自是兩塵隔　遇我却賭千日歡
江上瓊樓人欲散　階前玉樹露初摶
欲知此後相逢處　桃熟蓬丘碧海乾

홍생은 이 시를 읽고 한없이 기뻤다. 미인이 그만 떠나갈까 봐 걱정되어 이야기를 해서라도 만류하고 싶었다.

"성씨가 어찌 되시는지요? 황송하여 감히 여쭙지 못하였습니다."

미인은 한숨을 지으면서 대답하였다.

"연약한 이 몸은 고조선의 유민이오. 우리 조상이 이 땅에서 나라를 다스리되 여덟 가지 조목으로 백성들을 가르쳐 천여 년 동안이나 문물이 번성하였답니다. 그 뒤 하루아침에 천운이 기박해지고 환난이 닥쳐와 저의 아버지는 보잘것없는 사나이에게 변고를 당하시고 드디어 나라도 망하였습니다. 위만衛滿이라는 자가

---

6) 서왕모西王母가 사는 곳에 있는 복숭아로 삼천 년에 한 번 열리며 먹으면 신선이 된다고 한다.

이 틈을 타서 왕위를 빼앗으니 고조선의 국운이 이로써 끝나고 말았습니다. 연약한 이 몸은 어쩔 줄 몰라 차라리 죽을지언정 이 한 몸만은 깨끗이 보전하려고 하였지만…….

그러던 차에 문득 어떤 신이 나타나 제 몸을 어루만지며, '나는 원래 이 나라의 시조였나니 나라를 다스리다가 섬나라로 들어가서 신선이 된 지가 벌써 수천 년이 되었구나. 너 나를 따라 내가 사는 곳에 들어가서 마음껏 노닐며 즐기지 않겠느냐?' 하기에 저는 좋아라고 따라갔지요. 그이는 제 손목을 이끌고 사는 곳까지 데리고 가서 별당을 지어 거처하게 하고 신선이 되는 불사약을 주었답니다. 그 약 먹은 지 며칠 뒤에 문득 몸이 가벼워지고 기분이 상쾌해지더니 훨훨 날아다니는 신선이 되었습니다. 이로부터 동서남북을 가리지 않고 온 누리를 거닐었으며 신선이 사는 동천洞天, 복지福地, 십주十洲, 삼도三島를 안 가 본 데가 없었습니다.

하루는 가을 날씨가 활짝 개고 천상 세계가 유리같이 맑은 데다가 달빛이 유달리 밝은지라 계수나무 옥토끼를 우러러보자니 훨훨 끝없이 놀아 보고 싶기에 드디어 달나라에 올라가서 수정궁水晶宮에 계시던 항아 아씨를 만나 뵈었습니다. 항아 아씨는 나를 보시더니 마음씨가 깨끗하고 글을 아는 것을 갸륵히 여기시며, '아랫녘 선경도 비록 복지라 하기는 하나 모두 어지러운 티끌세상이라, 어찌 난새를 타고 푸른 하늘 위에서 노닐며 계수나무 맑은 향기에 취하고 끝없이 시원한 달빛을 쏘이면서 백옥경白玉京에 왕래하다가 은하수 물속에서 멱 감고 노는 재미에 비교할 수 있겠느냐?' 하시면서 즉시 자기 글방 시녀로 삼아 곁에서 머물도록 하였는데, 이 글방의 즐거움은 이루 다 말할 수 없습니다.

갑자기 오늘 밤에는 고향 생각이 간절한지라 아래로 하루살이 같은 속세를 내려다보며 내가 자란 옛 도읍을 둘러보니 산천은 의구하되 인물은 간곳없고 희맑은 달은 노을 속에 싸였으되 흰 이슬이 속세의 누를 씻었습니다. 달나라를 하직하고 이곳으로 내려와서 조상님의 산소에 인사를 드린 다음 한번 강가 정자에 올라 쌓이고 쌓인 심정을 풀어 보려고 하던 차에 때마침 글 잘하는 선비를 만나게 되었으니 한편 반갑고 한편 부끄럽습니다. 또한 선비가 지은 귀중한 시편에 화답하노라고 잘하지 못하는 글까지 짓게 되었지요. 잘해서 쓴 것이 아니라 다만 저의 심회를 읊었을 뿐입니다."

홍생은 이 말 듣고 다시금 머리를 조아렸다.

"속세의 어리석은 백성으로 초목과 함께 썩을 줄로만 여겼을 뿐, 어찌 이렇게 거룩하신 왕손이시며 천상 세계의 선녀를 한자리에 모시고 시편에 화답하게 될 줄 생각이나 하였겠습니까?"

홍생은 즉석에서 미인의 시를 한 번 보고 대강 기억해 두었다. 또 자리에 엎드리면서 말하였다.

"우매한 백성이 속세 버릇에 너무나 물젖어 선녀께서 주신 음식을 들지는 못하였으나 다행히 글줄이나 배운 덕에 선녀께서 쓰신 시를 약간 이해하니 참으로 다행이라 하겠습니다. 네 가지 구색[7]을 다 갖추기는 어려우나 청컨대 다시 '가을밤 강가 정자에서의 달맞이〔江亭秋夜翫月〕'라는 제목으로 사십 운韻을 쓰시어 저에게

---

7) 좋은 시절, 아름다운 경치, 흥겨운 심정, 즐거운 일을 말한다.

주십시오."

미인은 고개를 끄덕이고 붓에다 먹을 흠뻑 찍더니 단숨에 휘둘러 내리갈기는데, 필세는 구름이 떠오르고 연기가 자우룩한 듯하였다.

부벽정 달 밝은 밤에
흰 이슬 부슬부슬
맑은 빛 은하에 잠기고
상서로운 기운 수풀에 서리어

삼천리 화려한 강산에도
열두 겹 아름다운 난간에도
한 점 구름인들 있으랴
가벼운 바람만이 스쳐가도다.

넘실넘실 물결을 비치고
아물아물 가는 배 보내네.
뜸집의 창틈도 엿보고
갈대꽃 강기슭 비치다.

예상우의곡[8]을 아뢰는 듯
옥도끼 금도끼를 다듬는 듯

---

8) 예상우의곡霓裳羽衣曲은 당 현종이 도사道士 나공원羅公遠을 따라 신선 세계인 월궁月宮에서 노닐면서 그곳의 음악을 듣고 옮겼다고 하는 곡조다.

구슬이 물속에서 구르는 듯
햇불이 용궁을 밝히는 듯

지미[9]와 함께 볼거나
공원을 좇아 노니리.
까막까치는 놀라서 날아가고[10]
소마저 멋모르고 헐떡이네.[11]

푸른 산굽이를 돌다가
바다 위에 둥둥 뜨누나.
그리움에 창 열어젖히고
흥겨워 발 걷어 올리노라.

이태백이 놀던 달이더냐
오강이 찍던 계수로세.[12]
하얀 병풍에 물결 일고
깁 비단 휘장에 수놓았네.

---

9) 당나라 때 조지미趙知微를 가리킨다. 도술을 써서 장마 중에도 친구들과 함께 달구경을 했다는 전설이 있다.
10) 위나라 조조曹操의 시에 "달 밝아 별빛은 드문데 까막까치는 남으로 나네."라는 구절이 있다.
11) 오나라는 너무나 덥기 때문에 물소가 달을 보고도 해인 줄로 알고 헐떡인다는 이야기가 있다.
12) 오강吳剛은 중국 한나라 때 신선으로, 신선술을 배운 뒤에 잘못을 저질러 달나라에 귀양 가서 찍어도 찍어도 찍힌 자국이 없어지는 계수나무를 찍는 벌을 받았다는 전설이 있다.

거울을 닦아 걸었나니
둥그런 바퀴만 굴러가네.
금 빛깔 하 저리 밝은데
밤은 점점 깊어 가누나.

칼 빼어 두꺼비 치려나
그물 늘여 옥토끼 잡으려나.[13)]
하늘가에 가을비 멎고
들길에 노을도 걷혔구나.

난간은 숲 속에 솟았고
섬돌은 물 위에 떴구나.
강산에 길 잃은 나그네
고향에서 벗님을 만났어라.

시 지어 서로 읊조리고
잔 들어 서로 권하노라.
한 편 또 한 편 지어 내고
한 잔 또 한 잔 드노라니

향로엔 향불이 타오르고
귀 솥엔 게거품 일어나네.

---

13) 달 속에서 옥토끼가 약 찧고 있다는 전설이 있다.

찻물은 차관에 끓어오르고
감로수 그릇에 치런치런.

두루미 소나무에 놀라 울고
귀뚜라미 벽에서 시름하네.
은호殷浩와 유량庾亮의 이야기더냐
사안謝安과 원굉袁宏이 노니는 듯.

어슴푸레 거친 성터에서
쓸쓸한 초목만 우거져
단풍잎 하늘하늘 떨어지고
갈대밭 우수수 설레네.

선경엔 세상도 너르더니
속세엔 세월만 빠르구나.
궁터엔 잡풀이 묵어 있고
묘당은 쑥대밭 되었도다.

이름만이 비석에 남았구나
백구야 흥망을 너 알리라.
달도 차면 기우나니
세상일 그 얼마나 변했더냐.
궁전은 절간 되고
대왕도 무덤 신세

반딧불 창가에 사라지고
도깨비불 숲 속에 그윽하다.

옛일을 그리니 눈물이 지고
오늘이 서글퍼 시름이 이네.
단군이여 남산에 깃들었느냐.
옛 조선 도읍은 실개천뿐이로다.

기린굴 흔적만 남아 있거니
숙신肅愼의 화살을 보는 듯하네.
난향아 집으로 돌아가자.
직녀여 용마를 채찍질하라.

문사가 지필을 던지니
선녀는 공후를 멈추노라.
노랫소리 끝나고
나그네 떠나려니
고요한 바람에
노 젓는 소리 부드러워라.

月白江亭夜　長空玉露流
淸光蘸河漢　灝氣被梧楸
皎潔三千里　嬋娟十二樓
纖雲無半點　輕颸拭雙眸
激灩隨流水　依稀送去舟

能窺蓬戶隙　偏映荻花洲
似聽霓裳奏　如看玉斧修
蚌珠胚貝闕　犀暈倒閶浮
願與知微翫　常從公遠遊
芒寒驚魏鵲　影射喘吳牛
隱隱青山郭　團團碧海陬
共君開鑰匙　乘興上簾鉤
李子停盃日　吳生斫桂秋
素屛光粲爛　紈幄細雕鎪
寶鏡磨初掛　氷輪駕不留
金波何穆穆　銀漏正悠悠
拔劍妖蟆斫　張羅魏兔罜
天衢新雨霽　石逕淡煙收
檻壓千章木　階臨萬丈湫
關河誰失路　鄕國幸逢儔
桃李相投報　蠧鵤可猷酬
好詩爭刻燭　美酒剩添籌
爐爆烏銀片　鐙翻螢眼漚
龍涎飛睡鴨　瓊液滿瘦甌
鳴鶴孤松驚　啼螿四壁愁
胡床殷庾話　晉渚謝袁遊
彷彿荒城在　蕭森草樹稠
靑楓搖湛湛　黃葦冷颼颼
仙境乾坤闊　塵間甲子遒

故宮禾黍穗　野廟梓桑樛
芳臭遺殘礎　興亡問泛鷗
纖阿常仄滿　累塊幾蜉蝣
行殿爲僧舍　前王葬虎丘
螢燐隔幔小　鬼火傍林幽
弔古多垂淚　傷今自買憂
檀君餘木覓　箕邑只溝婁
窟有麒麟跡　原逢肅愼鏃
蘭香還紫府　織女駕蒼虯
文士停花筆　仙娥罷坎堠
曲終人欲散　風靜櫓聲柔

쓰기를 마치자 붓을 놓더니 미인은 문득 하늘 높이 솟아서 어딘지 모르게 날아가 버렸다. 미인이 떠날 적에 시녀를 시켜 말을 전하였다.

"상제 명령 지엄하매 난새 타고 떠나렵니다. 청아한 이야기 다 못하여 이내 마음 섭섭하오이다."

이윽고 갑자기 회오리바람이 일어 홍생 곁을 스쳐가더니 미인이 남긴 시 두루마리마저 어딘지 모르게 날아가 버렸다. 아마 이상한 그의 필적을 인간 세상에 남기려고 하지 않음이리라. 홍생이 하릴없이 우두커니 서서 까마득히 생각하니 꿈인 듯 생시인 듯, 참도 같고 거짓도 같았다. 난간에 기대어 차근차근 생각을 더듬으니 미인이 남긴 말이 낱낱이 떠올랐다. 홍생은 뜻밖에 선녀를 만났다가 간곡한 정을 다 풀지 못한 것이 한없이 안타까워 선녀를 추억하면서 시 한 수를 읊었다.

> 양대에서 맺은 인연 꿈결 같고나
> 언제 다시 그의 얼굴 만나랴.
> 보아라 무심한 저 강물도
> 목메어 흐느끼며 울어예네.
> 雲雨陽臺一夢間　何年重見玉簫環
> 江波縱是無情物　嗚咽哀鳴下別灣

 읊고 나서 사방을 둘러보니 절에선 새벽종이 울려오고 저 멀리 마을에선 첫닭 소리가 들려온다. 달은 기울어 서쪽 산에 걸려 있고 샛별만이 하늘에서 유난히 반짝인다. 다만 산쥐들이 뜰아래서 찍찍거리고 마루 밑에서 우는 풀벌레 소리만이 들릴 뿐이다. 심사가 울적하고 무섬증이 죄어들어 그 자리에서 더는 머물 수가 없었다. 홍생은 강가로 내려와서 배를 탔으나 울적한 마음이 사라지지 않은 채 나루터에 돌아왔다. 동료들이 서로 다투어 물었다.
"간밤에 어드메서 자고 왔는가?"
홍생은 슬그머니 꾸며 대고 말았다.
"지난밤에 달이 유난히 밝기에 낚싯대를 메고 장경문長慶門 밖 조천석朝天石 기슭까지 가서 고기를 낚으려 하였더니 때마침 밤기운이 서늘한지라, 온밤 내내 붕어 새끼 한 마리도 낚지 못하고 말았네. 이 얼마나 안타까운 일이오."
동무들은 더는 의심하지 않았다.
 그 뒤 홍생은 미인을 그리워한 나머지 마음속에 병이 들어 몸이 점점 수척해 갔다. 홍생이 집으로 돌아갔을 적에는 벌써 맑은 정신이 없어지고 헛소리만 하면서 자리에 누워 일어나지 못하였다. 날이 갈수록 병은 더욱 더쳐 갔다. 하루는 홍생의 꿈에 곱게 단장한 아리따운 여인이 나타났다.

"주인아씨께서 옥황상제님께 지난날의 이야기를 여쭈었더니 상제님께서 당신의 재주를 기특히 여기시고 당신을 견우 도련님의 종사로 삼도록 하라고 하셨습니다. 상제께서 내리신 분부이니 어찌 거역하겠습니까?"

여인은 이 말을 남기고 갔다. 홍생은 놀라 깨어나 목욕재계하고 새 옷으로 갈아입었다. 집 사람들에게 말해서 뜨락을 깨끗이 쓸고 자리를 깔며 향불을 피우게 한 뒤 팔꿈치를 베고 잠깐 누웠다가 자는 듯 운명하니 때는 구월 보름날이었다.

홍생은 죽은 지 며칠이 지나도 얼굴빛이 조금도 변하지 않았다. 사람들은 홍생이 선녀와 인연을 맺어 신선이 된 것이라고 말하였다.

꿈에 본 남염부주[1]
南炎浮洲志

　성화[2] 초년 경주 땅에 박생이라는 학자가 있었다. 그는 유학에 뜻을 두고 항상 자기 자신을 격려하였다. 일찍이 태학관太學館에서 글공부를 하였건만 한 번도 과거에 합격한 적은 없었다. 때문에 항상 마음속으로 불평을 품고 있었으며 게다가 성격까지 호방하여 어떤 권력 앞에서도 좀처럼 머리를 숙이려고 하지 않았다. 사람들은 그를 교만하고 편협하다고 여겼으나 그가 사람을 대하는 태도는 아주 솔직하고 너그러웠기 때문에 그 지방 사람들은 모두 그를 찬양해 마지않았다.

　박생은 일찍부터 부처니 무당이니 귀신이니 하는 미신에 대하여 의문을 품고 있었지만 그에 대한 명확한 결론을 얻지 못했다. 그러다가 《중용中庸》을 연구하고 《주역周易》 '계사전繫辭傳'을 공부한 뒤에야 그런 말이 모두 거짓이라는 자신을 갖게 되었다.

---

1) 남염부주는 고대 인도 전설에 나오는 가상의 섬나라 이름. 수미산須彌山 남쪽에 있다고 하는데 사대부주四大部洲 중의 하나다.
2) 성화成化는 명나라 헌종憲宗의 연호로 1465년부터 1487년까지이다.

그러나 박생은 품성이 너그러워 중들과 인간적으로 사귀기도 하였다. 이는 옛날 선비 한유[3]가 승려 태전太顚과 사귀고 작가 유종원[4]이 손 상인과 사귄 것과 같은 것으로, 박생에게 이러한 친구는 두서너 명에 불과하였다. 승려들도 박생이 원래 문학을 좋아하는 까닭에 일정하게 통하는 점이 있었다. 말하자면 승려였던 혜원[5]이 문사인 종병이나 뇌차종들과 같이 놀았으며 지둔[6]이 왕희지나 사안들과 교제하던 일과 같아서 이들의 사이는 조금도 꺼릴 것이 없을 만큼 아주 가까운 친구가 되었다.

하루는 박생이 승려에게 천당과 지옥에 대한 이야기를 들었다. 아무리 들어 봐도 여전히 풀리지 않는 의문이 생겼다. 세계란 원래 음과 양이라는 대립되는 두 세력의 운동 법칙이 움직일 뿐인데 어찌 이 세계 밖에 또 다른 세계가 있단 말인가. 이는 반드시 요괴한 거짓말이라고 간주하였다. 그래 승려에게 좀 따져 되물어 보았더니 승려 역시 명확한 답변을 하지 못하였다. 다만 이생에서 쌓은 죄와 복이 저승에서 보답을 받게 된다는 '화복향응설禍福響應說'로 대답할 뿐이었다. 박생은 아무래도 그 말에 수긍할 수 없었다.

그리하여 박생은 일찍이 한 편의 글을 써서 스스로 자기 견해를 다졌는데, 이는 그 어떤 다른 견해에도 동요되지 않기 위해서였다.

---

3) 한유韓愈는 중국 당나라 때 유학자로 불교를 반대하였으나 승려 태전과 친교가 있었다.
4) 유종원柳宗元은 당나라 때 작가로 불교를 반대하는 입장이었으나 손 상인巽上人과 친하게 지냈다.
5) 혜원慧遠은 중국 진晉나라 때 승려로 종병宗炳, 뇌차종雷次宗 등과 백련사白蓮社를 조직하였다.
6) 지둔支遁은 중국 진나라 때 승려로 자는 도림道林이다. 명필 왕희지王羲之와 시인 사안謝安 등과 친하게 지냈다.

그가 쓴 글의 요지는 대략 다음과 같았다.

"일찍이 듣건대 세계의 '이理'는 하나일 뿐이다. 하나란 무엇인가? 둘이 없다는 말이다. '이'란 무엇인가? '성性'일 뿐이다. '성'이란 무엇인가? 하늘로부터 주어진 것이다. 하늘이 음양오행陰陽五行으로 만물을 마련할 제 '기氣'로 형태를 만들고 '이'도 동시에 주었다.

이른바 '이'란 것은 일용 사물에 있어서 모든 것이 일정한 조리가 있는 것을 말함이다. 부자간으로 말하면 친의를 극진히 하여야 하며, 군신간으로 말하면 충의를 극진히 하여야 하며, 부부간이나 벗에 있어서도 각기 응당 행하여야 할 도리가 있는 법이다. 이것이 바로 '도'다. 다시 말하면 마음에 주어진 '이'가 우리의 실천에 구현된 것이다. 그러므로 '이'를 따른다면 어디서나 잘못됨이 없으나 '이'를 거슬러 '성'에 어긋난다면 재앙이 미친다. '이'를 연구하고 '성'대로 실천하는 것은 생활의 법칙을 밝혀내는 것이며, 사물을 연구하여 지식을 이룩하는 것도 이 생활의 법칙을 알아내는 문제다.

사람이 생겨날 제 마음을 소유하지 않은 이가 없으며 이러한 '성'을 타고나지 않은 이가 없다. 그뿐 아니라 세계의 모든 사물도 이러한 '이'는 다 가지고 있는 것이다. 따라서 사람들이 이 영리한 마음으로 본디 그러한 '성'을 따라서 사물을 대할 때에는 그 '이'를 연구하고 사건을 대할 때에는 그 근원을 규명하여 극단에 도달하면 세계의 모든 '이'가 명확하게 드러나지 않는 것이 없으며 명확하게 밝혀진 그 '이'가 마음속에 분명하게 인식될 것이다.

 이렇게 미루어 나가면 자연과 사회에서 일어나는 모든 현상이 포괄되지 않는 것이 없으며 파악되지 않는 것이 없을 것이다. 이로써 천지 사물에 비추어 보아도 어긋남이 없으며 귀신에게 물어보아도 의혹될 것이 없으며 고금 역사에 맞추어 보아도 모순이 없을 것이다.

 선비가 할 일이란 여기에 그칠 뿐이다. 세계에 무슨 두 가지 진리가 있단 말인가. 저 이단 잡설들을 나는 믿을 수 없다."

 박생이 하루는 자기 방에서 밤늦도록 등불을 돋우어 가며《주역》을 읽다가 잠깐 베개를 베고 누웠다가 설핏 잠이 들었다. 그는 비몽사몽간에 한곳에 이르렀다. 뜻밖에도 넓은 바다 가운데 있는 한 섬나라였다. 풀도 나무도 없으며 모래도 흙도 없는 곳으로 발에 밟히는 것은 모두가 구리 아니면 무쇠 덩이였다. 낮에는 이글이글 타는 불꽃이 하늘까지 뻗쳐올라 온 누리가 불도가니처럼 녹아내리더니 밤이 되면 음산한 찬바람이 서쪽 하늘에서 불어와 사람들의 뼈와 살을 에는 듯 도무지 추위를 견딜 수 없어 사지가 부들부들 떨렸다. 이 섬나라의 주위에는 무쇠로 된 낭떠러지가 바다 기슭을 따라 성벽처럼 둘러서 있는데 한쪽에만 어마어마한 철문이 있을 뿐이었다. 그 철문에는 자물쇠가 굳게 잠겨 있고 포악한 이빨을 드러낸 문지기가 창과 철퇴를 휘두르면서 사면을 두루 살피고 있었다.

 성벽 안에는 사람들이 모두 무쇠로 지은 집에서 살고 있었다. 낮이면 활활 타오르는 불덩이 속에서 모진 단련을 받다가 밤이면 얼음장 속에서 꽁꽁 얼어붙는다. 다만 아침과 저녁에만 사람들이 웅성거리며 서로 지껄이고 히히덕거리는 소리가 들릴 뿐이었다. 그러나 그들에게는 이런 생활이 예삿일처럼 되어 있었다.

박생은 너무나 이상스러운 광경에 놀라서 한참 동안 어쩔 줄을 몰랐다. 바로 이때였다. 문지기가 박생을 노려보더니 앞으로 오라는 것이었다. 박생은 황겁하여 명령을 어기지 못하고 허리를 굽실거리며 문 앞으로 다가갔다. 문지기는 창날을 번쩍 추켜세우면서 소리 질렀다.

"그대는 어떤 사람이냐?"

박생은 부들부들 떨면서 간신히 대답하였다.

"조선국 경주 땅에 사는 박생인데, 일개 옹졸한 선비로서 외람히 영계靈界의 위엄을 범하였으니, 죄는 죽어 마땅하나 관대히 용서하여 주십시오."

박생은 거듭 절하면서 자기의 걸음이 당돌하였다고 애걸복걸하였다. 그랬더니 문지기는 도리어 못마땅하게 여기면서 말하였다.

"선비는 위력 앞에서도 굴하지 않는다고 들었거늘, 어째 이렇게 굽실거리오? 우리는 학식 있는 선비를 만나 보려고 한 지가 오래였소. 우리 왕께서도 그대 같은 사람을 만나면 조선 땅에 한마디 전하려는 말씀이 계실 듯하오. 조금만 앉아 기다리오. 내 우리 왕께 그대가 왔다는 것을 여쭙겠소."

말을 마치자마자 안쪽으로 달려갔다. 얼마 뒤에 그가 나오더니 박생에게 부탁하였다.

"왕께서 그대를 편전에서 접견하시겠다 하시니 그대는 마땅히 정직한 말로 잘 말씀드리오. 존엄 앞이라 하여 떨지 말고. 그리하여 우리 나라 백성들에게도 좋은 말을 많이 들려주도록 하시오."

또 문지기의 뒤를 따라 검은 옷을 입은 아이와 흰옷을 입은 아이가 각기 손에 명부 책을 들고 나왔다. 한쪽은 검은 바탕에 푸른색 글자를 썼고 한쪽은 흰 바탕에 빨간색 글자를 썼는데 아이들이 명부 책을 가져다 박생의 좌우에 펼쳐 놓고서 보여 주었다. 박생이 무심코 그 책을 들여다보았더니 뜻밖에 빨간색 글자로 쓴 책에 자기 이름이 적혀 있었다.

"현재 조선국에 사는 박 아무개는 현생에서 죄가 없으므로 이 나라 백성이 될 수 없다."

박생은 이상하게 여기면서 물었다.

"이 책을 나에게 보이는 것은 무슨 까닭인가?"

"검은 책은 악한 자의 명부이며 흰 책은 선한 자의 명부입니다. 이름이 흰 책에 적힌 자는 왕께서 선비를 맞이하는 예절로 대우하고 검은 책에 이름이 오른 자는 비록 죄를 주지는 않더라도 노예와 다름없이 취급합니다. 왕께서 선비님을 만나시면 성의를 다하여 후대하실 겁니다."

그 아이는 이렇게 설명하더니 부리나케 명부 책을 거두어 가지고 들어가 버렸다. 얼마 뒤에 화려한 수레가 한 채 나왔는데 수레 위에는 연꽃 형상으로 만든 방석이 놓여 있었다. 채색옷을 입은 동남동녀들이 먼지떨이를 들고 일산을 들고 따르는 한편 나졸들은 창을 휘둘러 길을 비키라고 연신 외치면서 나온다.

박생이 고개를 들고 바라보니 앞에는 세 겹으로 싸인 무쇠 성벽이 둘려 있고 저쪽 황금산 아래에는 궁궐이 우뚝 솟아 있다. 무시무시한 불기둥이 하늘에 닿을 듯이 타오르고 있으며 그 안이 온통 화염에 휩싸여 시뻘건 쇳물이 끓어넘치고 있었다. 길거리에는 사람들이 모두 화염 속에서 녹아 흐르는 구리물과 무쇠를 진흙 밟듯 밟고 다녔다. 그러나 박생이 지나가는 앞길 수십 보쯤 되는 거리만은 평탄할 뿐 아니라 흐르는 쇳물과 튀어 오르는 불꽃도 없었다. 이는 오직 박생을 맞이하기 위한 신통력의 조화였던 것이다.

박생이 왕궁에 들어서니 여기는 사대문이 활짝 열려 있고 못과 정자와 누각이 모두가 인간 세계의 것과 다를 것이 없었다. 아리따운 처녀 둘이 나오더니 박생에게 얌전히 인사를 드리고 박생을 부축하여 궁전으로 들어갔다. 왕은 통천관[7]을 쓰고 문옥대[8]를 띠고 수레에 실려 섬돌 아래로 내려와 박생을 맞이하였다. 그러나 박생은 땅바닥에 꿇어 엎드린 채 감히 우러러보지 못하였다. 왕이 말하였다.

"나라가 다른 까닭으로 서로 내왕이 없었소. 학식 있는 선비가 어찌 궁전 앞이라 하여 이다지도 몸을 굽히오?"

왕은 박생의 소매를 잡고 전殿 위에 올라갔다. 왕은 박생을 위하여 따로 마련한 의자를 내어 권하는데, 옥으로 난간을 만든 황금 의자였다. 자리에 앉은 뒤 왕은 시중꾼에게 다과를 가져오라고 분부했다. 박생이 곁눈으로 살펴보니 그들이 말하는 차란 구리물이요, 과자란 무쇠 덩어리인 듯하였다. 박생은 몹시 놀랍고 두려운 생각이 들었으나 피할 길이 없는 터라 그들이 하는 대로만 보고 있었다. 허나 정작 차반이 들어오고 보니 향기로운 차와 아름다운 과일들이었다. 그윽하고 좋은 향기가 온 방 안에 가득 풍겼다. 다과를 먹고

---

7) 통천관通天冠은 옛날 귀족들이 수레를 타고 외출할 때에 쓰던 관.
8) 문옥대文玉帶는 옛날 귀족들이 띠던 옥대.

난 다음 왕은 박생에게 말하였다.

"선비는 이곳을 알고 있는지? 이곳은 염부주라는 곳인데 궁전의 북쪽 산이 바로 옥초산[9]이로다. 이 섬나라가 천지의 남쪽에 있는 까닭에 남염부주라고 한다. 염부라고 하는 것은 화염이 이글이글 타올라 항상 허공에 떠 있기 때문이다. 나의 이름은 염마焰魔인데 이는 '화염이 어루만져 준다.'는 뜻이로다. 내 이 땅에서 왕이 된 지 벌써 만여 년이 되노라. 이제는 나이도 많거니와 신통력이 늘어서 마음먹은 일이면 안 되는 것이 없으며 뜻 두어 하고자 하는 일이란 모두가 사리에 맞지 않는 것이 없도다.

옛날 창힐[10]이 글자를 만들 때도 우리 백성을 보내서 기초하여 주었고 구담[11]이 성불할 적에도 우리 부하를 파견하여 그를 도와주었노라. 그러나 삼왕[12]과 주공,[13] 공자에 대해서는 그들이 자신의 힘으로 갈 길을 훌륭히 닦았거니와 나 역시 그들 앞에서는 발붙이지 못하였노라."

"주공과 공자, 구담은 어떤 사람들인지요?"

"주공과 공자는 중국의 문물이 빛나던 시대의 성인이요, 구담은 서역의 간흉한 세상에 나타난 성인이로다. 세상이 비록 깨었다고는 하나 성품이 순박한 이도 있고 불순한 이도 있기 때문에 주공

---

9) 옥초산沃焦山은 고대 전설에 나오는 산 이름. 바닷속 섬나라에 있는 산으로 그 아래에 아비지옥이 있다고 한다.
10) 창힐蒼頡은 황제黃帝의 신하로 문자를 처음 만든 사람이라고 한다.
11) 구담瞿曇은 인도의 불교 교조인 석가모니를 가리킨다. 본래 성이 구담씨였다.
12) 삼왕三王은 중국 고대의 어진 왕인 우禹 임금, 탕湯 임금, 문왕文王을 가리킨다.
13) 주공周公은 중국 주나라 문왕의 아들로서 성왕成王을 도와 공로를 세웠다고 하여 성인이라고 한다.

과 공자가 나타나 그들을 바로잡아 주었고 간흉한 무리들이 비록 몽매하기는 하나 기질이 영리한 이도 있고 우둔한 이도 있는 까닭에 구담이 그를 깨우쳐 주었도다.

주공과 공자의 가르침은 바른 이치로 간사한 것을 바로잡는 것이었고 구담의 설법은 간사한 것을 문제로 설정하여 간사한 것을 치도록 한 것이었도다. 바른 이치로 간사한 것을 바로잡으려고 하였기 때문에 그의 말은 정직하며, 간사한 것을 문제로 설정하여 간사한 것을 치도록 하였기 때문에 그의 말은 황당할 수밖에 없도다. 그러므로 정직한 것은 군자들이 따르기 쉽고 황당한 것은 소인들이 믿기 쉽다.

그러나 두 교리의 궁극 목적은 모두 군자와 소인이 한결같이 바른길로 나아가도록 하는 것일 뿐이요 어디까지나 세상을 속여 백성을 우매하게 만들어 그릇된 길로 떨어지게 하려는 것이 아니었노라."

"그러면 귀신에 대한 견해를 듣고자 합니다."

"귀鬼란 음의 신령이며 신神이란 양의 신령인데 모두 천지조화의 자취이며 기의 두 측면인 음과 양의 본능이다. 살아 있는 것을 사람이라 하고 죽은 것을 귀신이라 하나 그 이치는 다를 것이 없다."

"인간 세상에서는 귀신에게 제사를 지내 주는 일이 있는데, 그러면 제사를 지내 주는 귀신과 천지조화의 귀신이 서로 다른 점이 있는지요?"

"다를 것이 없으니, 선비는 옛 유학자가 '귀신은 형체도 없고 소리도 없으나 사물의 시작과 종말은 모두 음과 양에 응결되거나 분산되는 행위'라고 한 말을 어찌 보지 못했는고? 그러기에 하늘과 땅에 제사 지내는 것은 음양의 조화에 경의를 표시하는 일이요, 산이나 내에 제사를 지내는 것은 기의 조화와 그 혜택에 감사의 뜻을 드리는 것이요, 조상에게 제사 지내 근본을 갚는다는 것이나 잡신에게 제사 지내어 재화를 면한다는 것도 모두 사람들로 하여금 경의를 표현하게 하는 것일 뿐이다.

어떤 형체나 바탕을 갖추고 있는 귀신이 망령되게 인간에게 화복을 주는 것은 아니다. 다만 사람들이 자기 마음속으로 봄에 풀이 돋아나면 신의 힘이 포근한 듯이 여기며 가을에 서리가 내리면 신의 힘이 싸늘한 듯이 여기고 제사 지낼 때는 신의 음성이 귀에 들리는 듯 여길 뿐이다. 공자가 '귀신에 대해서는 경의를 표하면서 멀리하라.' 한 것도 바로 이를 두고 말한 것이리라."
"세상에는 흔히 사납고 요괴한 도깨비가 있어 인간을 해치거나 만물을 미혹시킨다고 하는데 이런 것도 또한 귀신이라고 하는지요?"
"귀란 움츠러든 것이요, 신이란 펴진 것이다. 움츠러들었다 펴지는 것은 조화의 신이요, 움츠러들었다가 펴지지 못하는 것은 울결된 요물이다. 신은 자연의 조화와 합치되기 때문에 음과 양의 변화에 따라다니며 자취가 없는 것이나, 귀는 울결되어 맺혀 있기 때문에 인간이나 동물을 가릴 것 없이 원한이 서리어 형체가 나타난 것이다. 산에 있는 요물은 산 귀신이요, 물에 있는 요물은 물귀신이요, 수석의 괴물은 용망상龍罔象이요, 목석의 괴물은 기망량夔魍魎이요, 남을 해치는 건 여귀厲鬼요, 남을 괴롭히는 건 마귀魔鬼요, 남에게 붙어 다니는 건 요귀妖鬼요, 남을 매혹시키는 건 매귀魅鬼라, 이런 것들이 모두 귀다. 음양의 조화로 헤아리기 어려운 것이 신이다. 그러므로 신이란 미묘하게 작용한다는 말이요, 귀란 근본으로 돌아간다는 말이다. 자연이나 인간이 한가지 이치라 나타나고 사라지는 것은 서로 다른 게 아니다. 따라서 근본으로 돌아가는 것을 고요함이라 하며 원형대로 복구되는 것을 떳떳함이라 하니 이렇게 계속 변화를 일으키나 변화하는 자취를 헤아리기 어려운 것이다. 이것을 일러서 '도'라고 한다. 때문에 '귀신의 본성은 아주 다양하다.'고 한 것이다."
박생은 또 다음과 같은 문제를 제기하였다.
"제가 언젠가 불교를 믿는다는 자들에게서 들은 것이 있습니다. 그들의 말에 의하면 '천상에는 천당이라는 안락한 곳이 있고, 지하에는 지옥이라는 고통스러운 곳이 있어 지옥의 열 명의 왕이 열여덟 개 옥에 갇혀 있는 죄수들을 국문한다.'고 하던데 이런 일이 과연 있는지요? 또 그들은 사람이 죽은 지 칠 일 만에 불공을 드리고 재를 올려 죽은 이의 영혼을 위로하고 지옥 왕에게 기도하며 종이돈을 불살라 죽은 이가 지은 죄를 씻어 달라고 야단이랍니다. 과연 이렇게 하면 죽은 이가 포악한 사람일지라도 지옥 왕은 용서해 준단 말인가요?"
왕은 깜짝 놀라면서 이야기를 계속하였다.
"난 그런 말은 들은 적이 없다. 옛사람의 말에 '음과 양으로 조화되는 것이 도이고, 열리고 닫히는 것이 변화이고, 끝없이 생장하는 것이 발전이며 꾸준하고 허위가 없는 것이 진실이다.' 하였으니, 그렇다면 어찌 이 우주 밖에 다시 다른 우주가 있으며 이 세계 밖에 또 다른 세계가 있단 말인가?

왕이란 만백성이 우러러보는 자에 대한 칭호라. 삼대 이전에는 모든 백성의 주인을 왕이라 하였을 뿐 다른 칭호는 없었으니 그러기에 공자가 《춘추》를 편찬하여 백대의 제왕이 바꿀 수 없는 큰 법을 마련하면서도 주나라 종실을 높여 왕이라 하지 않았던가. 그래서 왕이란 칭호보다 더 높은 칭호가 있을 수 없었다.

그런데 진나라 시황이 육국을 엎고 사해를 통일하더니 제 딴에는 도덕이 삼황을 겸하고 공로가 오제보다 높다고 하여 '황제'라고 일컬었도다. 이때에는 벌써 외람히도 제멋대로 왕이라고 일컫는 이들이 있었나니 저 위나라의 왕, 양나라의 왕, 초나라 왕이니 하는 자들이 그런 예다. 이로부터 왕이라는 명분이 무질서해져 문왕, 무왕, 성왕, 강왕과 같은 존엄한 칭호가 땅에 떨어지고 말았다.

이와 같이 무지한 세상, 외람 무쌍한 인정세태에서는 아예 말할 것이 없으나 신성한 세계에서는 아직도 질서가 엄연히 서 있는 터인데 어째 한 나라 안에서 왕이 저처럼 많을 수 있단 말인가. 선비는 하늘에는 해가 둘이 있을 수 없고 나라에는 왕이 둘이 있을 수 없다는 말을 듣지 못했던가. 그런 허튼소리는 믿을 것이 못 된다.

더구나 재를 올려 죽은 넋을 제사 지내고 지옥 왕에게 기도하며 돈을 태운다는 이야기는 더더구나 무슨 수작인지 나로서는 깨닫지 못할 일이로다. 선비는 이왕 말이 나왔으니 세속 사람들의 허황하고 망령된 짓들을 좀 더 자세히 들려줄지어다."

박생은 이 말을 듣고 그도 그럴 것이라고 여기면서 옷깃을 여미고 생각을 서슴지 않고 털어놓기 시작하였다.

"세속 사람들은 부모가 죽은 지 사십구일이 되면 존비귀천을 가릴 것 없이 초상 장례의 예절은 젖혀 놓고 그저 부처 앞에 기도하는 것을 제일 큰일인 듯이 여긴답니다. 그중에서도 부자들은 엄청나게 많은 재물을 낭비하여 남의 이목을 놀라게 하며 가난한 자들도 토지를 팔며 집까지 다 팔고도 모자라 빚을 내고 곡식을 꾸어 대는 판이랍니다.

이리하여 그들은 종이를 오려 금줄을 늘이고 비단을 오려 꽃을 만들며 중들을 불러다 놓고 복주머니처럼 쳐다보며 우상을 세워 놓고 천사처럼 우러러보고 염불을 떠벌리며 주문 외기를 새가 지저귀듯 쥐가 찍찍거리듯 한답니다. 이렇게 아무런 뜻도 없는 짓만 한답니다. 그래 상주가 된 자는 아내를 데리고 오고 자식을 데리고 오며 게다가 친척 친구들까지 모조리 초청하여 절간으로 모여들기 때문에 사내 계집들의 난잡한 행동은 말할 것도 없거니와 심지어는 대소변도 가리지 못해서 사방에다 질펀하게 싸 놓는 판이랍니다. 이래서 마침내 깨끗한 절간을 뒷간 같은 오물 구덩이로 만들며 조용하던 절간을 장마당보다 시끄러운 난장판으로 만들어 버리는 것입니다.

어찌 이뿐이겠습니까. 또는 열 명의 저승 왕을 부른다고 하면서 온갖 음식을 차려 놓고 신풀이를 하며 종이돈을 태우면서 속죄 풀이를 한다는 것입니다. 모르기는 하지만 만일 그 지옥 왕이 있다손 쳐도 그가 예절이나 의리를 돌아보지 않고 제 배만 채우기 위하여 주는 대로 다 받아 삼키겠는지요? 아니면 그 실정을 조사하여 법에 의해 처단을 내리겠는지요?

이 점이 저로서는 가장 분하고 원통하게 여기는 바입니다. 차마 말을 다 못할 형편입니다. 저를 위해 잘 해명해 주시기를 바랍니다."

"어허, 불쌍하구나! 그럴 수가 있단 말인가. 사람이 살아 있다는 것은 하늘이 숨 쉴 구멍을 주고 땅이 먹을 것을 길러 내 주며 임금이 법으로 다스리고 스승이 도덕으로 교양하며 어버이가 자애로 길러 주었기 때문이다. 그러므로 오륜이 차례가 있어야 하고 삼강이 문란해지지 말아야 할 것이다. 이를 따르면 복이 올 것이요, 이를 거역하면 화를 입을 것이다. 복과 화는 사람들이 할 탓이니라. 그리고 사람이 죽는다는 것은 곧 육체와 정신이 흩어져 우주 공간에 퍼지면서 본래대로 환원하는 것이거늘 알지 못하는 어떤 곳에 알지 못하는 그 무엇이 남아 있다고 할 수 있겠는가.

다만 원한에 맺힌 넋이나 횡액을 당한 귀신이 제때에 사라지지 못하고 그 기가 펴지지 못해서 혹은 싸움터나 거친 벌판에서 울부짖거나 혹은 억울한 죽음으로 원한이 맺힌 집구석에서 흐느껴 우는 일이 간혹 있다손 치더라도 이는 혹 무당을 시켜 치성을 드리거나 혹 사람들에 의하여 원한을 풀어 주면 그 정신이 제때에 사라지지 않았다가도 끝내 흔적 없이 사라지고 마는 것이다. 그러니 어찌 사람의 넋이 저승에서도 형체를 갖추어 나타나서 지옥의 형벌을 받게 된다고 할 수 있겠는가. 이 점은 사물의 이치를 아는 자라면 마땅히 짐작할 수 있을 것이다.

심지어 부처 앞에 재를 올리고 지옥 왕에게 제사를 지내는 짓은 더욱 터무니없는 짓이니라. 원래 재란 말은 깨끗이 한다는 뜻으로 깨끗하지 못한 것을 깨끗이 만들기 위하여 재를 올리는 것이요, 부처란 맑고 깨끗하다는 뜻이며 왕이란 존엄한 위치를 일컫는 칭호인지라, 왕이 사치한 수레를 요구하고 금을 탐내던 사실은 《춘추》에서도 비판하지 않았던가. 대체로 사치스럽게도 금을 사용하고 비단만을 사용하려는 버릇은 한나라와 위나라에서 시작된 일이었을 뿐이니, 어찌 맑고도 조촐한 신으로서 속세 인간들의 공양을 기꺼이 받으며, 존엄한 왕으로서 죄인들의 뇌물을 받겠는가. 더구나 저승의 귀신들로서 어떻게 인간의 형벌을 좌우한단 말인가. 이것 역시 사물의 이치를 잘 아는 선비라면 으레 짐작할 수 있을 것이니라."

"인생이 윤회하여 이승에서 죽으면 저승에서 다시 태어난다는 것은 무슨 말인지 묻겠습니다."

"정기와 영혼이 미처 사라지기 전에는 흔히 윤회하는 듯이 생각할 수 있으나 시일이 오래되면 마침내 흩어지고 사라져 버릴 뿐이다."

"그럼 왕께서는 무슨 까닭으로 이런 이상한 세상에 살면서 왕의 자리를 지키고 계시는지요?"

"나 말인가? 나 역시 인간 세상에 살 적에는 왕에게 충성을 다 바치던 사람이었다. 한 번은 격분에 못 이겨 원수를 치다가 마침내 뜻을 이루지 못하여 내 맹세하기를, '죽어 사나운 귀신이 되어서라도 기어코 원수를 갚으리라.' 하였더니 나의 염원이 허사로 되지 않고 나라에 대한 충성심은 여전히 살아 있는지라 그래서 이 사나운 세상의 왕이 되었다.

이제 이곳에 살면서 나의 통제를 받는 자들은 모두 전날에 임금을 죽였거나 아비를 죽인 놈, 동료를 모해하였거나 백성들을 학살한 놈 등 이러저러한 간악한 무리들이다. 그들은 여기에서 내 통제를 받으며 자신의 죄과를 깨닫고 자기를 개조하려는 자들이다. 그러기에 정직하고 사심이 없는 자가 아니고서는 단 하루도 이곳에서 왕 노릇을 할 수 없다. 내 들으니 그대는 마음이 정직하고 뜻이 굳어 인간 세상에서 자기 몸을 굽힐 줄 모른다 하니 그대는 참으로 뛰어난 인재라 하겠다. 그러나 그대는 인간 세상에서 한 번도 뜻을 펴 보지 못하였으니 그야말로 찬란한 백옥이 티끌 속에 묻히고 야광 명월주가 깊은 물속에 잠겨 있는 격이로다. 어진 장인바치를 만나지 않는다면 누가 지극히 귀중한 보물인 줄 알아주겠는가. 어허, 애석한 노릇이다.

 내 이젠 시운이 다되어 이 자리를 그만두려고 하거니와 그대 역시 명수命數가 다되어 오래지 않아 쑥대밭 속에 묻히고 말 것이니, 이 나라를 맡아 다스릴 자가 그대가 아니고 또 누구겠소."
왕은 이렇게 말하면서 연회를 열고 박생과 만나게 된 것을 한없이 즐거워하였다. 왕은 계속 박생에게 삼한 이후 조선의 흥망성쇠에 관한 역사의 자취를 묻기에 박생은 이를 낱낱이 이야기하였다. 이야기의 실마리는 고려 왕조가 창건되던 당시의 사실에 미치게 되었다. 왕은 갑자기 두서너 번이나 한숨을 지으면서 다음과 같이 말을 계속하는 것이었다.
"나라를 다스리는 자는 폭력으로 백성들을 억압해서는 안 되느니라. 백성들이 비록 겁을 먹고 두려워하면서 따르는 것 같으나 그들의 마음속에는 반항심을 품고 있으니 이것이 날로 쌓이고 달로 쌓이면 마침내 터질 것이로다. 그때에 가서는 왕권이란 한갓 봄바람에 얼음처럼 녹아 버리고 말 것이니라.

 그러므로 덕이 있는 자는 권력으로 왕위에 나가지 않는다. 하늘이 비록 이렇다 저렇다 말을 하지는 않지만 행사로 보여 주니,

처음부터 끝까지 상제의 명령이란 엄격한 것이다. 대체로 나라라는 것은 백성의 나라이며 명이라는 것은 하늘의 명이다. 하늘의 명이 떠나고 민심이 떠나면 비록 자기 한 목숨인들 어떻게 보전할 수 있겠는가?"

박생은 다시 또 인간 세상의 역대 왕들이 괴이한 불교를 신봉하면서 황당하고 요망스러운 일들을 저지르는 데 대하여 왕에게 들려주었다. 왕은 이맛살을 찌푸리면서 말을 이었다.

"백성들이 안락한 생활을 누리면서 태평가를 부르는 시기임에도 수재와 한재가 겹쳐 드는 경우는 하늘이 왕에게 더 한층 삼가고 조심하라고 격려하는 것이오. 백성들의 원한이 치솟아오를 때임에도 이상한 상서가 나타나는 경우는 왕에게 교만하고 망나니 같은 행동을 더 한층 촉진시키기 위한 것이다.

또 지난날의 역대 왕의 일을 두고 보라. 상서로운 징조가 나타났던 시기가 과연 백성들이 안락한 생활을 누리던 때였던가, 혹은 원한을 부르짖던 때였던가?"

"요즘 인간 세상에는 간악한 신하들이 개떼처럼 설치고 날뛰며 큰 난리가 계속 일어나는데도 윗자리에 앉은 자들은 협박과 힘으로 제 딴에는 착한 일을 하는 듯이 가장하여 부질없는 명예만 탐내고 있습니다. 허나 그들이 어찌 그대로 견뎌 낼 수 있겠습니까? 세상은 반드시 뒤엎어지고 말 것입니다."

왕은 한참 동안 말이 없더니,

"그대 말이 옳도다."

하고 악착스러운 인간 세상의 일을 개탄하였다. 연회가 끝나자 왕은 박생에게 왕위를 넘겨주려고 친히 다음과 같은 조서를 내렸다.

"남염부주 이곳은 실로 거칠고 사나운 나라여라. 우 임금의 자취[14]도 이르지 못한 곳이요, 주 목왕의 여덟 마리 준마[15]도 찾아오지 못한 곳이로다.

불 같은 구름이 해를 가리고 독기 어린 안개가 하늘에 뻗쳤어라. 목마르면 이글이글 끓어 번지는 쇳물을 마시고 배고프면 활활 타오르는 쇳덩이를 삼키나니, 야차나 나찰[16]이 아니고서는 발붙일 곳이 없고 허깨비나 도깨비가 아니고서는 기를 펴지 못하리로다. 천 리에 불로 된 성벽이 둘러 있고 만 겹으로 쇠 지옥이 둘러쌌다. 민속이 포악한지라 정직한 이가 아니면 옳고 그름을 분별할 수 없으며, 지세도 험악한지라 신비로운 위력이 아니면 덕화를 베풀지 못하리로다.

아, 그대 조선국 박생은 정직하고 사심이 없으며 꿋꿋한 절개 변할 줄이 없어라. 빛나는 바탕을 간직하였고 어리석음을 깨우쳐 줄 재간을 가졌구나. 생전에 비록 부귀영화를 누리지 못했을망정 사후에 덕화를 펴고 세상을 바로잡으리로다. 억조 중생이 길이 우러러볼 자, 그대 아니고 누구랴? 마땅히 덕을 닦고 예절을 높여 만백성을 착한 길로 인도할지며 몸소 실천하고 마음으로 체득하여 온 세상을 평화로운 나라로 구원할지로다. 하늘에 짝하여 거룩한 표상으로 되며 요 임금을 본받고 순 임금을 이으라. 내 자리를 물려주노니 아, 삼가고 힘쓸지로다!"

---

14) 중국 고대의 왕인 우 임금이 치수 사업을 하느라고 온 천하를 돌아다녔다는 의미에서 썼다.
15) 목왕穆王은 중국 주나라의 왕으로, 그가 기르던 여덟 마리의 말은 빠르기로 유명했다.
16) 모두 불교에서 말하는 마귀의 이름이다.

박생은 조서를 받들고 황공무지하여 엎드려 사의를 표하는 절을 하고 일어섰다. 왕은 다시 그 나라의 신하들과 백성들에게 분부하여 박생에게 치하를 드리게 하고 박생을 태자의 예로 전송하도록 하였다. 왕은 또 박생을 향하여 격려하였다.

"오래지 않아서 다시 오게 될 것이다. 이번 걸음에 수고 많이 하였다. 우리들이 한 이야기를 인간 세상에 널리 전파하여 황당한 짓을 일소해 버리도록 하라."

박생은 거듭 인사하면서 사의를 표하였다.

"황공합니다. 거룩하신 명령을 만분의 일이라도 보답하겠습니다."

박생이 일어서서 궁문 밖을 나섰다. 바로 이때였다. 수레를 몰던 자가 발을 헛디뎌서 갑자기 넘어지더니 수레바퀴가 왈캉 뒤엎어졌다. 이 바람에 박생도 땅바닥에 나뒹굴었다. 깜짝 놀라서 일어서려고 하던 차에 문득 깨고 보니 모든 것이 한바탕 꿈일 줄이야! 눈을 비비고 주위를 살펴보니 책상 위에는 읽던 책이 그대로 널려 있고 외로운 등불만 가물거릴 뿐이었다.

박생은 한참 동안 정신을 차려 꿈속 일을 더듬어 보았다. 곰곰이 생각할수록 죽을 날이 멀지 않은 것 같았다. 박생은 이때부터 집안일을 정리하면서 딴 세상으로 떠날 것밖에 생각하지 않았다.

두어 달이 지난 뒤 박생은 병으로 누웠다. 그는 이젠 다시 일어나지 못할 것으로 짐작하고 의약을 물리치고 태연히 운명하였다. 그가 죽은 날 밤 이웃 사람들의 꿈에 어떤 신이 나타나서 이렇게 알려 주었다.

"너희들의 이웃에 살던 박생은 장차 염라대왕이 될 것이다."

용궁의 상량 잔치
龍宮赴宴錄

송도에 천마산天磨山이 있는데 깎아지른 듯한 봉우리들이 하늘 높이 솟아 있기에 이름도 하늘을 간다는 천마산이었으리라. 이 산 중턱에는 박연(瓢淵)이라는 큰 못이 있다. 좁기는 하나 깊이는 한없어 몇 길이나 되는지 헤아리기 어렵고 못물이 넘쳐흘러 폭포를 이루었는데 올려다보면 그 높이는 백여 길쯤 되어 보인다. 하도 경치가 아름답고 깨끗하여, 산수를 즐겨 떠도는 승려나 지나가던 나그네들이라면 으레 이곳을 찾아와서 유람한다. 이 못 속에서 용이 나타나 이상한 일을 저질렀다는 이야기[1]는 옛날부터 알려져 문헌에 기록되어 있거니와 나라에서는 해마다 여기에 제물을 차려 놓고 제사를 지내기도 하였다.

고려 때에 한생이라는 선비가 있었다. 그는 아직 젊었으나 문장에 능하여 이름이 조정에까지 알려졌고 사람들은 그를 글 잘 짓는 문사라고 불렀다. 어느 날 저녁 한생이 자기 방에 앉아 있을 때의

---

1) 고려 때 문종文宗이 못 안에 있는 바위 위에 올라섰을 적에 문득 풍랑이 일어나고 바위가 흔들렸는데 이영간이 글을 지어 용을 꾸짖었더니 풍랑이 멎었다는 이야기가 전한다.

일이었다. 문득 청도포를 입고 복두[2]를 쓴 낭관[3] 두 사람이 공중에서 내려오더니 뜰아래 엎드려,

"박연에 계신 용왕의 명령으로 선생을 모시러 왔습니다."

하고, 한생에게 가기를 청하는 것이었다. 한생은 뜻밖의 일이라 얼굴이 새파랗게 질려 깜짝 놀랐다.

"용궁과 인간은 길이생판 다른데 어떻게 서로 왕래할 수 있단 말인가? 또 물나라는 물길이 멀고 넓으며 물결이 사나울 터인데 내 어찌 갈 수 있겠는가?"

"이미 준비해 온 용마가 문밖에 기다리고 있으니 선생은 그런 걱정을 마시오."

두 사람은 이렇게 말을 하더니 공손히 한생을 부축하여 문밖으로 나갔다. 문밖에는 과연 용마가 대기하고 있었다. 금으로 꾸민 안장에다가 구슬로 만든 굴레를 메웠으며 황색 비단으로 치장한 날개 돋친 기린마였고 따르는 시중꾼들은 모두 십여 명이었는데 붉은 수건을 이마에 두르고 비단옷을 입은 자들이었다. 그들은 한생을 껴잡아 용마 등에 올려 앉혔다. 깃발과 일산을 든 자들은 앞장서서 나가고 풍악을 잡은 미인들은 뒤에서 따르고 낭관 두 사람은 홀[4]을 잡고 따라선다. 문득 용마가 하늘 높이 날아오르자 발아래는 다만 구름과 노을이 자욱할 뿐이요, 지상 세계가 어디에 있는지 보이지

---

2) 복두幞頭는 선비나 벼슬아치들이 머리에 쓰던 모자의 일종. 천으로 만들며 뒤에는 댕기를 늘인다.
3) 낭관郎官은 왕궁을 호위하며 왕의 시중을 들던 벼슬 이름.
4) 홀笏은 벼슬아치들이 손에 쥐고 다니던 패쪽. 상아, 옥돌, 대쪽 따위로 만들었는데, 상부의 지시를 받아 적는 데 사용하였다.

않았다.

행차는 순식간에 용궁 문 앞에 이르렀다. 한생이 용마에서 내려 주위를 살펴보니 문지기 역졸들은 게, 자라, 거북의 껍질로 만든 갑옷을 입었고 창과 칼을 메어 무장이 삼엄하였다. 그들의 눈초리는 한 치씩이나 찢어졌는데 한생을 보더니 일제히 머리를 숙여 인사를 드리면서 자리를 깔아 한생에게 쉬라고 하였다. 그들이 하는 짓이 모두 미리 대기하고 있었던 것이 분명하였다.

낭관 두 사람이 먼저 궁궐 안으로 달려가서 보고하자 이내 청의동자 둘이 나와서 한생의 손목을 잡고 안으로 인도하였다. 한생은 천천히 걸으면서 용궁 문루를 올려다보았다. 거기에는 함인문含仁門이라는 현판이 덩그렇게 걸려 있었다. 한생이 용궁 문을 들어서자마자 절운관[5)]을 젖혀 쓰고 칼을 차고 손에 간책[6)]을 들고 있던 용왕이 부리나케 섬돌 아래까지 내려와서 한생을 맞아들였다. 용왕은 뜰에 올라 전당에 들어서며 한생에게 앉기를 청하는데, 여기가 바로 수정궁 백옥상[7)]이었다. 한생은 허리를 굽히며 굳이 사양하였다.

"속세에 살던 미련한 인생으로 초목과 같이 썩어도 달게 여길 것이거늘 어찌 이렇게 존엄하신 자리 앞에 누를 끼치며 외람되게 거룩하신 총애를 받겠습니까?"

그러나 용왕은 말하였다.

"선생의 명망을 들은 지가 오래되었소. 이렇게 친히 오도록 하여

---
5) 절운관切雲冠은 옛날 사람들이 쓰던 관의 일종.
6) 간책簡册은 종이 대신 글을 쓰던 대 조각.
7) 수정궁水晶宮은 용궁에 있는 궁전의 이름이며, 백옥상白玉床은 흰 옥으로 만든 의자의 일종.

미안하나 지나친 의문을 품지 마시오."

용왕은 손을 들어 읍하고 앉기를 다시 권하였다. 한생은 세 번 사양하다 마지못해 자리로 나아갔다. 용왕은 남쪽을 향하여[8] 칠보 화상[9]에 앉고 한생은 서쪽을 향하여 앉았다. 이렇게 자리에 앉자마자 시종관이 들어오더니 손님이 오셨다는 말을 전한다. 용왕은 다시 일어나 문밖으로 나가서 손님들을 맞아들였다. 손님 세 사람은 홍포紅袍를 입고 채색으로 화려하게 꾸민 연[10]을 탔는데 그 차림새와 시중꾼의 행렬을 보아 어느 의젓한 왕의 행차가 분명하였다.

용왕이 그들을 맞이하여 전 위로 올라올 제 한생은 그대로 앉아있기가 거북하여 창가로 몸을 피하였다. 그들이 앉기를 기다려 인사를 드리려는 것이었다. 용왕은 세 손님더러 동쪽을 향해 앉으라고 권하면서 말하였다.

"마침 인간 세상에서 글 잘하는 선생을 한 분 모셔 왔으니 여러 분들도 의아해하지는 마시오."

부탁을 한 다음 사람을 시켜 한생을 가까이 오도록 하였다. 한생이 앞으로 나아가 예를 드리자 여러 손님들도 모두 머리를 숙여 답례하였다. 한생은 또 자리를 사양하였다.

"거룩하신 신령들 앞에서 저 같은 한낱 서생이 어찌 자리를 같이 할 수 있겠습니까?"

---

8) 옛날 조정에서 벼슬아치들이 좌석을 정할 때 왕은 남쪽을 향하여 북쪽에, 문관은 서쪽을 향하여 동쪽에, 무관은 동쪽을 향하여 서쪽에 앉았다.
9) 칠보 화상七寶華床은 일곱 가지 보물로 만든 용상. 칠보는 금, 은, 유리, 파리, 마노, 거거, 산호 등이며, 화상은 왕이 앉는 의자다.
10) 연輦은 옛날 임금이 타던 수레.

세 손님이 말하였다.

"양계와 음계[11]가 길이 달라 서로 사귀지는 못했지만 용왕께서는 위력이 지중하여 사람을 알아보는 예지가 밝으시니, 선생은 필시 인간 세상의 이름 높은 문장 대가임이 분명하오. 용왕이 명령하시는 바이니 지나치게 사양하지 마시오."

용왕은 모두들 앉으라고 권하였다. 세 손님이 좌정한 다음 한생은 몸을 굽히며 자리에 올라가 한쪽에 꿇어앉았더니, 용왕은 한생에게 편히 앉으라고 재삼 분부하는 것이었다. 좌정하고 차를 한 순배 돌린 뒤 용왕이 입을 열었다.

"나에게 오직 딸 하나가 있어 이미 머리를 얹었으나 이제 와서 혼사 잔치를 치르려고 하오. 허나 집이 너무 비좁고 누추하여 사위를 맞이할 만한 방이 없는지라, 그래 어쩔 수 없이 화촉 성전을 차릴 만한 집을 따로 한 채 짓는 중인데 그 집 이름을 가회각佳會閣이라 하였소.

장인바치들도 다 모여들었고 목재, 석재들도 다 갖추어졌으나 아직도 상량문[12]을 짓지 못했소. 내 들으니 수재[13]는 명망이 온 나라에서 뛰어나고 문필이 백가에 으뜸이라 하기에 특별히 초청해 왔으니, 부디 나를 위해 글 한 편을 지어 주기 바라오."

---

11) 양계陽界는 인간 세상이고 음계陰界는 귀신 세계, 곧 저 세상을 말한다.
12) 목조 건물을 지을 때 들보를 메어 올려서 대공 위에 거는 일을 '상량上樑'이라 하는데, 이때에 잔치를 열고 상량문을 지어 그 집의 행복을 축원하던 풍속이 있었다. 상량문은 사륙문四六文 형식을 취하며 마지막에 여섯 편의 한시 형식의 가요를 덧붙인다. 송가에 속한다.
13) 수재秀才는 젊은 선비를 일컫는 말.

용왕이 말을 끝내기도 전에 두 아이가 나타났다. 한 아이는 푸른 옥돌로 만든 벼루와 상강湘江의 반죽斑竹으로 만든 붓대를 들고 한 아이는 비단 한 필을 들고 와서 한생 앞에다 공손히 펴놓았다. 이윽고 한생이 절하고 일어나 앉아 붓대를 들었다. 먹을 흠뻑 찍어 생각이 떠오르는 대로 단숨에 내리갈기니, 그 필세는 바로 안개가 서리고 구름발이 피어오르는 듯 너무나 황홀하였다.

온 누리엔 용신이 거룩하고
인간 만사에선 배필이 지중토다.
이미 만물에 비를 내려 주었으니
어찌 복록을 누릴 경사 없을쏘냐.

원앙새 배필 만나
만대 누릴 시초 열고
나는 용 하늘에 올라
풍운 조화 일으킬 길을 닦았네.

이로 하여 궁궐 새로 짓고
가회각 이름 걸어
자라 거북 모여들어 역군 되었고
야광 명월주가 재목으로 되었구나.

수정 산호 기둥 삼고
용골 난간 들보 삼아

구슬발 걷어 거니 푸른 노을 서려 오고
옥 창문 여닫으니 흰 구름 머물레라.

정답고 화목할사
천추만대에 복록을 누리소서.
즐겁고 반가울손
대대세세에 후손을 늘이소서.

능히 풍운 변화를 가졌거니
길이 천지 조화를 도우리라.
천상에서 용궁에서
언제나 만백성의 염원을 풀어 주고

오르며 내리며
거룩한 님의 뜻 받자오리.
나래 펼쳐 천지간을 두루 거니니
위엄과 덕화가 사해에 퍼지리라.

자라 고기들도 춤추며 노래하고
목신 산신들도 차례로 치하하네.
지화자 좋구나 단가를 지어라.
화려한 들보 위에 더덩실 걸어 두세.

어여차, 들보여, 동쪽을 바라보라.

붉고 푸른 산봉우리 반공에 솟았구나.
하룻밤 우렛소리 골짜기를 들레더니
온 벼랑 쏟는 물이 구슬인 듯하여라.

어여차, 들보여, 서쪽을 바라보라.
오솔길 바위 숲에 산새도 노래하네.
맑고 깊은 저 못물은 몇 길이나 되느뇨.
치런치런 봄 물결이 거울처럼 비쳐 드네.

어여차, 들보여, 남쪽을 바라보라.
십 리 길 솔숲에 푸른 노을 서려 있네.
장하구나 이 궁전을 그 누가 몰라보랴.
유리처럼 맑은 물에 그림자만 잠겼어라.

어여차, 들보여, 북쪽을 바라보라.
아침 해 스며들어 물빛 더욱 아롱지네.
삼백 필 흰 비단 펴서 가로 걸었더냐
아마도 천상 은하수가 거꾸로 쏟아진 듯.

어여차, 들보여, 위쪽을 바라보라.
무지개 부여잡고 하늘로 오를 듯.
동쪽 세상 천만 리에 펼쳤구나
인간 세상을 돌아보니 손바닥만 하여라.

어여차, 들보여, 아래를 굽어보라.
아물아물 봄 동산에 아지랑이 서려 있네.
바라건대 한 방울 생명수 가져다가
사해에 기름진 비를 뿌려 줄까 하노라.

부디 비옵나니
이 궁전을 이룩하고 혼례를 치른 후에
만복이 이르소서
천복이 이르소서.

요지궁 백옥전에 서광이 서리고
봉황침 원앙금에 웃음소리 들리리라.
거룩한 님의 덕을 밝혀 주시옵고
존귀한 님의 위엄 더욱 빛내 주옵소서.
切以堪輿之內龍神最靈 人物之間配匹至重 旣有潤物之功可無衍福之基
是以關雎好逑 所以著萬化之始 飛龍利見 亦以象靈變之迹
是用新構阿房 昭揭盛號 集蜃鼉而作力 聚寶貝以爲材
竪水晶珊瑚之柱掛龍骨琅玕之梁 珠簾捲而山霧靑蔥玉戶開而洞雲繚繞
宜室宜家 享胡福於萬年 鼓瑟鼓琴 毓金枝於億世
用資風雲之變 永補造化之功 在天在淵 蘇下民之渴望
或潛或躍 祐上帝之仁心 騰驁快於乾坤 威德洽乎遐邇
玄龜赤鯉 踊躍而助唱 木怪山魈 次第而來賀 宜作短歌 用揭雕梁
抛梁東 紫翠岩嶢撑碧空 一夜雷聲喧繞澗 蒼崖萬仞珠玲瓏
抛梁西 徑轉巖廻山鳥啼 湛湛深湫知幾丈 一泓春水似玻瓈

抛梁南 十里松杉橫翠嵐 誰識神宮宏且壯 碧琉璃底影相涵

抛梁北 曉日初升潭鏡碧 素練橫空三百丈 飜疑天上銀河落

抛梁上 手捫白虹遊莽蒼 渤海扶桑千萬里 顧視人寰如一掌

抛梁下 可惜春疇飛野馬 願將一滴靈源水 四海便作甘雨灑

伏願營室之後 合巹之晨 萬福咸臻 千祥畢至

瑤宮玉殿 挾卿雲之鬖鬤 鳳枕鴛衾 聳歡聲之騰沸 不顯其德 以赫厥靈

상량문은 이로써 끝났다. 한생이 이를 용왕에게 바치니 용왕은 크게 기뻐하며 세 손님에게 주어 돌려 보게 하였다. 이 글을 받아 본 세 손님도 모두 입에 침이 마르도록 칭찬하였다. 이윽고 용왕은 한생의 수고를 사례하는 윤필연[14]을 열었다. 한생이 꿇어앉아,

"존엄하신 여러 신령들이 모인 자리인지라 황공하여 감히 존함을 묻지 못하였습니다."

하면서 세 손님의 존함을 물었더니, 용왕이 이 말을 받아 설명해 주었다.

"선생은 인간 세상 사람이라 물론 알지 못할 것이오. 첫째 좌석에 앉은 이는 조강신祖江神이요, 둘째 좌석에 앉은 이는 낙하신洛河神이요, 셋째 좌석에 앉은 이는 벽란신碧瀾神인데 내가 선생의 벗으로 모시기 위하여 일부러 청해 왔소이다."

술상이 들어오고 풍악 소리가 울려왔다. 미인 십여 명이 나타나서 꽃송이를 머리에 꽂고 초록색 소매를 너울거리며 춤을 추기 시작하였다. 춤추는 미인들은 앞으로 다가섰다 뒤로 물러서는 등 이

---

14) 윤필연潤筆宴은 글을 쓴 사람에게 감사의 뜻을 표하는 연회다.

렇게 몇 차례 거듭하면서 춤에 맞추어 벽담곡碧潭曲을 불렀다.

　　청산은 울창한데
　　푸른 못 넘실거려
　　콸콸 쏟는 폭포수는
　　은하수에 맞닿았네.

　　저기 저 물가에 거니는 님이시여
　　옥패 소리 쟁쟁히 울려오누나.
　　위의도 황홀하고
　　기골도 헌앙할사

　　좋은 시절 좋은 날에
　　봉황새 쌍쌍 날아드네.
　　화려할사 궁전이여
　　거룩할사 영장이여.

　　문사를 맞아들여 상량문 지어낼 제
　　성덕을 노래하며 들보를 올리누나.
　　좋은 술 따라 내어 잔 들어 올리며
　　가벼운 몸차림에 봄볕 춤을 추노라.
　　향로에서 피는 연기 향기로워라.
　　가마에서 끓는 음식 맛도 좋으리.

북소리 울려 가며 발을 맞추어
피리 소리 장단에 춤 한결 흥겨워라.
거룩하신 용신님 용상에 앉았네.
거룩하신 그의 은덕 잊을 날이 있으랴.
靑山兮蒼蒼　碧潭兮汪汪

飛澗兮泱泱　接天上之銀潢

若有人兮波中央　振環珮兮琳琅

威炎赫兮煌煌　羌氣宇兮軒昂

擇吉日兮辰良　占鳳鳴之鏘鏘

有翼兮華堂　有祥兮靈長

招文士兮製短章　歌盛化兮擧脩梁

酌桂酒兮飛羽觴　輕燕回兮踏春陽

獸口噴兮瑞香　豕腹沸兮瓊漿

擊魚鼓兮郎當　吹龍笛兮趨蹌

神儼然而在床　仰至德兮不可忘

　미인들의 춤이 끝나자 다시 총각 십여 명이 나타났다. 그들은 왼손에 피리를 들고 오른손에 깃 나래를 쥐고 빙글빙글 돌다가 서로 돌아보며 회풍곡回風曲을 노래하였다.

저기 저 산언덕에 노니는 님이시여
향기로운 옷을 입고 무늬 있는 띠 띠었네.
해 저문 날 맑은 물에
비단 물결 일어난다.

바람은 펄펄 귀밑머리 휘날리고
구름은 훨훨 옷자락을 펄럭이네.
사뿐사뿐 거닐다가
상긋 웃고 돌아선다.

속적삼 벗어내어 여울물에 던져두고
옥지환 뽑아내어 모래톱에 굴리누나.
풀숲에 이슬 듣고
영마루에 노을 짙어

아마득히 먼 산만 바라보노니
물 위에 떠오르는 소라 같구나.
징 소리 쟁쟁 울려오는데
너울너울 춤이나 추어 볼거나.

술은 바다인 양
고기는 산이로다.
취흥에 겨운 손님 기분도 좋을세라
새 노래 지어 내어 새 곡조 불러 보세.

손 들어 마주 잡고
손뼉 치며 놀아 보세.
술병을 두드리며 실카장 마시노니
즐거움 가고 나면 슬픔도 오노매라.

若有人兮山之阿　披薜荔兮帶女蘿
日將暮兮淸波　生細紋兮如羅
風飄飄兮鬢鬖鬖　雲冉冉兮衣婆娑
周旋兮委蛇　巧笑兮相過
捐余褋兮鳴渦　解余環兮寒沙
露浥兮庭莎　煙暝兮嶔㟧
望遠峯之嵾嵯　若江上之靑螺
疏擊兮銅鑼　醉舞兮傞傞
有酒兮如沱　有肉兮如坡
賓旣醉兮顏酡　製新曲兮酬歌
或相扶兮相拖　或相拍兮相呵
擊玉壺兮飮無何　淸興闌兮哀情多

　총각들의 춤가락이 끝나자 용왕은 손뼉을 치며 즐거워하면서 술잔을 가시더니 새 술을 한 잔 따라 들고 한생에게 권하였다. 용왕이 스스로 젓대를 불면서 수룡음[15] 한 곡을 노래하여 즐거운 심정을 남김없이 풀어 놓는다.

　풍악 소리 흥겨운데 이 술잔 드옵소서.
　술잔에 부은 술은 용뇌향 풍겨 오네.
　옥피리 비껴들고 한 곡조 부노라니
　온 하늘이 씻은 듯 맑아라.

---

15) 수룡음水龍吟은 한시 형식의 하나인 사곡詞曲 이름.

소리에 파도가 굽이쳐 흐르고
가락에 달빛도 춤을 추누나.
경치야 좋다마는
일생은 덧없이 늙어 가도다.

서러워라
세월은 유수 같더라.
풍류는 꿈결인 듯
즐거움 가고 나면 시름이 온다거니.

서산에 채색 구름 걷히자마자
동산엔 둥근달이 쟁반처럼 떠오르니
이 아니 좋을시고.

잔 들고 묻노니
청천 명월아
아름다움 더러움을 너 얼마나 보았느뇨.

술 가득 술병에 남아 있건만
사람들은 취흥에 잠겨 있어라.
뉘 있어 일깨워 줄까.

아 손님아
십 년토록 티끌세상에서

쌓이고 쌓인 번뇌를 모조리 떨고

통쾌히 저 하늘로 올라 보세.

管絃聲裏傳觴　瑞麟口噴靑龍腦

橫吹片玉一聲　天上碧雲如掃

響激波濤　曲飜風月

景閑人老　悵光陰似箭

風流若夢　歡娛又生煩惱

西嶺綵嵐初散　喜東峯氷盤凝灝

擧杯爲問　靑天明月

幾看醜好　酒滿金罍

人頹玉岫　誰人推倒

爲佳賓　脫盡十載雲泥

壹鬱　快登蒼昊

용왕은 노래를 마치자 주위를 돌아보았다.

"이곳 놀음은 인간 세상과 다르지만 너희들은 귀한 손님을 위해 저마다 한바탕씩 놀아 보라."

그러자 한 사람이 일어나서 스스로 곽개사[16]라고 하면서 발을 들고 모로 걸어 나오더니 먼저 자기 소개를 한다.

"저는 바위 굴속에 숨어 사는 선비며 모래 구멍에 노니는 사람입니다. 팔월이라 맑은 바람 불어오면 동해 바다 물속에서 뱃속에

---

16) 곽개사郭介士는 게의 별칭. 송나라 양만리楊萬里의 '해부蟹賦'에 게를 '오중 개사 곽 선생'이라고 하였다.

든 까끄라기를 모조리 털어놓고,[17] 너른 하늘 구름 개면 남쪽 우물가에서 밝은 빛을 토합니다. 저의 몸은 둥그렇되 뱃속에는 노란 집이 들어 있으며 든든한 갑옷 떨쳐입고 예리한 무기를 메었습니다. 가끔 사지가 잘린 채 솥 안에 들어가며 심지어는 제 육신을 송두리째 남을 위해 바치기도 합니다.

맛 좋고 풍치 있어 영웅호걸들의 구미를 돋우기도 하나 때로는 엉성한 제 몰골이 아낙네들의 웃음거리가 되기도 합니다. 조趙나라 왕륜이 제아무리 물속에서 미워하였지만[18] 전곤은 언제나 지방 고을을 다니면서 저를 반겨 맞았습니다.[19] 죽어서는 비록 필이부의 손에서 술안주로 되고 말지만[20] 제 정신만은 의연히 한 진공의 붓끝에서 살아 있습니다.[21] 그러기에 놀음판을 만나면 한바탕 재간을 부리며 네 활개를 펼쳐 들고 춤추기도 한답니다."

그는 자리 앞으로 나오면서 게딱지 갑옷을 등에 짊어지고 게 집게 두 팔을 창날처럼 휘두르다가 입으로 거품을 내뿜으며 사방을 둘러보았다. 눈알을 굴리며 손발을 흔들어 엉거주춤 절름 잘숙 앞으로 내닫다가 뒤로 물러서는 등 팔풍무八風舞를 추었다. 이러자 그의 무리 수십 명이 함께 따라나서서 이리 잘숙 저리 잘숙 엎치락뒤

---

17) 《유양잡조酉陽雜俎》에 "게는 팔월이 되면 뱃속에 까끄라기가 생기는데 이를 통해 해신海神에게 갖다 준다."는 말이 있다.
18) 왕륜王倫이 "나는 물속에 있는 게만 보아도 몹시 밉다." 하였다.
19) 전곤錢昆은 송나라 때 사람이다. 《귀전록歸田錄》에 "전곤이라는 사람은 게를 몹시 즐겼는데 고을살이를 가서는 첫 인사가 게가 있느냐였다." 하였다.
20) 필畢은 성, 이부吏部는 벼슬이다. 중국 진나라 때 사람 필탁畢卓을 말한다. 술을 마실 때 언제나 게를 안주로 하였다고 한다.
21) 한 진공韓晉公은 당나라 때 화가 한황韓滉을 말한다. 특히 방게 그림을 잘 그렸다고 한다.

치락 일제히 율동을 같이 하면서 노래를 부르기 시작하였다.

> 물나라 굴속에서 묻혀 살건만
> 기염을 토할 제는 호랑이와 다투노라.[22]
> 체격이 준수하여 나라님께 헌신하고
> 문벌은 열로 헤어 이름도 많네.
>
> 용왕님네 귀한 잔치 못내 즐거워
> 손발을 들먹이며 게걸음 친다네.
> 때로는 물속에서 외로이 노닐다가
> 강기슭에 불 비치면 소스라쳐 놀라네.
>
> 은혜 갚음 아니건만 구슬 같은 눈물 흘리며
> 원수 갚음 아니건만 창을 가로 들었노라.
> 가소롭다 저 물나라 귀족들
> 우리들을 쓸개 없다 비웃네.
>
> 허나 우리들이야말로 군자일시 분명하다
> 노란 뱃속 안에 덕이 가득 쌓였거니
> 미덕이 쌓였으매 겉으로 풍기나니
> 구슬 같은 게거품에 향기도 좋을세라.

---

[22] 송나라 황정견黃庭堅은 게를 평하여 "눈을 부릅뜨고 옆걸음을 걸으면 호랑이와 맞설 것 같다." 하였다.

어 이 밤이여 이 무슨 밤이더뇨.
요지궁에 잔치 열려 내 여기 왔노매라.
용신님은 고개 들어 노랫소리 즐기시고
나그네는 취흥에 겨워 이리저리 거니누나.

황금전 백옥상에
잔 들어 풍악 울려

군산[23]의 삼현 육각[24] 소리도 좋을시고
선경의 구완 신장[25] 향기도 그윽하다.
산 귀신도 춤을 추네 너울너울 춤을 추네.
어족도 뛰노네 껑충껑충 뛰노네.

산에는 개암나무요 골에는 복령이라
그리운 님의 은혜 정녕 잊지 못하리.
依江海以穴處兮　吐氣宇與虎爭
身九尺而入貢　類十種而多名
喜神王之嘉會　羌頓足而橫行
愛淵潛以獨處　驚江浦之燈光
匪酬恩而泣珠　非報仇而橫槍

---

23) 전설에 군산君山은 동정호 속에 있는 산으로 신선이 놀던 곳이라고 한다.
24) 삼현 육각三絃六角은 피리가 둘, 대금, 해금, 장구, 북이 각각 하나씩이다.
25) 구완 신장九盌神漿은 신선이 먹는다는 각종 음식.

嗟濠梁之巨族　笑我謂我無腸

然可比於君子　德充腹而內黃

美在中而暢四支兮　螯流玉而凝香

羌今夕兮何夕　赴瑤池之霞觴

神矯首而載歌　賓旣醉而彷徨

黃金殿兮白玉床　傳巨觥兮咽絲簧

弄君山三管之奇聲　飽仙府九盌之

神漿山鬼趍兮翶翔　水族跳兮騰驤

山有榛兮濕有苓　懷美人兮不能忘

그들은 이렇게 노래 부르면서 계속 왼쪽으로 돌다가 오른쪽으로 꺾어지며 뒤로 주춤 물러서다 앞을 향해 내닫는다. 이것을 구경하던 온 좌석 관중들은 저도 모르게 데굴데굴 구르며 허리를 끌어안고 웃어댄다.

이 놀이가 끝나자 또 한 사람이 나서더니 스스로 현 선생[26]이라고 일컫는다. 그는 꼬리를 끌고 목을 가느다랗게 늘여 입김을 토하며 눈을 지그시 내리깔면서 앞으로 나서서 자기 소개부터 한다.

"저는 시초[27] 떨기에서 사는 숨은 선비입니다. 연꽃 잎사귀 위에서 노니는[28] 한가로운 사람입니다. 낙수에 글자 새긴 딱지를 지

---

26) 현 선생玄先生은 거북의 별명. 옛날 장연이라는 사람이 술에 취하여 누워 있는데 누가 와서 "동현 선생이 문밖에 왔다."고 하는 소리에 깨고 보니 자기 옆에 거북이가 있더라는 이야기가 있다.
27) 옛날 사람들은 시초蓍草 풀과 귀갑龜甲으로 점을 쳤다고 한다.
28) 《사기》 '구책열전龜策列傳'에 "거북이가 천 살이 되어야 연 잎 위에서 논다." 하였다.

고 나가 우 임금의 공적을 도왔으며[29] 청강淸江에서 그물에 걸렸다가 일찍이 원군元君의 꿈속에 나타났습니다.[30]

비록 내장을 갈라 사람을 이롭게 할지언정 껍질을 벗겨 내는 고통만은 견뎌 내기 어렵습니다. 두공斗栱에 산 모양을 조각하고 동자기둥에는 수초를 그려 나의 껍질은 장문중의 보물로 되었으며[31] 굳은 창자 검은 갑옷에 가슴속으로는 장사의 기운을 토합니다.

노오는 나를 타고 바다를 건넜으며,[32] 모보는 나를 살려 강물에 넣어 준 일도 있었습니다.[33] 살아선 세상의 진귀한 존재가 되었고 죽어선 영험을 보여 주는 보물로 되었습니다. 그러기에 마음껏 노래 불러 몇천 년 동안 간직했던 심정을 풀어 보려 합니다."

그는 즉석에서 입김을 내뿜는데 실오리 같은 입김이 솔솔 피어올라 높이 백여 자나 되어 보이다가 이윽고 들이마시니 흔적 없이 사라져 버렸다. 그는 또 목을 옴츠리며 네 발을 감추기도 하고 혹은 목을 쭉 늘이면서 머리를 쩔레쩔레 흔들어 보이기도 하였다. 이렇

---

29) 전설에 옛날 우 임금이 치수 공사를 할 때에 낙수洛水에서 신령스러운 거북이가 나왔는데 그 등에 무늬가 있었다고 한다. 이를 낙서洛書라 한다.
30) 《사기》에 '구책열전'에 "송나라 원왕 2년에 거북이 하수로 가던 도중에 그물에 걸렸는데 왕에게 현몽하여 구원을 받았다." 하였다.
31) 《논어》에 "장문중臧文仲이 큰 거북을 보관하되 기둥머리 두공에는 산 모양을 조각하고 들보 위 동자기둥에는 수초를 그렸으니, 어찌 지혜롭다 하겠는가." 하였다.
32) 노오盧敖는 중국 진秦나라 때 박사. 《회남자淮南子》에 "노오는 북해北海에서 신선 약사若士를 만나 놀다가 신선이 되어 거북 등을 타고 바다로 갔다." 하였다.
33) 모보毛寶는 중국 진晉나라 때 사람. 그가 무창武昌에 주둔하고 있을 때 부하가 흰 거북을 사서 기르다가 크자 강에 놓아 주었다. 뒤에 주성邾城을 지키다가 석계룡石季龍에게 패하여 강에 투신하였는데 거북을 길렀던 병사는 자기가 길렀던 거북 등에 떨어졌고 거북이 병사를 동쪽 기슭으로 옮겨 주었다고 한다.

게 한바탕 재간을 피우다가 천천히 걸어 나오며 구공무九功舞를 추기 시작하였다. 그는 혼자서 앞으로 나아갔다가 뒤로 에도는 등 독무를 추면서 다음과 같은 노래를 부르는 것이었다.

산에서 물에서 숨어서 사노라니
숨만 마시며 장생불사 사노라니
천 년 긴 세월에 만고풍상 다 겪어서
꼬리가 열이나 되니 영험하기 짝이 없네.[34]

내 차라리 진흙 속에 파묻혀 살지언정
화려한 궁전 속에 갇히기는 싫거니
연단술[35] 모르건만 앞날을 내다보고
도를 닦지 않았어도 신령스럽기만 하여라.

천 년 이날에 태평세월 만났으매
상서로운 영예와 찬사를 드리노라.
내 물나라 겨레의 영장이라 하노니
연산 귀장[36] 역법도 풀었노라.

---

[34] 백락천白樂天의 《백씨육첩白氏六帖》에 "거북이는 백 년에 꼬리가 하나씩 생겨나서 천 년이 되면 꼬리가 열이 된다."는 말이 있다.
[35] 단약을 만드는 기술. 주로 금속을 녹여 장생불사약을 만드는 방법이다.
[36] 정현鄭玄의 《역론易論》에 "옛날 역법이 세 가지가 있는데, 하나라의 것은 연산連山, 은나라의 것은 귀장歸藏, 주나라의 것은 주역周易이라 한다."고 하였다.

글자를 등에 지고 기수 우수[37] 밝혔나니
길흉화복을 능히 예견하였노라.
허나 지나친 슬기에 위태로움 따르고
공교로운 기술에도 실수가 있나니

가슴 찢고 등 찢김[38]을 면하지 못할진댄
차라리 물고기 따라 자취를 감추리라.
이내 고개 들고 발길을 옮겨
화려한 전당 앞에 헌신하였노라.

하늘 높이 오르는 용신 조화 치하하며
바다를 삼킬 듯한 선비 필력 감상하네.
잔 들어 풍악 울려
한없이 즐기노니

북을 쳐라 피리 맞춰 불어라.
깊은 곳에 잠긴 규룡도 춤을 추리.
산악의 잡신들도 다 모여들고
강물 속 신령들도 다 모여 왔네.

---

37) 역법에 음양 이론이 있는데 양은 기수奇數, 음은 우수偶數로 하여 수학적으로 풀어 나가는 방법.
38) 옛날 점치는 자들이 거북의 등을 구워서 거기에 나타난 무늬로 점괘를 풀었다고 한다.

온교가 햇불 들고 물속을 밝히는데[39]
우 임금 때 쫓겨난 망상[40]만이 서러워라.
앞뜰에 나와 춤추고 뛰고 구르며
재담 노래에 손뼉 치고 노니노라.

해는 지려는데 바람이 일고
용이 날아오르려는 듯 물결은 굽이치네.
이렇듯 좋은 시절 다시 오기 어렵거니
마음도 애틋하여 가슴속 설레네.
依山澤以介處兮　愛呼吸而長生
生千歲而五聚　搖十尾而最靈
寧曳尾於泥途兮　不願藏乎廟堂
匪鍊丹而久視　非學道而靈長
遭聖明於千載　呈瑞應之昭彰
我爲水族之長兮　助連山與歸藏
負文字而有數兮　告吉凶而成策
然而多智有所危困　多能有所不及
未免剖心而灼背兮　侶魚蝦而屛迹
羌伸頸而擧踵兮　預高堂之燕席
賀飛龍之靈變　玩呑龜之筆力

---

39) 진쯥나라 온교溫嶠가 우저기牛渚磯라는 강가에 이르러 물속에 괴물이 많다는 말을 듣고
서각犀角을 태워 물속을 비춰 보니 물속의 온갖 괴물들이 다 보이더라는 이야기가 있다.
40) 망상罔象은 물귀신의 이름.

酒旣進而樂作　羌歡娛兮無極
擊鼉鼓而吹鳳簫兮　舞潛虯於幽壑
集山澤之魑魅　聚江河之君長
若溫嶠之燃犀　慚禹鼎之罔象
相舞蹈於前庭　或諧笑而撫掌
日欲落兮風生　魚龍翔兮波澎湃
時不可兮驟得　心矯厲而慨慷

노랫소리가 끝나자 그의 율동은 더욱 황홀하여 뛰고 구르며 엎치락뒤치락하는 모습이 무어라 형언할 수 없었다. 온 좌석이 모두 박수갈채를 보냈다. 거북 춤이 이렇게 끝나고 나니 다음에는 나무 귀신, 돌 귀신, 산 귀신, 물귀신들이 차례로 일어나 각각 다채로운 재주를 보여 주었다.

그들은 휘파람도 불고 노래도 하며 춤도 추다가 악기도 두드리며 손뼉도 치고 뜀도 뛰었다. 천태만상으로 생김새는 다르나 일제히 소리를 맞추어 노래를 지어 합창한다.

　　신기로운 용 못에서 노닐다가
　　때로는 하늘 위로 날아오르니
　　아 천추만대 허구 많은 세월에
　　부귀영화를 좋이 누리소서.

　　예절 갖추어 어진 선비 모셔 오니
　　의젓하고 갸륵하여 신선인 듯하여라.

보아라 선비님 지어 낸 상량문은
주옥을 다듬은 듯 한 꿰미 구슬일세.

화려한 전당 위에 번듯이 새겨 두어
천년만년 길이길이 전할시고.
선비님 이제 떠나시려나
다채로운 윤필연이 열렸구나.

채련곡 노래하고
너울너울 춤도 추네.
둥둥 북소리에
거문고가 화답하네.

한바다 푸른 물에 배 넘실 띄워 놓고
고래인 양 온 강물 한입에 마시노라.
서로 인사하고 절도 있게 노니노니
즐겁고 즐거워라 한없이 즐거워라.

神龍在淵　或躍于天
於千萬年　厥祚延綿
卑禮招賢　儼若神仙
翫彼新篇　珠玉相聯
琬琰以鐫　千載永傳
君子言旋　開此瓊筵
歌以採蓮　妙舞蹮翩

伐鼓淵淵　和彼繁絃
　　　一棹航船　鯨吸百川
　　　揖讓周旋　樂且無愆

다음에는 강의 신령들이 공손히 꿇어앉아 시를 쓰기 시작하였다. 첫째 좌석에서 조강신이 쓴 시는 이러하다.

　　　강물이 흘러흘러 한바다로 모여들 제
　　　물결은 넘실넘실 배 둥둥 띄웠더니
　　　구름안개 걷히며 달은 지새고
　　　밀물 소리 일어나며 바람 솔솔 불더니

　　　따스한 햇살에 물고기 노닐고
　　　잔잔한 물결 위에 물오리 뜨네.
　　　때로는 돌 서슬에 목메어 울었건만
　　　오늘 밤 이 잔치에 온갖 시름 잊었노라.
　　　碧海朝宗勢未休　奔波汩汩負輕舟
　　　雲初散後月沈浦　潮欲起時風滿洲
　　　日暖龜魚閑出沒　波明鳧鴨任沈浮
　　　年年觸石多嗚咽　此夕歡娛蕩百憂

둘째 좌석에서 낙하신이 쓴 시는 이러하다.

　　　백화난만하여 꽃그늘 우거진데

잔치 속에 풍악 소리 들려오네.
운모장 휘장 안에 노랫소리 드높고
수정 주렴 속에 춤 한결 흥겨워.

신룡이 어이 길이 여기서만 계실쏘냐
저기 저 선비님은 이 자리의 귀한 손님.
어이타 긴 밧줄로 지는 해 매어 놓고
즐거운 이 시절을 마음껏 놀아 보랴.

五花樹影蔭重菌　籩豆笙簧次第陳
雲母帳中歌宛轉　水晶簾裏舞逡巡
神龍豈是池中物　文士由來席上珍
安得長繩繫白日　留連泥醉艶陽春

셋째 좌석에서 벼락신이 쓴 시는 이러하다.

용왕은 술에 취해 용상에 기대었는데
산골 안개 부슬부슬 해는 이미 저물었네.
흥겨워 추는 춤에 비단 소매 너울너울
구성진 노랫소리 전당에 울려오네.

몇 해나 외로운 설움 겪었더냐
오늘 함께 즐기며 술잔을 나누노라.
세월은 가도 가도 가는 줄을 모르련만
고금의 세상일이 너무나 총망하네.

神王酩酊倚金床　山靄霏霏已夕陽
妙舞傞傞廻錦袖　淸歌細細遶彫梁
幾年孤憤飜銀島　今日同歡擧玉觴
流盡光陰人不識　古今世事太忽忙

다 써서 용왕에게 드리니 용왕은 웃음을 띠고 읽은 다음 사람을 시켜 한생에게 보였다. 한생은 받아서 두세 번 읊고 나서 자기 역시 즉석에서 시 이십 운을 지어 이날 잔치를 축하하였다.

천마산 높아 높아 하늘에 치솟고
폭포는 드리워 허공에 떨어지네.
떨어져 그윽한 구렁을 가지고
굽이쳐 흐르며 강물을 이루었네.

물결 위엔 잔잔히 달빛 거닐고
못 속에는 신비로운 용궁이 펼쳐졌네.
신통 변화로 자취를 남기었고
허공에 날아올라 큰 공로 세웠어라.

뭉게뭉게 노을은 피어오르고
선들선들 바람은 불어오누나.
높은 하늘은 위엄도 장할시고.
푸른 벼랑은 초병인 양 둘러섰네.

구름 타고 하늘에 높이 올라선
번개를 채질하여 비를 내리시더니
궁궐에 경사로운 잔치를 차려
뜨락에 풍류로운 풍악을 아뢰네.

향기로운 안개는 찻잔에 서려 오고
보슬보슬 이슬은 연꽃 속에 내리네.
거룩할사 그의 위용 범백이 정중하고
주밀할사 그의 예법 잔치도 성대하다.
의관문물이 찬란도 하올시고
울리는 옥패 소리 쟁쟁도 하올시고
물속의 어족들이 모여 와 하례하고
강물 속 신령들도 다 모여들었구나.

신령한 이 세계는 어이 이리 황홀하냐
신비로운 그의 덕망 깊고도 깊을시고.
봄 마중 북소리는 꽃동산에 울리고
찬란한 무지갯빛 술잔에 드리웠네.

선남선녀는 옥피리 가락 맞추고
요지궁[41] 서왕모는 거문고 뜯어
삼가 절하며 잔 들어 권하오며

---

41) 요지궁瑤池宮은 서왕모西王母가 산다는 궁전.

만수 축원 거듭거듭 비누나.

눈결같이 고운 과일 향기가 풍겨 오고
수정같이 맑은 음식 서광이 비치어라.
진수성찬을 싫도록 맛보니
은혜 뼈에 새겨 흐뭇함을 느끼난다.

정녕코 이슬 정기 먹은 듯도 싶구나.
완연히 봉래 영주에 이른 듯도 싶어라.
이 잔치 끝나면 이별 어이 면할쏘냐.
이 좋은 풍류가 한바탕 꿈이리라.

天磨高出漢　巖溜遠飛空
直下穿林壑　奔流作巨淙
波心涵月窟　潭底閟龍宮
變化留神迹　騰拏建大功
氤氳生細霧　駘蕩起祥風
碧落分符重　青丘列爵崇
乘雲朝紫極　行雨駕靑驄
金闕開佳燕　瑤階奏別鴻
流霞浮茗椀　湛露滴荷紅
揖讓威儀重　周旋禮度豐
衣冠文燦爛　環珮響玲瓏
魚鼈來朝賀　江河亦會同
靈機何恍惚　玄德更淵沖

苑擊催花鼓　樽垂吸酒虹
天姝吹玉笛　王母理絲桐
百拜傳醪醴　三呼祝華嵩
煙沈霜雪果　盤映水晶葱
珍味充喉潤　恩波浹骨融
還如飡沆瀣　宛似到瀛蓬
歡罷應相別　風流一夢中

시는 여러 사람들 앞에서 읊어졌다. 모두들 칭찬해 마지않았다. 용왕은 한생에게 사례하였다.

"마땅히 비석에 새겨 두고 이 나라의 보물로 삼으리다."

한생은 절을 하고 일어서며 자기 소원을 용왕에게 말하였다.

"용궁의 성대한 잔치는 이만하면 마음껏 즐겼습니다. 이곳 훌륭한 궁실과 장엄한 경내를 두루 볼 수 있을는지요?"

"그야 되다뿐이리오."

한생은 용왕의 승낙을 받고 문을 나서서 주위를 둘러보았다. 허나 다만 채색 구름이 겹겹이 싸여 있을 뿐이요 동서남북을 전혀 구별할 수 없었다. 용왕은 한생을 위해 구름을 불어 날리는 소임을 불러 모조리 헤쳐 버리라고 분부하였다. 그러자 한 사람이 뜨락에 나서더니 입을 쳐들고 입술을 모아 한바탕 부는 것이었다. 문득 온 하늘이 말끔해지면서 산과 돌과 바위 같은 것은 보이지 않고 오직 광활한 도시의 거리가 바둑판처럼 나타나는데 수천 리가 됨직하였다.

향기로운 꽃이며 아리따운 풀들이 줄을 지어 늘어섰는데 바닥에는 금모래를 깔아 놓았고 주위에는 금으로 쌓은 담이 둘러 있으며 궁전 낭하를 비롯하여 뜨락 섬돌은 모두 파란 유리 벽돌로 꾸며져 있어 서로 비쳐 눈부신 광채가 휘황찬란하였다.

용왕은 사신 두 사람을 보내 한생의 길을 안내해 주었다. 한생은 그를 따라 한 누각에 이르렀는데, 조천루[42]라는 곳이었다. 순전히 파리(玻璃, 수정)로 이루어진 누각이었는데 주옥으로 장식하고 금색 청색으로 단청하였다. 여기에 올라서니 흡사 허공에 매달린 듯하였다. 그 누각의 층수는 천 층이나 되었다. 한생은 끝까지 올라가 보고 싶었으나, 사신이,

"이 누각의 상층까지는 용왕은 신통력으로 쉽게 오르시지만 저희들도 끝까지 다 올라가지 못합니다. 이 누각의 상층은 바로 하늘과 맞닿아 있는데 범속한 바탕으로는 미칠 수 없습니다."

하는 바람에 칠 층까지 올라갔다가 도로 내려오고 말았다. 한생은 또 다른 누각에 이르렀다. 여기는 능허각凌虛閣이라는 곳이었다.

"이 누각은 어떤 행사가 있을 때 쓰나요?"

"이 누각은 용왕께서 하늘에 오를 적에 의장을 갖추며 의관을 차리는 곳입니다."

"그럼 의장 기구들을 구경할 수 있겠는지요?"

한생이 이렇게 청하였더니 사신은 한생을 인도하여 한곳에 이르렀다. 거기에는 둥근 큰 거울이 하나 걸려 있어 번쩍번쩍 광채를 내고 있었다. 눈이 하도 부셔 바로 쳐다볼 수 없었다.

"이건 무엇에 쓰는 건지요?"

"이건 번개 치는 거울입니다."

---

[42] 조천루朝天樓는 하늘에 조회하는 누각이라는 뜻이다.

그 옆에는 또 북이 매달려 있는데 큰 것과 작은 것들이 서로 보기 좋게 어울려 있었다. 한생은 이 북들을 보자 호기심에 한번 쳐보려고 하였더니 사신은 즉시 제지하며 설명하였다.

"이 북을 한 번 치면 백물이 진동하여 벌벌 떨게 되는바, 이것은 바로 우레 울리는 북이지요."

또 옆에는 꼭 바람 내는 풀무처럼 생긴 물건이 있다. 한생이 하도 신기해서 무심결에 거기에 손을 대려다가 사신의 주의를 받았다.

"이것을 한 번 흔들면 산이 무너지고 돌이 나구르며 큰 나무도 꺾이게 된답니다. 이것은 바람을 일으키는 주머니입니다."

그 다음에 또 한 물건이 있었다. 그것은 꼭 먼지떨이와 비슷한 빗자루였는데 그 옆에는 물동이가 놓여 있었다. 한생은 이 비를 들고 시험 삼아 뿌려 보려고 하다가 역시 사신에게 제지를 당하였다.

"이것을 한 번 뿌리면 당장에 큰물이 나서 산을 파묻고 들을 덮습니다."

"그렇다면 왜 구름을 쓸어 없애는 기구는 설치하지 않았는지요?"

"구름은 용왕님의 신통력으로 조화를 부리는 것이니 기구로 어떻게 할 수 없습지요."

"그럼 우레를 울리는 뇌공雷公과 번개를 치는 전모電母와 바람을 일게 하는 풍백風伯과 비를 내리는 우사雨師는 어디에 있는지요?"

"천제께서 그들을 깊숙한 하늘 구석에 가둬 두고 자유로이 나다니지 못하게 합니다. 용왕이 납시면 그들도 여기에 모입니다."

이밖에 많은 기구들이 있었지만 물어볼 수가 없었다. 이 누각 밖에는 또 긴 복도가 달렸다. 길이는 몇 리쯤 되어 보이고 문마다 용틀임이 달려 있는 자물쇠로 굳게 채워져 있었다.

"여기는 또 무엇 하는 곳인가요?"

"이곳은 용왕께서 사용하는 칠보를 간직해 두는 곳입니다."

한생은 한참 동안 두루 돌아다녔지만 모든 것을 다 구경할 수 없었다.

"이젠 그만 돌아갈까 보오."

"그러시지요."

이리하여 한생은 발길을 돌렸으나 대궐 문이 겹겹이 둘러싸여 어느 방향으로 나가야 할지 알 수 없었다. 근근이 사신의 뒤를 따라 돌아왔다.

한생은 용왕을 향하여 작별 인사를 드렸다.

"지중하신 은덕으로 선경을 두루 구경하였으니 무어라 사례를 드려야 할지 모르겠습니다."

이에 용왕은 산호 쟁반에다 야광주 두 알과 비단 두 필을 담아 선물로 주었다. 한생이 문밖을 나서자 강물의 신령 세 사람도 동시에 하직하고 나왔다. 세 사람은 즉시 연을 타고 어디론지 떠나버렸다. 용왕은 한생을 전송하면서 두 사신에게 명령하여 산을 뚫고 물을 갈라 내는 기구를 가지고 한생을 배행하도록 하였다. 사신 중 한 사람이 한생을 보고 말하였다.

"제 등에 업혀서 잠깐 동안만 눈을 감고 계십시오."

그래 한생은 하라는 대로 할 수밖에 없었다. 한 사람은 이상한 기구를 들고 앞길을 인도하였다. 흡사 허공으로 올라가는 듯 다만 바람 소리와 물소리만 끊임없이 들려올 뿐이었다. 문득 소리가 멎었다. 이 순간 한생이 눈을 번쩍 떴다. 정신을 차리고 보니 자기는 바로 자기 집 방 안에 고스란히 누워 있을 뿐이었다.

한생은 너무나 이상하여 일어나 문을 열고 밖으로 나갔다. 하늘에는 별이 드문드문 보이고 동쪽이 훤히 밝아 오며 어디선가 벌써 닭이 세 홰나 울고 때는 오경이었다. 급기야 생각이 나서 얼른 자기 품속을 더듬어 보니 용왕에게서 받은 야광주와 비단이 그대로 들어 있었다. 한생은 이를 상자 깊이 간직하여 진귀한 보물로 삼고 좀처럼 남에게 보여 주려 하지 않았다.

그 뒤 한생은 아예 명예나 잇속을 탐낼 마음을 끊고 명산으로 들어갔다. 그 뒤 소식은 아무도 모른다.

백성보다
더 귀한 것은 없나니

군주는 음식을 대할 때면
백성들도 나처럼 먹고 사는가를 생각해야 하며
옷을 입을 때는 백성들이 나처럼
입고 사는가를 생각해야 하며
심지어는 대궐에 거처할 때에도
만백성이 누구나 다 집을 지니고
안정된 생활을 하는가를 생각해야 하며
수레를 타고 외출할 때에도
만백성들이 평화롭게 사는가를 생각해야 하는 법이다

먼저 백성을 생각하라
愛民義

《서경》에 "백성은 나라의 근본이니, 근본이 단단해야 나라가 편안하다."는 말이 있다. 대체로 백성들이 군주를 받들어 사는 것은 곧 군주의 힘을 입기 때문이지만 군주가 자기 지위를 보전할 수 있는 것은 바로 백성이 있기 때문이다. 민심이 따르면 만대라도 군주 노릇을 할 수 있으나 민심이 이탈하면 하룻밤을 넘기지 못해 평민이 되고 만다. 군주와 평민 사이가 털끝만 한 차이도 없는 것이다. 이 어찌 삼가야 할 일이 아니겠는가.

나라 창고에 쌓인 재물은 모두 백성들이 마련한 것이며, 윗사람들의 옷과 신발은 바로 백성들의 살가죽이며, 음식 요리는 백성들의 기름이며, 궁전과 수레도 백성들의 힘으로 이룩된 것이며, 세금과 공물, 그리고 모든 용품도 죄다 백성들의 피땀으로 만들어진 것이다. 백성들이 소득의 십분의 일을 세금으로 나라에 바치는 것은 원래 군주에게 총명과 예지를 다하여 백성들이 잘살 수 있도록 다스려 달라고 하는 것이다.

바로 그렇기 때문에 군주는 음식을 대할 때면 백성들도 나처럼 먹고 사는가를 생각해야 하며, 옷을 입을 때도 백성들이 나처럼 입고 사는가를 생각해야 하며, 심지어는 대궐에 거처할 때에도 만백성들이 누구나 다 집을 지니고 안정된 생활을 하는가를 생각해야 하며, 수레를 타고 외출할 때에도 만백성들이 평화롭게 사는가를 생각해야 하는 법이다.

그러기에 "너의 옷과 너의 밥은 백성들의 고혈이다." 한 것이다. 일상생활에서 자기 한 몸을 봉양하도록 한 것도 미안하게 여겨야 할 것이거늘 어찌 무익한 역사役事를 일으키고 백성들을 대중없이 동원하여 농사지을 여유를 주지 않으며 만백성의 원성을 불러일으켜 화기和氣를 손상시키며 자연 재해에 대한 아무런 대책도 세우지 않아 백성들을 기아에 직면케 하여 선량한 백성들이 부자간에 서로 목숨을 보전하지 못하고 사방으로 유랑하다가 마침내 시궁창 구렁텅이에 엎어져 죽도록 만든단 말이냐.

저 상고시대에는 군주와 백성이 일체가 되어 군주의 권력이 어떠한 것인지 백성들은 알지 못하였다. 이런 시대의 민요를 보라.

> 우리의 만백성을 먹여 살렸네.
> 이는 모두 님이 주신 은혜여라.
> 아느냐 모르느냐 그냥 그대로
> 님이 가는 그 길을 따를 뿐이네.
> 粒我蒸民 莫非爾極
> 不識不知 順帝之則

또 그들이 하는 이야기에도, "해가 뜨면 일하고 해가 지면 쉬노라. 제왕의 권력이 우리에게 무슨 상관이더냐." 하였던 것이다. 그런데 후세에 와서는 폭군들이 가혹한 정치를 베풀어 백성들의 원성이 자자하였다.

> 썩은 새끼줄로 육마를 모는 듯하네.
> 원성이 일어난 뒤라야 한단 말가.
> 일어나기 전부터 대책을 세워야지.
> 若朽索之馭六馬　怨豈在明　不見是圖

이러한 가요들이 있었는가 하면 "이 해가 언제나 없어질 건가. 너와 나 한꺼번에 망하고 말자."[1]는 백성들의 저주도 있었다. 그럼에도 술로 못을 만들고 고기를 산더미처럼 쌓아놓고 밤낮없이 취하도록 마시며 겨울 아침에 강물을 건넜다고 하여 무고한 사람의 발을 자르고 임신한 여인의 배를 가르면서도[2] 이런 일쯤이야 대수롭지 않게 여겼다.

더욱이 전국시대에는 강한 놈이 약한 자를 삼키고 엎치락뒤치락 너죽나죽 싸움을 계속 일으켜 무고한 백성을 강제로 동원하여 죽음의 구렁텅이로 몰아넣었다. 이것만도 심하거늘 어찌하여 진나라와 한나라 이후로는 불교니 도교니 하는 황당무계한 요설들을 퍼뜨리게 되었던가. 이것이 날로 늘어나고 달로 성행하자 궁실과 사원의

---

1) 중국 하나라 걸桀 임금이 자신을 해에 비유하자 백성들이 그의 폭정을 견디다 못해 지은 시다.
2) 중국 은나라의 마지막 임금 주紂의 이야기다. 겨울 아침에 강물을 건너는 사람의 발은 이상한 발이라고 하여 그 사람의 발을 잘라 보았으며, 임신부의 배가 이상하다고 하여 그 배를 가르는 등 흉악한 짓을 많이 하였다고 한다.

제사에 드는 무익한 비용이 백성들을 더 한층 못살게 굴었다. 따라서 백성들의 살림은 날로 피폐해졌으니, 그중에서도 산골 벽촌의 가난한 백성들은 제 한 목숨도 보전할 길이 없어 마침내 사방으로 도망쳐 자취를 감추거나 거지 차림으로 비렁뱅이 생활을 차라리 낙으로 여기게 되었다. 이러고서야 이른바 군주라는 자가 누구와 더불어 나라를 다스린단 말인가.

그러므로 군주가 나라를 다스리려면 무엇보다도 먼저 백성을 사랑하는 것으로 기본을 삼아야 한다. 백성을 사랑한다는 것은 요약하여 말하면 어진 정치를 베푸는 것이다. 어진 정치를 베풀려면 어떻게 할 것인가? 공연히 틀만 차리고 앉아서 인자한 정치를 하는 듯이 허풍만 치는 것도 아니고 덮어놓고 쓰다듬고 어루만지는 것도 아니다. 오직 백성들에게 농업과 양잠업을 권유하여 본업에 열성을 발휘하도록 할 따름이다. 권유하는 방도는 어떻게 할 것인가? 까다로운 지시나 명령을 번잡하게 내려 아침마다 고아대고 저녁마다 조겨대라는 것은 아니다. 세금을 줄이고 부역을 줄여 백성들이 농사지을 시기를 빼앗지만 않으면 된다.

그러기에 옛 성인도 《춘추》를 지을 적에 무릇 궁궐을 짓거나 성곽을 쌓는 일에 대해서는 반드시 그 시기를 밝혀 써 넣었나니, 이는 후세 군주들에게 백성들을 수고롭게 하는 것이 중대한 일임을 경계한 뜻이리라.

동물보다 백성이 먼저니
愛物義

어떤 이가 "동물을 사랑하는 방도는 무엇이오?" 하고 묻는다면 나는 다음과 같이 말할 것이다.

동물을 사랑하는 방도는 각각 그 본성을 이루어 줄 따름이다. 《역경》에 이르기를, "천지의 큰 덕은 생生, 곧 낳는 것이다." 하였다. 대체로 낳고 낳는 것은 천지의 큰 덕이며, 살려고 하는 것은 동물의 본성이다. 그러므로 동물이 살려고 하는 본성에 근거하여 낳고 낳는 천지의 큰 덕에 일치하게 하여 동물이 각각 그 본성을 발휘하여 광활한 대자연 속에서 자라나게 할 뿐이다.

다시 한 번 자세히 말해 보자. 인간과 동물은 함께 천지 대자연 속에서 자라나고 있는바 인간은 우리의 동포며 동물도 우리와 같은 생물이다. 인간은 최고로 발전된 동물이고 동물은 그 다음이다. 군자는 인간에 대해서 사랑하지만 보호할 정도가 아니다. 동물에 대해서는 보호하기는 하나 사랑하지는 않는다. 그 보호하는 예를 든다면, 지나치게 눈이 작은 그물을 강물에 치지 않으며 산의 나무를 무턱 대고 베지 않으며, 자랄 만큼 자라지 않은 생선은 시장에서 팔고 사지 않으며 새끼와 알은 취하지 않으며 그물을 늘이되 유익한 새들은 잡지 않으며 낚시질은 하더라도 되도록이면 그물질은 삼가며 알을 품고 있는 새는 쏘아 잡지 않는 것들이 그것이다. 《시경》에 "저 무성한 갈대밭에 한 번만 쏘아 다섯 마리를 잡으니, 어허 추우로구나." 한 것도 이를 두고 한 말이다.

동정하지 않는 예를 든다면, 순舜 임금이 익益에게 산과 늪에 불을 질러 호랑이, 표범, 물소, 코끼리 따위를 몰아서 쫓아버리게 한 것과 봄에는 메 사냥, 여름에는 들사냥, 가을에는 범 사냥, 겨울에는 곰 사냥을 하는 것과 닭, 돼지, 개 들을 제때에 길러서 노약자들의 고기반찬으로 한 것이 그것이다. 《역경》에 "그물을 마련하여 들사냥도 하고 고기잡이도 한다."고 한 것은 이를 두고 한 말이다.

따라서 군자는 말한다.

"가축을 기르는 것은 노약자나 병든 자를 봉양하기 위한 것이요, 고기 잡고 사냥하는 것은 잔치나 제사를 풍성하게 차리기 위한 것이다. 다만 경우에 따라 적절하게 할 것이니, 동물을 보호한다고 해서 덮어놓고 죽이지 않는다거나 또는 죽이되 씨도 남기지 않고 모조리 죽이려고 해서는 안 된다."

그렇기 때문에 달포 동안이나 사냥질을 다니면서 돌아오지 않던 태강太康의 지나친 행동은 백성들의 원성을 샀으며 불까지 지르면서 뭇짐승의 씨를 말리던 대숙大叔의 사냥질은 백성들의 조롱을 받았던 것이다. 기어코 이처럼 잔인하고 혹독하게 할 것이 무엇인가.

백성을 위해 폐해를 제거하는 것은 백성에게 이익을 주는 것이다. 그러기에 그 선후를 말할 때는, "먼저 백성을 사랑하고 뒤에 동물을 보호하라."고 하였으며, 그 경중을 따질 때에도 "사람은 다치지 않았느냐고 하시고 말이 어떻게 되었는가는 묻지 않으셨다."고

한 것이다. 이것이 군자로서 동물을 보호하는 원칙이다.

  어떤 이가 "불경에서는 '생물을 죽이지 말라.'고 가르치고 있는데 이 역시 매우 선한 일이 아니겠느냐?"고 물을지도 모른다. 그러나 아니다. 새나 짐승을 죽이는 것은 다만 백성을 위해 폐해를 없애 백성을 먹여 살리기 위한 것이다. 지금 백성들을 사람끼리 서로 잡아먹어야 할 형편에 빠뜨려 놓고는 말로만 "생물을 죽이지 말라."고 한다면 이 무슨 턱없는 수작이란 말인가.

어진 군주를 기다리며
人君義

《서경》〈홍범洪範〉에 "다섯째, 황극皇極이라는 것은 군주가 그 '극'을 세우는 것."이라고 하였는데 이 '극'이라는 것은 지극하다는 뜻으로 표준에 대한 개념이다. '극'은 곧 공변된 것이다. 군주는 이 '극'에 의하여 위에서 중심을 잡고, 신하는 이 '극'에 의하여 아래에서 혜택을 입는다. 이 '극'이 바르지 못하면 군주가 위에서 중심을 잡지 못하며 신하도 보좌하기 어려울 뿐만 아니라 백성들도 이 '극'에 의한 혜택을 입지 못한다.

그러므로 군주가 하는 일은 하늘과 땅처럼 넓게 포옹하여 제외되는 것이 없어야 하며 해와 달처럼 환히 밝아서 골고루 비춰야 하며 산악과 같아서 묵중하고 경솔하지 말아야 하며 바다와 같이 넓고 깊어서 마를 날이 없어야 한다. 그리하여 백성들이 우러러보며 천신 지신이 의지하고 심지어는 곤충 초목도 모두가 군주의 두터운 덕화 속에서 성장한다.

그리하여 옛날 거룩한 군주들은 자기 거처를 검소하게 하여 백성들의 생활 안정을 돌보았으며 자기 옷차림은 너절하더라도 백성들에게는 따뜻한 옷을 입히려고 하였으며 자기 식생활은 소박하게 하더라도 백성들을 배불리 먹이려고 애썼던 것이다. 뿐만 아니라 스스로는 밤낮을 가리지 않고 애쓰면서도 백성들은 편안하게 하려고 하였으며 스스로 겸손하고 조심하여 백성들의 모범이 되었고, 심지어는 말 한 마디 행동 하나도 그 '극'의 중심에 의거하고 그 '극'의 범위 안에서 실행하려고 하였던 것이다.

때문에 《역경》에서도 "하늘의 운행은 건전하다. 군자는 이를 본받아 자기를 격려하여 해이해지지 않는다."고 하였으니, 해이해지지 않는다는 것은 성실함을 의미한다. 성실하기 때문에 해이해지지 않는 것이다. 해이해지지 않으려면 허위와 망령됨이 없어야 한다. 만일 추호라도 허위와 망령이 그 사이에 작용한다면 하늘이 건전하게 운행하여 모든 생명을 보존할 수 없으며 백성들이 믿고 자기 생활을 유지할 수 없으며, 군주도 천지 운행을 본받아 만물을 생육하지 못하여 천지간의 정의와 자연스러운 법칙을 순종하여 백성들을 다스리지 못할 것이다. 바로 이렇기 때문에 군주 노릇 하기가 어려운 것이다.

아, 삼대 이후에는 군주가 된 자들이 '극'의 중심을 세워 아랫사람들의 모범이 되지 못하였으며 몸소 실천하여 백성들을 대하지 못하였다. 군주로서 '극'의 기준을 잡는 자가 적었기 때문에 백성들 중에서도 '극'의 기준을 보전한 자가 또한 적었다. 군주는 궁실이나 꾸리고 유원지나 확장하여 온갖 사치하고 거만한 짓을 하면서 위에서 가혹한 명령만 내리고, 백성들은 아래에서 가렴잡세에 쪼들리며 공납과 부역에 약탈당하여 원한의 목소리를 높이고 있다.

게다가 군주의 측근들과 총애를 받는 내시들은 군주 앞에서 아첨과 아양만 부려 그의 심지를 좀먹으며, 드센 권력자들과 교활한 벼슬아치들은 지방에서 세도만 피우면서 군주의 총명을 가로막는다. 이리하여 군주는 선한 마음이 날로 사라지고 악한 짓은 날로 늘어나서 그의 이름이 뒷세상에 남을 수 없게 된다. 이래서 후세 군주들이 옛날 어진 임금에 미치지 못하는 것이다.

일찍이 맹자는 "이 세상에 아무리 잘 자라는 나무가 있다 하더라도 하루 동안만 햇볕을 쪼이고 열흘 동안 찬 기운을 불어넣는다면 제대로 자라는 나무가 있을 수 없다."고 하였다. 군주 된 자로서 어찌 교훈으로 삼지 않을 것인가.

신하의 자리도 하늘이 낸다
人臣義

《서경》에 이르되, "팔다리가 있기에 사람이요, 충신이 있기에 성군이라." 하였다. 나무가 곧다 해도 반드시 먹줄을 맞은 다음에야 재목이 되며 옥이 아름답다 해도 반드시 갈고 다듬은 다음에야 그릇이 되는 법이다.

요 임금이 요 임금이 된 것도 필연코 희씨羲氏와 화씨和氏의 도움이 있었기 때문이며, 순 임금이 순 임금이 된 것도 또한 악관과 목관[1]의 힘을 입은 까닭이며, 심지어는 탕湯 임금도 이윤伊尹이 있어 거룩한 덕망을 이룩하였고 문왕과 무왕도 주공과 소공이 있어 건전한 바탕을 이룩할 수 있었다. 그러므로 군주와 신하의 관계는 용과 구름이나 고기와 물과의 관계와 같아서 군주와 신하가 서로 의지하여 도와준 뒤에야 국가를 보전할 수 있는 것이다.

그러나 요, 순 같은 군주가 있어야만 희씨, 화씨, 악관, 목관 같은 인재를 알아보며 희씨, 화씨, 악관, 목관 같은 신하가 있어야만 요,

---

1) 악관岳官은 사방의 산악을 맡은 벼슬아치고, 목관牧官은 각 지방을 맡은 벼슬아치.《서경》에 순 임금의 신하에 악관과 목관이 있었다고 하였다.

순 같은 임금을 받들 줄 아는 것이니, 둥근 구멍과 모난 자루는 서로 맞을 수 없으며 고상한 음악과 음란한 음악은 서로 어울릴 수 없는 것이다.

서로 맞아야만 하기 때문에 "신하여, 방조자여, 내 잘못이 있으면 네가 도울지니라." 하였고, 서로 어울려야 하기 때문에 "만일 국을 끓인다면 너는 간이 되라." 하였다. 그러므로 군주와 신하는 서로 일체가 되어 오직 나라를 위해 복무하며 나랏일이 잘 되도록 다스려 공동 목적을 완수해야 한다. 바로 이렇기 때문에 신하 노릇도 수월한 것은 아니다.

그런데 후세의 어리석고 포악한 군주들은 신하를 초개같이 여기며 개돼지처럼 여긴다. 때문에 신하들도 군주를 원수처럼 여기며 지나가는 나그네같이 대한다. 이리하여 허물이 있으면 조장하고 총애를 입으면 아첨하여 군주의 비위를 맞추고 군주의 과오를 키워 줄 뿐이요, 군주를 도와 충성을 다하고 허물을 고쳐 주고 미덕을 기르며 악행을 바로잡아 서로 복과 봉록을 누리며 길이 천명을 보전하지 못하니 참으로 애석한 일이다.

아, 금관과 조복은 비록 군주가 주는 것이나 이는 바로 하늘이 너에게 주어 네 몸을 거두면서 군주를 돕게 한 것이다. 벼슬과 봉록과 토지도 비록 군주가 주는 것이나 이도 역시 하늘이 너에게 주어 네 생활을 유지하면서 백성들을 구원하라는 것이다. 뿐만 아니라 살리고 죽이며 주고 빼앗으며 상 주고 벌 주며 화 되게 하고 복 되게 하는 위력도 언뜻 보아 군주의 특권인 듯하나 이도 곧 떳떳한 천명이다. 때문에 《시경》에서도 "하늘의 위력을 두려워하라. 이리하여 천명을 보전하라."고 하였다.

이는 비단 만대의 군주만 교훈으로 삼을 것이 아니라 또한 신하 된 자도 거울로 삼아야 할 것이다. 어째서 그런가? 몸과 팔다리는 한 덩어리라고 하지 않았던가. 역사를 더듬어 보건대 고금을 통하여 간악하고 교활한 신하치고 군주에게 아첨하여 자기 나라를 멸망케 한 자들은 누구보다도 그 자신이 먼저 살해되지 않은 예가 없었다. 이 어찌 각성해야 할 일이 아니겠는가. 이 어찌 경계해야 할 일이 아니겠는가.

형법에 대한 논의
刑政義

　도덕과 예절은 나라를 다스리는 근본이요, 형법은 나라를 다스리는 권력이다. 그러므로 옛날에는 임금이 반드시 도덕과 예절을 솔선하여 지키면서 백성들을 통솔하고 통솔해도 따르지 않는 자에 한해서는 어쩔 수 없이 법적인 제재를 가하였으니, 이를 위하여 나라를 다스리는 조직을 강화하고 백성을 다스리는 체계를 확립하여 세밀한 규범까지 상세히 갖추어서 다시 더 늘릴 것이 없게 되었다. 동시에 형법을 제정하여 간악한 자를 징계하고 정령을 반포하여 조목을 약속하였던 것이다.
　형법은 잔혹한 것을 원하지 않았기 때문에 "형벌은 인자하라." 하였고, 정령은 번잡한 것을 원하지 않았기 때문에 "다섯 가지 정령을 집행하되 관대히 하라."고 하였던 것이다. 그러므로 형법이 날이 서면 선량한 백성들이 안심하고 살 수 있으며, 정령이 한번 반포되면 좋은 백성들이 나올 수 있었던 것이다.
　다섯 가지 형법을 마련한 것은 사람들의 심리를 고려하여 경중을 구별한 것이요, 다섯 가지 정령을 마련한 것은 백성들의 실정을 따라 조목과 절차를 만든 것일 뿐, 형법이란 원래 가혹할 수 없으며 정령 역시 위협일 수는 없는 것이다. 나라를 잘 다스리는 임금은 형벌을 가하되 타협이 없으며 잘 다스려지는 사회는 정령을 고친 예가 없었다. "왕의 말은 실타래 지어진 것과 같아서 조리가 정연하다."고 한 것은 이를 두고 한 말이다.

한 사람을 벌 주어 만백성의 교훈이 된다면 벌을 주어도 되고 한 가지 정령을 반포하여 온 나라 백성들이 따를 수 있다면 반포해도 된다.

그런데 어찌하여 진나라와 한나라 이후부터 송나라와 원나라까지 형법과 정령이 갈수록 번잡하고 가혹해지는 한편 도덕과 예절에 대한 교양은 들을 길이 없게 되었단 말인가? 도리어 오랑캐의 형벌로 무고한 백성을 못살게 굴며 탐오의 수단으로 형벌을 남용하여 가난한 사람들의 재물을 약탈하고 있다.

이래서 사방에 원성이 자자하여 민심을 소란시키고 기근이 해마다 들어 길거리에는 유랑민뿐이며 일부 계층은 견디다 못해 다투어 가혹한 정치와 번잡한 형벌을 피해 변복하고 도교와 불교의 이단을 추종하는 무리들에게 숨는데도 이를 바로잡지 못하니, 아, 기막힌 일이로다.

옛 정치를 본받으라
爲治必法三代論

　나무를 말할 때 으레 소나무나 잣나무를 첫째로 드는 것은 눈과 서리 속에서도 견뎌 내며 나뭇결이 곧고 재목이 아름답기 때문이다. 물론 그중에는 옹이지고 구부러지고 비틀어지거나 제대로 자라지 못하고 말라 죽어 버린 것들이 없는 것은 아니로되 기본적으로 그 바탕이 좋으므로 반드시 소나무와 잣나무를 일컫는 것이리라.
　새를 말할 때 으레 봉황을 첫째로 드는 것은 상서로운 세상에 나타나며 울음소리가 아름답고 생김새가 곱기 때문이다. 그중에는 물론 때가 아닌데도 나타나거나 울음소리가 아름답지 못하거나 생김새가 곱지 못한 것이 섞여 있지만 본질적으로 그 새가 덕이 있는 새이므로 반드시 봉황새를 일컫는 것이리라.
　이와 마찬가지로 정치를 말할 때도 으레 삼대[1]를 먼저 들게 된다. 이것은 바로 그 시대가 도덕과 예절이 우수하며 교육과 문화 수준이 높고 질서와 법도가 잘 짜여져 있었기 때문이다. 설사 그 사이에 일반 수준도 못 되는 자나 천치 바보처럼 어리석은 자, 심지어는

---

1) 삼대三代는 중국 고대 하夏나라, 은殷나라, 주周나라를 말한다.

모질고 포악하며 망나니 같은 자들이 간혹 끼어 있기는 하나 우 임금, 탕 임금, 문왕, 무왕이 처음으로 나라의 터를 닦아 거대한 업적을 이룩하였으니, 그 공로는 하늘처럼 높아 좀처럼 따라잡을 수 없으며 산악처럼 든든하여 허물어뜨릴 수 없을 뿐 아니라, 그 덕화는 대자연의 조화가 온갖 만물을 길러 내듯 끝이 없어 멈출 수가 없었던 것이다. 바로 그렇기 때문에 정치를 말하는 자는 반드시 삼대를 일컫는 것이다.

그러므로 사물을 정확히 관찰하려면 우수한 측면과 우수하지 못한 측면을 구분해야 한다. 가령 봉황이나 소나무와 잣나무라고 해서 덮어놓고 좋다고 해서는 안 된다. 동시에 과거의 정치를 계승하려고 할 때도 계승할 만한 것을 택하여 계승해야 한다. 예를 들어 삼대를 두고 보더라도 그 시대의 제도와 조치가 좋은 것이라 하여 무턱 대고 계승할 수는 없는 것이다.

그러면 어떤 것을 계승할 것인가? 보통 수준도 못 되는 것이나 어리석은 짓들과 포악한 실례를 계승할 것이 아니라 다만 우 임금, 탕 임금, 문왕, 무왕의 사실을 본받아야 할 것이다. 또한 제아무리 우 임금, 탕 임금, 문왕, 무왕이라 하더라도 그중에는 역시 계승할 만한 것이 있는 반면에 그대로 덮어놓고 모범으로 삼지 못할 것이 있다는 것을 알아야 한다. 어린 자식이 집안에서 울고 있는데도 나 몰라라 하던 예[2]는 나라를 건설하기 위해 팔 년간의 대공사가 진행될 때라면 옳지만, 단지 자기 사욕 때문에 잔인한 결과만 가져왔다

---

[2] 우 임금이 홍수를 다스릴 때 팔년 동안 밖에 있으면서 세 번이나 집 앞을 지나갔으나 들어가지 않았다고 한다.

면 옳은 일이 되지 못할 것이다. 자기 군왕을 추방하거나 시해한 경우도 "이 해(紂)가 언제나 없어지랴?" 하면서 만백성이 원수로 여기는 임금에게 시행한다면 옳지만 단지 개인의 사욕을 채워 권력을 잡기 위해서라면 옳지 않다.

더욱이 후세에 임금과 아비를 죽이고 동생과 자식을 잔인하게 죽여 없애 왕권을 잡은 자의 예를 들면, 조룡[3]과 그 신하들이 자식을 목 잘라 죽인 사실과 사마염[4]과 양광[5]이 그 임금과 아비를 죽인 사실을 비롯하여 그밖에 자기 왕을 위협 공갈하여 스스로 왕의 권력을 탈취한 자들, 이러한 자들까지도 말로는 삼대를 본받았다고 하니, 이는 삼대의 죄인일 뿐만 아니라 실은 《춘추》의 죄인이니 사람이라면 누구를 막론하고 그 죄악을 성토해야 할 대상이다.

바로 그렇기 때문에 나는 소나무와 잣나무, 봉황에 비유하여 소나무와 잣나무, 봉황이라 하여 덮어놓고 그것이 다 아름답고 좋은 것이라고 해서는 안 된다고 역설하였다.

공자께서 소악[6]를 평가하시면서는 "지극히 아름답고 지극히 좋다." 하셨으나, 무악[7]을 평가하시면서는 "지극히 아름답지만 지극히 좋지는 못하다." 하셨다.

---

3) 조룡祖龍은 진 시황을 가리킨다.
4) 사마염司馬炎은 위魏나라 원제元帝에게 선위禪位 형식으로 제위를 빼앗아 진晉나라를 세운 무제武帝다.
5) 양광楊廣은 수나라 양제. 문제文帝의 둘째 아들로 형인 태자 용勇을 추방하고 스스로 태자가 되었다가 뒤에 문제를 시해하고 왕이 되었다.
6) 소악韶樂은 순 임금의 음악.
7) 무악武樂은 무왕의 음악.

어찌 인재가 드물다 하랴
人才說

　인재는 나라의 기둥이며 초석이다. 그러므로 나라를 다스리는 데는 인재를 선발하는 것을 기본으로 삼아야 하며 사회를 교화하는 데는 인재를 기르는 것을 급선무로 삼아야 한다.(원문 258자 번역 생략)
　원래 하늘이 인재를 아낄 리 없으며 세상에 인재가 모자랄 리 없으나 때를 만나지 못하면 제아무리 걸출한 인재라도 좀처럼 등용되기 어려우며 비록 때를 만났다 하더라도 자기 문제를 자기 스스로 해결하기는 어려운 것이다. (원문 80자 번역 생략)
　지난날 역사를 더듬어 보면 역력히 알 수 있다. 주나라가 쇠약할 때에 공자와 맹자는 거룩한 성인이었건만 사방으로 유랑하면서 곤욕만 당하다가 가는 곳마다 틀어져 마침내 길거리에서 늙어 죽었고, 서한西漢 때의 동중서董仲舒는 절의를 지켰으나 뜻을 펴지 못했으며, 가의賈誼도 염원을 이루려다가 마침내 추방당하였고, 동한東漢의 어진 선비들은 모두 당고黨錮의 화를 입었으며, 진晉나라의 재사들도 다투어 은퇴하고 말았다. 당나라의 한유韓愈는 스스로를 맹자에게 비했으나 오히려 남국으로 유배되었고, 송나라의 학자들도 성현의 학문을 닦아 끊어졌던 전통을 이었건만 이들은 염원을 실현하지 못했을 뿐 아니라, 심지어는 비석에 누명이 새겨져 온갖 모욕을 당하게까지 되었다. 이는 모두 인재가 때를 만나기 어렵다는 것을 의미하는 것이지 원래 세상에 인재가 적게 태어난다는 것을 의미하는 것은 아니다.

아, 나무를 다루는 목수가 만일 재목에 대하여 나쁜 점은 놔두고 좋은 점을 살려 쓸 줄 안다면 큰 재목은 들보나 기둥감으로 쓸 것이며 작은 재목은 서까래, 문지도리, 문설주, 도리 받침 등으로 이용할 것이다. 비록 조그마한 소나무 한 대, 널 한 쪽까지도 쓸 만한 것은 모조리 훌륭한 재목으로 쓸 것이다.

또한 환자를 치료하는 의원이 진실로 적합하지 않은 것은 놔두고 증세에 알맞게 약을 쓸 줄 안다면 약재를 다룸에 있어서 혹은 뭉개서 환도 비비고 혹은 썰어서 탕약도 지으며 혹은 갈아서 가루약도 만들 수 있을 것이니, 붉은 천마, 푸른 지초뿐 아니라 마소의 오줌 똥이며 말라 오그라든 가죽과 들판에 버려진 잡초더미까지도 이모저모로 모두 좋은 약으로 이용할 수 있을 것이다.

나라의 임금이 된 자가 참으로 좋은 정치를 베풀기 위하여 인재의 재능을 보아 적당한 임무를 맡긴다면 위로는 정승 판서가 되고 아래로는 관청의 관원이 될 수 있을 것이니, 저 밭갈이하는 농부와 오지그릇 굽는 토기장과 고기잡이하는 어부와 토끼를 잡는 사냥꾼, 소 먹이는 초동, 목부뿐 아니라 칼잡이, 고리백정까지도 모두 훌륭한 인재가 될 것이다. 어찌 세상에 인재가 적다고 걱정할 수 있겠는가.

만일 그렇게 하지 못한다면 제아무리 어질고 거룩한 인물이라도 지방에 파묻혀 있거나 미관말직에 얽매여 스스로 분발하지 못하고 말 것이니, 기껏해야 악기나 두드리고 무용복을 갈아입고 광대놀이나 하면서 나라의 인재 정책에 대하여 불평이나 노래하며 창이나 칼을 휘두르면서 귀족의 문간에서 망지기 노릇이나 하는 자기 신세를 한탄할 뿐이리라.

이러고서야 어찌 드넓은 조정에 진출하여 풍운을 일으켜 평생 동안 품었던 포부와 이상을 실현할 수 있단 말인가.

재정을 다스리는 법
生財說

 예나 이제나 인간 사회에서 해서는 안 될 것을 억지로 하는 일이 있다. 이는 한때의 개인적인 이익 때문이니 이러한 일을 하면 실패하기 쉽다. 또한 마땅히 해야 할 것으로서 순조롭게 이룩되는 것이 있다. 이는 역사의 경험에서 공인된 정당한 사업이다. 그럼에도 이를 실행하지 않는 것은 역시 개인의 이기적인 사리사욕이 가로막기 때문이다. 그러나 이러한 일은 하기만 하면 성공하기 쉽다.
 실패하기 쉬운 일은 바로잡아 주려고 해도 구원하기 어렵고 성공하기 쉬운 일은 쌓은 공로가 허사로 되지 않는다. 실패하기 쉬운 일은 처음에는 무척 마음이 쏠리는 듯하지만 뒤에는 반드시 한 사람의 욕망도 채우지 못하며, 성공하기 쉬운 일은 처음에는 비록 실정에 서툴러 하기가 힘들더라도 뒤에는 반드시 그 뜻을 달성하게 된다.
 왜냐하면 백성의 재물을 탐내어 함부로 거둬들인다면 이는 타인의 소유를 강제로 빼앗는 것이기 때문에 사람들의 원한을 불러일으켜 마침내 패망을 초래할 것이니 이렇게 되면 구원하기도 어렵다. 어진 정치로 재물을 다루면 이는 자기 마음을 미루어 백성의 바람을 충족시켜 줄 것이기 때문에 혜택이 널리 퍼져 쌓은 공로가 허사가 되지 않는다.

성공과 실패의 근원은 옳은 것과 그른 것, 공리와 사리의 어간에 있고, 선과 악의 계기와 그것이 나타나는 발단은 티끌 만한 차이에서 시작된다. 한번 생각을 잘못하면 엄중한 결과를 빚어내나니 이 어찌 삼가지 않겠는가. 삼가는 방법은 오직 자기 마음을 미루어 남의 사정을 살피는 데 있다. 사람이라면 누구나 다 살림살이를 늘이고 싶어할 것이니 이러한 마음을 미루어 백성들을 대하면 백성들도 이러한 마음으로 윗사람을 받들 것이다. 사람이라면 누구나 다 자기에게 이익이 되는 것을 희망할 것이니 이러한 마음을 미루어 백성들에게 미친다면 백성들도 이러한 마음으로 윗사람을 도울 것이다.

이쪽에서 은혜를 베풀면 저쪽에서도 호의로 응대할 것이요, 이쪽에서 포악하게 굴면 저쪽에서는 원한으로 응대할 것이다. 은혜를 호의로 갚고 포학을 원한으로 갚는 것은 당연한 이치니 조금도 잘못된 것으로 볼 수는 없을 것이다. 나라의 임금 된 자가 이 이치를 이해한다면 나라의 재정을 다스리는 방향이 설 것이다. 다시 더 구체적으로 말해 보자.

《대학》에 "재정을 다스리는 데는 큰 방법이 있으니 생산자가 많고 소비자가 적으며 생산 속도가 빠르고 소비 기준이 저하되면 재정이 언제나 넉넉할 것이다." 하였다. 이 네 가지 중에서 유일한 방법은 한마디로 말해서 '인仁' 곧 인간을 사랑하는 문제다. 인간을 사랑하는 마음으로 아랫사람을 교양하면 백성들이 제가끔 안심하고 자기 직업에 열중할 것이니 이렇게 되면 놀고먹는 자가 줄어들고 생산에 참여하는 자가 많아질 것이다.

인간을 사랑하는 마음으로 아랫사람을 부리면 신하들이 각자 힘을 다 바쳐 일할 것이므로 간교와 기만이 저절로 없어질 것이다. 이렇게 되면 직위만 탐내어 허깨비 노릇 하는 자가 줄어들고 따라서 소비자가 적어질 것이다. 인간을 사랑하는 마음으로 백성을 다스리면 불필요한 역사를 일으키지 않아서 번잡한 부역이 없어질 것이고 백성의 것을 빼앗지 않으면 그들이 신명이 나서 일하게 될 것이다.

백성을 사랑하는 마음으로 재정을 통제하면 백성이 화폐와 양식, 일용품을 소비할 때에 자기 능력을 고려하고 수입을 계산하여 지출을 조절할 것이니 이렇게 되면 소비가 저하될 것이다. 대체로 나라에서 생산되는 온갖 물산은 각기 그 한도가 있는 만큼 덮어놓고 낭비해서는 안 된다. 만일 수지를 계산하여 절약하지 않는다면 이는 사냥을 하기 위해 산에 불을 지르고 고기잡이를 하기 위해 못을 말려 버리는 것과 다름없어 한자리에 앉아서 헐벗고 굶주리는 것을 보려는 짓이다. 절약을 소홀히 하는 것도 이와 같이 엄중하거든 하물며 어찌 고의로 백성들을 못살게 굴며 국가 재산을 탕진하면서 무익한 공사를 확장할 수 있단 말인가.

나라의 임금이 참으로 백성을 사랑하는 마음으로 생산을 늘리며 소비를 절약한다면 백성들의 저축은 곧 나라의 저축이며 나라의 재산은 곧 백성들의 재산이 되어 나라와 백성이 서로 의지하며 농업과 상공업이 서로 지탱하여 나라의 재정이 모자라거나 상하 간에 불평과 원한이 생겨날 리 없을 뿐 아니라, 도리어 묵고 묵은 쌀이 해마다 쌓이며 먹고 남은 양곡이 창고에 쌓여 나라의 재정은 풍족해질 것이다.

지난날 상홍양, 유안, 왕안석[1] 같은 자들은 나라의 재정을 다스리면서 고리대를 장려하고 민간의 양곡을 독차지함으로써 백성들과 함께 이익을 다투었으니, 이런 방법으로 재정을 다스리면 서로 끝까지 빼앗지 않고는 만족하지 못하는 폐단만 생겨났을 뿐이다. 어찌 백성들의 원한과 저주를 면할 수 있겠는가. 이것이야말로 실패하기 쉽고 바로잡기 어려운 화근이다.

나라의 임금이 된 자라면 백성들 속에 원성과 저주가 드러나기 전에 제때에 올바른 시책을 강구해야 하지 않겠는가.

---

1) 상홍양桑弘羊은 중국 한나라 무제 때의 대사농 중승大司農中丞이었고, 유안劉晏은 당나라 현종 때의 탁지사度支使였으며, 왕안석王安石은 송나라 신종 때의 재상으로 이들은 모두 당시 재정을 담당하였다.

나라의 위험은 어디에서 비롯되는가 [1]
天地篇

고도로 발전된 정치는 형식과 틀을 차리려고 하지 않는다. 모든 것이 순조롭고 자연스럽게 되기 때문이다. '자연스럽다'는 것은 하는 일이 없다는 것을 의미하지 않는다. 한결같은 성의로 진행되어 한순간의 침체도 있을 수 없다. 그러므로 순조롭게 실행하는 자는 성인이며 재간 있게 실행하는 자는 그 다음이요, 갖은 노력을 다하여 힘써서 실행하는 자는 또 그 다음이다.

나라를 다스리려고 하면서 자신부터 실행하지 않으면 백성들이 따르지 않는다. 백성들이 따르지 않는다고 하여 탄압을 가한다면 이는 위험한 방법이다.

*

옛날 성인은 온 천하가 흥성거리는 정치를 이룩하였는데 이제 덮어놓고 "어째 옛날처럼 하지 않느냐?"고 한다면 잘못이다. 예악이

---

[1] 발췌하여 번역하였다.

갖추어져 당시에는 그 이상 더 할 것이 없었는데 옛날 제도라 오늘의 현실에 맞지 않는다고 해도 또한 잘못이다.

그러나 만일 옛것을 그대로 답습하고 풍토와 습성의 실정에 맞추어 알맞게 적용하지 않는다면 이는 옛것을 연구하여 현실에 적용하는 옳은 방법일 수 없다. 다만 역대로 바꿀 수 없는 원칙적인 문제들은 그 규범과 격식이 신중하고 엄격하니 이런 것까지 고쳐 버려야 한다는 것은 아니다.

*

윗사람이 되었다고 하여 자만하지 말라. 윗사람이 자만하면 아랫사람도 자만하고 아랫사람이 자만하면 윗사람을 깔본다. 때문에 왕위를 빼앗고 임금을 시해할 조짐은 아래에서가 아니라 위에서부터 싹튼다. 그러므로 나라를 잘 다스리는 임금은 마음을 비우고 남의 의견을 받아들이고 나랏일을 망치는 임금은 교만만 부리다가 남에게 모욕을 당한다.

*

겉으로 나타나는 위험은 방지할 수 있으나 속으로 곪아 가는 위험은 방지하기 어렵다.

토목공사를 일으켜 대궐 궁전만 꾸리고 창고에는 양곡이 썩어 나며 옷차림이 지나치게 사치하여 생활이 부화방탕하고 이론은 실속이 없으며, 정령은 아침에 내렸다가 저녁에 고치며 윗사람은 의심에 휩싸이고 아랫사람은 원한을 품게 되는 일이 있다. 이것은 그 위험의 자취가 당장에 나타나지 않으나 남모르게 곪아 가는 위험이다.
  권력을 쥔 신하가 정치를 좌우하고 교활한 여인들이 이면에서 쏠라닥대며 아첨꾼인 측근들이 저희끼리 결탁하고 지방 관리들이 소란을 일으킨 예들이 있다. 이러한 위험은 비록 눈이 먼 자라도 발견할 수 있을 것이니, 단 한 사람의 용감한 무사만 있어도 든든히 무장을 갖추고서 목숨을 걸고 건져 내면 구원할 수 있다. 그러나 이도 또한 요행한 경우이다. 진실로 피할 수 없는 사변이 생긴다면 미치지 못할 것이다.

유자한 공께 1
上柳自漢書

　전날에 기억을 더듬으면서 친절히 대해 주신 데 대하여 감사를 드립니다.
　저는 천지간에 떠돌아다니지만 참된 인생행로를 걷고 있는 나그네입니다. 당신은 벼슬길에 얽매여 있는 처지인데도 저 같은 일개 선비를 만나 주기를 꺼리지 않으니, 이는 《주역》에서 이른바 겸손으로 널리 민심을 얻은 품성이며 또한 옛사람이 지적한 지위가 높아질수록 마음은 더욱 겸손해진다는 격으로, 높은 산과 넓은 바다처럼 아량을 더욱 넓힌 보람이라고 생각합니다. 이번에 집필한 건의서는 내용이 아주 훌륭하여 저 풋내기 벼슬아치들은 엄두도 내지 못할 글이라고 생각합니다. 이는 실로 흉년에 백성을 구원하는 중요한 대책입니다.
　제가 부탁 받을 당시에는 말 위에서 즉시 초 잡아 중도에 써 드릴까 하였던 것인데 도중에 총총히 비를 만나게 되어 그만 산골 서재로 돌아오고 말았습니다. 뒤에 심사숙고하여 초 잡아 드리니 자세히 살펴 주시기 바랍니다.
　무릇 글을 쓰려면 허식적인 말은 되도록 깎아 버리고 다만 실속 있는 내용을 전개하여 앞뒤 체계가 일관될 뿐 아니라 자자구구마다 성실한 감정이 넘쳐흐른 다음에야 사람의 마음을 움직일 수 있을 것입니다.

제갈량이 쓴 '출사표'[1]나 호전이 고종에게 올린 건의서[2]를 기억하시리라 생각합니다. 비록 끝까지 그 뜻을 이루지 못했을망정 천년 뒤까지 그의 충성이 확연히 전달되고 있습니다. 그 글을 읽을 적마다 제갈량과 호씨의 정신, 그 드높은 정열이 영원히 살아 있는 것을 느끼게 되는데 이 어찌 글 쓰는 자의 모범이 되지 않겠소이까.

요즘 과거 시험장의 글은 언뜻 보면 화려한 듯하나 따지고 들면 아무 의의가 없습니다. 다만 갈 지之 자, 말이을 이而 자, 입겿 호乎 자, 입겿 야也 자 등 조사나 토 같은 것들로 내용 없는 말들을 수식해 놓았을 뿐입니다. 그 수사만은 비록 입술에 번드레하게 발렸으나 그 뜻은 새벽이슬과 봄날 서리와 같이 실속 없는 것입니다. 이것이 당나라 한유가 옛글을 부흥시키고 송나라 주희朱熹가 위백양魏伯陽의 《참동계》[3]를 가리켜 선진문[4]에 가깝다고 높이 찬양했던 이유입니다.

전날 드린 글이 내용은 좋으나 문장 구성이 절실하게 안받침 되

---

1) '출사표出師表'는 중국 촉한蜀漢 때의 명장인 제갈량이 출정 길을 떠나면서 후왕에게 올린 글이다.
2) 호전胡銓은 중국 송나라 때 사람으로, 금나라가 송나라를 침략했을 때 금나라와 굴욕적인 화의和議를 주장하는 주화파를 비판하는 글인 '무오상고종봉사戊午上高宗封事'를 왕에게 올렸다.
3) 《주역》의 효상爻象의 원리를 그대로 빌려와 신단神丹을 만드는 방법과 과정을 논하였으므로 원래 책명이 《주역참동계周易參同契》이다.
4) 선진문先秦文은 중국 진나라 이전의 고문체를 말한다.

지 못한 것 같아서 차일피일 미루고 결단을 내리지 못하였던 것인데, 이번 글은 실정에 맞도록 하기 위해 무척 애를 썼습니다. 당신께서 보시고 어떻게 생각하시겠는지요. 상세히 검토해 주시기 바랍니다.

유자한 공께 2
上柳自漢書

전날 당신에게 지나친 농담을 하였나 봅니다. 노하시지나 않으셨는지 모르겠습니다.

저는 원래 고요한 산수 경치를 즐겨서인지 벼슬길에 나선 양반님에게는 풍자하고 조롱하는 것이 버릇처럼 되었습니다. 그러기에 세인들은 저를 가리켜 아무리 고관대작 앞이라도 첫인사에 못하는 말이 없는 허심한 사람이라고 하였답니다. 서울에 있을 적에도 문량(文良, 김수온), 강중(剛中, 서거정), 자고(子固, 김뉴金紐)와는 전부터 친한 사이였거니와, 비록 초면인 친구들과도 말벗이 되는 경우에는 문득 손잡고 모여 앉아 문장도 논하며 시도 평하되 서로 지식의 차이를 염두에 두지 않았을 뿐 아니라 귀천과 빈부를 고려치 않고 무관하게 놀아 왔던 것입니다. 이러한 옛 버릇이 그대로 남아 있는 탓이지 의식적으로 거만하려던 것은 아니었습니다.

옛날 장자방張子房이 위후魏侯를 대한 경우는 아랫사람으로서 윗사람을 뵙는 특례였으며 유량庾亮이 주위 사람들의 만류를 제지한 경우는 윗사람으로서 아랫사람을 대하던 특례였으니, 모두 상류층의 고상한 운치의 표현이라, 속된 무리들로서는 이해할 바가 아니라고 생각합니다.

　요즘 세속이 너무나 흐리터분하여 벼슬자리에서 떨어지면 그만 하루살이 떼가 햇볕을 만난 듯이 풀이 죽어 버리며 권세를 잡으면 새가슴을 가진 사람이 허리를 구부리지 못하는 것처럼 거드름만 피우면서 온갖 아첨과 아양을 부리고 위신과 세도를 뽐내는 것을 유일한 낙으로 삼고 있습니다. 범질范質이 "존경과 대우를 받는다는 자여, 그가 너를 놀이감으로 삼는 줄을 모르느냐."고 한 것은 이러한 태도를 뼈아프게 지적한 것입니다. 저는 이 세상에서는 쓸모없는 사람으로서 궁벽한 산골에 버려진 지가 오래되었습니다. 그런데 당신은 무슨 까닭으로 저를 쓸모 있는 사람으로 등용하려고 하시는지 생각하면 우스운 일입니다.

　제가 마음속에는 아무 것도 없으면서 이렇듯 세상을 비방하는 것은 오직 당신과 서로 친하려는 것이요, 간격 없이 사귀려는 것입니다. 소원은 너그럽게 포옹하여 주시는 것, 이것만 바랄 뿐입니다.

　또한 저는 본디 불교나 도교 같은 이단을 좋아하지는 않았으나 줄곧 승려들과 벗 삼게 되었는데 승려란 원래 산골 사람이며 산골은 곧 속세를 떠난 곳인지라, 제가 속세를 떠나려고 하다 보니 어쩔 수 없이 승려들과 더불어 산골로 떠돌아다닐 수밖에 없었던 것입니다. 그렇지만 만일 모습은 승려일지라도 생활이 세속적인 그런 자와는 상대하려고 하지 않습니다.

　이곳에 제가 벗으로 여기는 승려 두세 명이 있는데 이들도 모두 속세를 벗어난 사람들입니다. 바야흐로 저와 함께 산수 간에 노닐면서 각기 자기가 즐거워하는 바를 즐거워하려는 참인데 때마침 당신이 저를 불러내려 한다는 소문을 듣고 모두 아연실색하고 있습니다. 모르기는 하지만 어떻게 조처하시려는지요.

《남화경》[1]을 보시겠다니 제가 산중에 들어가 볼 일을 마친 다음 다시 뵈올 때 내편과 외편을 찾아 드리겠습니다. 그러나 이 책을 보신다면 그야말로 당나라 나지원[2]이 현종을 만나서 "임금이 내 도술을 배우는 날에는 천하의 주인 노릇을 그만 두게 될 것이다."고 한 말을 떠올리게 될 것입니다. 묻건대 당신께서는 대궐에 나아가서 감투를 벗어 놓을 용기가 있겠는지요. (원문 54자 번역 생략)

---

1) 《남화경南華經》은 전국시대 장주莊周가 지은 《장자》를 높여 부르는 말로, 벼슬살이하는 것을 반대하는 내용이다.
2) 나지원羅知遠은 은일 사상을 가진 사람이다.

유자한 공께 드리는 글
上柳襄陽陳情書

여러 차례나 곡진한 대우를 받은 데 대해 감사를 드립니다.

상국相國이 저를 잊지 않고 은혜를 베풀어 돌보아 주신 것은 아마도 저의 하찮은 재간과 헛된 이름 때문이라고 생각합니다. 그렇다면 이제 제 정체를 숨김없이 말씀드리려고 합니다. 이는 저를 스스로 과장하거나 제 결점을 변명하여 남이 알아주기를 바라려는 것이 아닙니다. 제가 설사 제 자랑을 한다 해도 온 세상이 모두 저의 헛된 이름을 알고 있으며, 또한 자신을 변명한다 해도 온 세상이 저의 어리석은 바탕을 알고 있는 터인데 어찌 이제 상국 앞에서 새삼스럽게 저를 불리거나 줄여 해명하려고 하겠습니까.

제 성은 강릉 김씨인데 삼국시대 신라왕 김알지金閼智의 뒤를 이은 원성왕元聖王의 동생 주원周元의 후손입니다. 이는 《삼국사기》에 자세히 실려 있습니다. 어머니는 울진蔚珍 선사仙槎 장씨張氏입니다. 저의 먼 조상 김연金淵과 김태연金台鉉은 대대로 고려에서 시중 벼슬을 하였는데 고려 시대의 역사에 기록되어 있습니다. 저의 증조에 이르러서는 봉익奉翊이란 벼슬에 그쳤고 부친은 그 음덕으로 벼슬길에 나서려고 하였으나 병환 때문에 과거를 보지 못하고 말았습니다.

저는 을묘년(1435)에 서울 성균관 뒷마을에서 태어났는데 태어난 지 여덟 달 만에 글자를 알아볼 수 있었다고 합니다. 이웃에 계시던 할아버지뻘 되는 친척 최치운崔致雲이 제 이름을 '시습'이라고 짓고 이에 대한 설명글을 써서 제 외할아버지께 주셨답니다. 외할아버지는 저에게 말은 가르치지 않고 먼저 한문과 천자문 따위를 가르쳤기 때문에 말은 옳게 못하면서도 글 뜻을 이해하였답니다. 자라서 음식을 먹게 되면서도 말은 잘 못했으나 필묵을 주면 글자는 쓸 줄 알더랍니다. 이리하여 세 살 적에 글을 지을 줄 알았다는데 저를 '오세'라고 부르던 것은 제법 문리가 났을 때를 두고 말한 것입니다.

병진년(1436) 봄 외할아버지가 저에게 《초구抄句》를 가르칠 때도 아직 말은 잘 못하였다고 합니다. 그러면서도 외할아버지께서 "난간 앞에 꽃이 웃어도 소리는 들리지 않더라."는 글귀를 대면 손가락으로 병풍에 있는 꽃 그림을 가리키면서 입으로 중얼중얼 글 뜻을 아는 체하였으며, 또 "수풀 속에 새가 울어도 눈물은 보기 어려워라."는 글귀를 외면 곧 손가락으로 병풍에 있는 새 그림을 가리키면서 입으로 중얼중얼 새 우는 시늉을 내었답니다. 그래 외할아버지는 제가 글 뜻을 이해하는 것이라고 생각하시고 그 해 안에 《초구》 백여 수와 당나라와 송나라 명인들의 시구를 많이 대어 주었습니다.

정사년(1437) 봄에 이르러 겨우 말을 할 줄 알게 되자 저는 외할아버지에게 다음과 같이 물었더랍니다.

"시란 어떻게 지으면 되나요?"

"한 자를 일곱 자씩 맞추어 평측平仄과 대우對耦를 보며 운자를 달면 시가 되느니라."

"그렇다면 저도 일곱 자쯤은 맞출 수 있사오니 외할아버지가 먼저 첫 글자를 불러 보세요."

"오냐, 그러면 봄 춘春 자부터 시작해 보아라."

이렇게 외할아버지의 말씀을 따라 저는 즉시 "봄비가 막을 치니 봄기운이 도누나.〔春雨新幕氣運開〕" 하고 처음으로 글자를 붙여 보았답니다. 당시에 저의 집은 초가였는데 앞뜰에 가랑비가 부슬부슬 내리고 막 살구꽃이 피어나려는 경치를 두고 지었던 것입니다. 그밖에 "복숭아꽃 울긋불긋 버들잎은 푸르러 춘삼월 봄철이 저물어만 가누나.〔桃紅柳綠三春暮〕"와 또 "솔잎에 맺힌 이슬 푸른 바늘에 구슬을 꿴 듯하네.〔珠貫青針松葉露〕"들과 같은 글귀들이 적지 않았지만 모두 초고를 잃었거니와 기억에도 남아 있지 않습니다. 이로부터 《정속正俗》,《유학幼學》,《자설字說》 등 아동 서적을 끝마치고 《소학小學》을 읽기 시작하여 그 대의를 통했으며 동시에 수천 자에 달하는 글을 엮을 수 있었던 듯합니다.

기미년(1439)에는 이웃에 계시던 수찬 이계전李季甸의 문하에서 이파李坡와 이봉李封의 형인 이우李堣와 함께 《중용》과 《대학》을 배워 읽었는데, 이때 나이는 다섯 살이었습니다. 이웃에 살던 사예司藝 조수趙須가 자를 짓고 '자설字說'을 써 주었습니다. 제 이름이 점차 서울 장안에 알려지게 된 것은 이 몇몇 이웃 어른들이 소문을 퍼뜨렸던 까닭이었습니다.

이렇게 헛 이름이 알려지자 정승 허주許稠가 집으로 찾아와서 제 자를 부르면서 "내 늙었으니 '늙을 로老' 자로 글귀를 지어 보라."

고 하셨습니다. 저는 즉시 "늙은 나무에 꽃이 피니 마음은 젊었으리." 하고 대꾸하였습니다. 허주는 그만 손뼉을 치면서, "이야말로 신동이로구나." 하고 칭찬해 주었고 이로 하여 비로소 조정 고관들에게도 소문이 퍼져 조정의 손님들이 종종 찾아오는 일이 있었으며, 나중에는 세종대왕도 들으시고 지신사知申事 박이창朴以昌을 불러 사실 여부를 알아보라고 지시하게까지 되었던가 봅니다. 그래 지신사께서 저를 불러 무릎 위에 앉혀 놓고 "네가 글을 지을 수 있느냐?"고 하기에, 저는 이내 "올 때에는 강보에 싸인 김시습입니다."고 여쭈었습니다. 또 벽에 걸린 산수화를 가리키면서 저것을 보고 글귀를 지으라고 하기에, "작은 정자 배 다락에 어떤 사람이 있는고?" 하고 즉시 응대하였습니다. 이런 식으로 산문과 시를 지은 것이 적지 않았습니다. 지신사는 이를 즉시 왕께 보고하였고 왕은 "친히 불러 보고 싶기는 하나 세인들의 이목을 놀래킬지도 모르니 자기 집에 돌려보내 부지런히 공부나 시키도록 하라. 앞으로 장성하여 학업이 성취되면 크게 쓰리라."고 하시고 선물을 하사하여 집으로 돌려보내셨습니다.

　이 해부터 열세 살까지는 이웃인 대사성 김반金泮의 문하에서 《논어》, 《맹자》, 《시전》, 《서전》, 《춘추》를 읽었고, 또 겸사성 윤상尹祥에게 《주역》과 《예기》를 배워 읽었으며 그밖에 역사 문헌들과 제자백가 같은 문헌은 그냥 배운 데 없이 열람만 하였습니다.

　열다섯에 이르러서는 어머니를 여의고 외할머니 밑에서 자라게 되었는데 외할머니는 오직 하나뿐인 외손자를 친손자처럼 애지중지하셨습니다. 어머니가 돌아가신 뒤로는 서울을 떠나서 주로 농촌에 나가 있었는데 삼년상이 끝나기 전에 외할머니마저 세상을 떠나

버렸습니다. 집에 홀로 계시던 아버지는 줄곧 병으로 신음하시어 살림살이를 돌보지 못할 형편이어서 계모를 맞이하게 되었으나 집 안일이 여간 어수선하지 않았습니다. 저는 다시 서울에 와서 상국의 사위이자 안중선安仲善의 아버지인 안신安信과 지달하池達河, 정유의鄭有義, 장강張綱, 정사주鄭師周 등과 더불어 공부를 하면서 서로 형제간처럼 사귀었습니다.

저는 어릴 적부터 부귀영달을 좋아하지 않았을 뿐 아니라 친척과 이웃 사람들이 지나치게 추어주는 것도 딱 싫었습니다. 그러다가 제 마음과 세상일이 뒤틀어져 허둥지둥하는 동안에 세종과 문종은 계속 세상을 떠나 버리시고 말았습니다. 세조 초기에는 옛 친우들과 중신들이 모조리 참화를 당하였으며 다시 불교가 크게 일어나자 유학이 점차 기가 꺾이고 제 희망과 의욕은 완전히 사라지고 말았습니다.

드디어 승려들을 벗 삼아 산골로 떠돌아다니게 되었으며 세인들 가운데는 제가 불교를 좋아한다고 오해하는 자가 있으나, 제 본의가 아닌 불제자로 세상에 알려지고 싶지 않았기 때문에 세조가 여러 차례 지시를 내려 저를 불렀으나 저는 끝끝내 응하지 않았던 것입니다.

이리하여 처신이 더욱 방종해졌으며 양반들과 휩쓸려 사귀기를 싫어하였던 탓에 어떤 이는 저를 가리켜 천치바보라고 하는가 하면 또 어떤 이는 미친 사람으로 간주하기도 하였습니다. 심지어는 저를 보고 말 새끼, 소 새끼라고까지 부르는 이가 있었으나 저는 그런 것도 개의치 아니하고 그대로 대꾸해 주었을 뿐입니다.

이제 새 왕이 등극하여 어진 인재를 등용하고 좋은 의견들을 들어준다고 하기에 속으로 벼슬이라도 해 볼까 한 적이 있었습니다. 지난 십여 년 전부터 다시 고전을 정독하여 기초도 쌓았거니와 조상의 전통을 이어 가정을 꾸려야 할 책임이 저에게 적잖게 있었기 때문입니다.

허나 제 염원과 사회 현실이 모난 자루가 둥근 구멍에 맞을 수 없듯이 언제나 뒤틀어졌을 뿐입니다. 옛 친우들은 모두 없어져 버렸고 새로 알게 된 친구들은 아직 익숙하지 못한 터라 제 뜻을 누가 알아준단 말입니까. 할 수 없이 또다시 산수 간으로 방랑의 행장을 꾸려 떠나왔던 것입니다.

여기까지가 모두 제가 걸어온 실지 사실입니다. 당신께서 대강은 짐작하셨으리라 믿습니다. 저를 통 이해하지 못하는 자들은 집이 가난한 탓으로 저렇게 너절하게 떠돌아다니면서 자기 뜻을 펴지 못한다고도 하며, 심지어는 집안 살림살이를 있는 대로 다 팔아먹고 가난을 못 견디어 사방으로 굴러다니는 것이라고도 합니다. 이 얼마나 가소로운 일이겠습니까. 모두 '삼각산三角山' 시나 염양厭禳, 한필漢筆에 대한 이야기처럼 뜬소문일 뿐입니다. 헛된 이름이 어찌 이렇게도 조물주의 시기를 받게 되었는지 참으로 한심한 노릇입니다.

그런데 상국은 제 정체를 분명히 모르시는지 저를 지나치게 추어올려 지난날의 옛 친우였던 괴애(乖崖, 김수온), 사가(四佳, 서거정), 금헌(琴軒, 김뉴)처럼 한결같이 공대해 주시고 저의 방종한 버릇이 뵈올 적마다 더하였는데도 불구하고 한층 더 친절히 맞이하여 주시면서 심지어는 조정의 벼슬길에 나서라고까지 권유하여 주시니 생각이 지극히 깊으며 은혜가 대단히 큽니다.

저 역시 상국의 자제들과 함께 어디 조용한 장소를 택하여 글이나 지어 볼까 하였습니다. 마침 금년에는 이 골짜기에서 보리와 조를 비롯한 곡식들을 한 마지기에서 한 섬지기나 갈았더니 토질이 원래 기름진 덕으로 이삭이 꽤 잘 여물어 가을에 추수하면 여남은 섬은 될 듯하기에 이것을 가지고 고을 근처에 자리를 잡고 상국의 도움을 받는다면 내년 양식은 걱정할 것이 없으리라고 여겼습니다.

그런데 지금 막 산골에 돌아와 보니 불과 며칠 동안에 모조리 산쥐들의 피해를 입어 남은 것이 몇 알 될 것 같지 않아 우두커니 바라만 보고 탄식할 뿐입니다. 만일 가진 것 없이 남에게 등만 대고 관가 덕으로 입에 풀칠을 하면서 이러니저러니 하여 고분고분 얻어먹고 살아간다면 선비의 몰골이 말이 아닐 것입니다. 보는 사람들도 가난을 못 이겨 비렁뱅이처럼 밥술이나 얻어먹고 있다고 하지 않겠습니까?

옛말에 늙어 갈수록 더욱 굳건해지고 생활이 궁할수록 더한층 지조를 굳게 지킨다고 하였는데, 이는 실로 제가 걸어야 할 길이라고 생각합니다. 지금 저의 형편은 극히 곤란한 지경에 있으나 제가 이 산골을 버리고 출세 길을 택하기에는 다섯 가지 불가한 것이 있습니다.

세인들은 제 행동만 따질 뿐 저의 지향은 이해하지 못할 것이니 앞으로 무엇으로 저에게 입혀지는 누를 씻으며 제 행동을 변명하오리까? 이것이 첫째 부당한 조건입니다. 만일 아내를 맞이하여 가정을 꾸린다 하더라도 살림살이에 얽매여 생활 형편이 자유롭지 못할 것이니, 이것이 둘째 부당한 조건입니다. 설사 아내를 맞이한다 하더라도 도연명陶淵明의 아내 적씨翟氏나 양홍梁鴻의 아내 맹광孟光과 같은 어진 부인을 만나기는 어려울 것이니, 이것이 셋째 부당한 조건입니다. 비록 친우들의 주선에 의해 한 자리 벼슬을 얻게 되더라도 미관말직의 처지로는 제 포부를 실현하지 못할 뿐 아니라, 또한 제 성격이 고집스러워 저 녹록한 무리들과 휩쓸리지는 못할 것이니, 이것이 넷째 부당한 조건입니다. 제가 산골에 사는 것은 강산의 승경을 사랑하기 때문이라 밭갈이 농사일만이 목적이 아닌데 바로 올해 농사에 실패하였다고 하여 산 밖을 나가 살 길을 찾는다면 남들은 가난을 못 견뎌 동요했다고 할 터이니, 이것이 다섯째 부당한 조건입니다. 선비는 세상 형편이 뜻에 맞지 않을 때는 물러가 은퇴 생활을 하는 것이 원래 마땅한 일이거늘 어찌 남의 비방을 받아 가면서 억지로 출세를 하려 한단 말입니까.

　전날 당신이 보낸 여인은 아무리 봐도 돈을 보고 남편을 구하려는 사람인 것 같았습니다. 저 같은 자에게는 따르지 않을 사람이라고 짐작하였거니와 저 역시 그런 여인에게는 마음이 내키지 않았던 것입니다. 그래 일부러 달빛에 흥을 못 이겨 경치 구경을 하는 체하면서 그의 거동을 보노라니 과연 떠나 버리고 말았습니다. 이튿날 당신이 대단히 걱정하시더란 말을 듣고는 죄송스럽게 여겼습니다.

　제가 오늘 상국을 알게 된 것은 이른바 천리 준마가 백락伯樂을 만난 셈이니 날개를 펼치고 소리를 지를 기회며 백아伯牙가 종자기鍾子期를 만난 셈이니 자기 재간대로 거문고를 한껏 타 볼 기회라고 생각합니다. 그러기에 제가 응당 해야 하는 것, 예를 들어 학문에 대한 토론이나 글줄이나 엮는 것쯤은 제 힘을 아끼거나 속마음을 다 털어놓지 않는 일이 없었습니까. 다만 이 산골을 버리고 출세 길을 택하라는 권고만은 두고두고 생각해도 받아들일 수 없습니다.

　아, 상국과 같이 어진 이는 간곡한 관심을 쏟아 여러 가지로 돌봐

주려는데 저 하늘은 무삼 일로 올해 농사를 끝까지 못 먹도록 한단 말입니까? 앞으로 긴 호미 연장을 마련하여 복령과 창출이나 캐어 보렵니다. 잎 듣고 서리치는 찬 방 안에서 중유仲由처럼 헌 옷이나 꿰매 입고 백설이 흩날리는 산속에서 왕공王恭처럼 학창의鶴氅衣나 떨쳐입고 살아가렵니다. 너절하게 출세 길을 택하는 것보다 차라리 이 산골에 노닐면서 깨끗이 여생을 마쳐 천년 뒤에 이 몸의 깨끗한 기개를 알아주기를 바라는 것이 나으리라고 생각하는 바입니다.

고귀한 은혜에 감격하여 눈물을 뿌리며 종이를 펼쳤으나 눈앞이 캄캄하여 우선 이렇게 적어 인사를 드리니 널리 살펴 주시기를 바랄 뿐입니다.

8월 26일에 당신의 기억에 남아 있는 김열경金悅卿은 엎드려 절하고 사룁니다.

부록

김시습 연보
김시습 작품에 대하여 – 김주철
원문
원래 제목으로 찾아보기

김시습 연보

1435년
서울 성균관 근처에서 태어났다. 아버지는 김일성金日省, 어머니는 선사 장씨이다. 최치운이 시습이라는 이름을 지어 주었다. 태어난 지 여덟 달 만에 글을 알아 외할아버지에게 《천자문》을 배웠다.

1437년 (3세)
시를 짓기 시작했다. 《정속正俗》, 《유학幼學》, 《자설字說》, 《소학》을 공부했다.

1439년 (5세)
김시습이 신동이라는 소문이 세종에게까지 알려져, 세종이 승정원을 시켜 김시습을 시험한 뒤, 그 재능을 칭찬하여 비단을 하사하며 장래에 크게 쓰겠노라고 약속했다고 한다. 이때부터 '오세'라는 별명으로 알려졌다.
그 뒤 열세 살이 될 때까지 이계전, 김반, 윤상 들에게 사서삼경을 배우고 역사서, 제자서도 읽었다.

1449년 (15세)
겨울에 어머니가 돌아가셨다.

1452년 (18세)
어머니의 무덤 옆에 여막을 짓고 삼년상을 치렀다. 삼년상을 치르는 중에 돌보아

주던 외할머니가 죽고 아버지는 병이 들어 계모를 맞아들였다. 이 무렵 훈련원 도정 남효례의 딸과 혼인하였다. 서울에 올라와 안신 등과 과거 공부를 하였다.

1453년 (19세)
봄에 과거에 응시했으나 낙방하고 삼각산 중흥사에서 공부를 계속하였다.

1455년 (21세)
단종이 수양대군에게 양위한 사실을 전해 듣고는 책을 불사르고 머리를 깎고는 방랑길에 올랐다. 강원도 김화 남쪽 사곡촌에 들어가 박계손같이 의리를 지키려고 은둔한 지사들과 함께 지냈다고도 한다.

1456년 (22세)
성삼문, 박팽년 등이 단종을 복위시키려다가 처형되는 것을 지켜보았다. 박팽년, 유응부, 성삼문, 성승의 시신을 수습하여 노량진에 묻고 작은 돌로 표묘를 대신했다고 한다.
'접동새〔子規詞〕'를 지었다.

1458년 (24세)
세조가 동학사에 사육신을 위한 초혼각을 세우자 동학사로 가서 조상치와 함께 단종의 제사를 지냈다.
승복을 입고 송도를 기점으로 관서 지방을 유람하기 시작하였다. 개성에서 민담, 이몽가와 학문에 대해 토론하고 평양에서 송처검을 만나 유교와 불교에 대해 토론하였다.
순안과 영유에서 성균관 시절의 동료를 만나고 영변에서는 평안도 절제사 구치관을 만났다. 보현사에 묵으며, 관음사 여러 중들과 불교에 대해 논하였다.
북쪽 국경 지방을 여행하려던 계획을 포기하고 평양으로 되돌아갔다.
겨울에 개성에 머물며, 관서 지방을 유람하면서 쓴 시들을 모아《관서 땅을 떠돌면서〔宕遊關西錄〕》를 엮었다.

1459년 (25세)

송림사를 돌아본 후 관동 지방을 유람하기 시작했다. 포천을 거쳐 내금강 장안사와 마하연을 구경하였다. 철원으로 가서 보리진, 보개산, 심원사에 들렀다.

다시 경기도로 와서, 겨울에 한성 부근의 소요사, 삼각산, 수락산, 회암사에 머물렀다. 회암사에서 《원각경》을 읽고 고승 해사에게 불경 강해를 들었다.

1460년 (26세)

관동 지방을 유람하며 금강산, 오대산과 관동팔경을 돌아보았다.

강릉에서 두세 달 머물다가 여름에 오대산으로 들어가 그곳에 집을 짓고 살았다. 다시 길을 떠나 평창 백양진, 마제진, 영월을 거쳐 주영현으로 나왔다.

9월에 관동 지방을 유람하면서 쓴 시들을 모아 《관동 땅을 떠돌면서[宕遊關東錄]》를 엮었다.

10월 호서로 향했다.

1461년 (27세)

봄에 전주를 거쳐 변산의 내소사를 돌아보았다. 가을에 천원역을 거쳐 능악에 올랐다. 이 무렵 백제의 역사를 되돌아보고 '영백제고사咏百濟故事'를 지었다.

1462년 (28세)

보살사와 광주 무등산을 거쳐 송광사를 찾았다. 남원, 함양, 견암사를 거쳐 해인사에 들렀다. 경주에 이르러 정착할 결심을 하고 금오산 중턱 용장사에 머물렀다. 이 무렵 원효의 비를 보고 '무쟁비無諍碑'를 지었다.

1463년 (29세)

경주의 신라 유적을 돌아보는 한편 당나라 육우의 《다경》을 읽고 직접 차를 재배했다.

가을에 《호남 땅을 떠돌면서[宕遊湖南錄]》를 엮었다. 가을에 책을 구하기 위해 서울에 올라와 창덕궁 부근의 향교동에 머물렀다. 효령대군의 추천으로 세조의 불경 언해 사업에 참가하여 내불당에서 교정 일을 맡아보았다.

1465년 (31세)

경주로 내려가 용장사 부근에 금오산실을 짓고 정착하였다. 이 금오산실의 당호가 매월당이다.

3월 그믐에 효령대군의 요청으로 원각사 낙성회에 참여하여 '원각사찬시[圓覺寺讚詩]'를 지었다. 이때 세조가 서울로 돌아올 것을 명했으나 사양했다.

4월 서거정을 찾아가 이때부터 서거정과 교유하였다.

가을에 금오산으로 돌아갔다.

이곳에서 37세까지 머물면서 우리 나라 최초의 소설인 《금오신화》를 비롯한 수많은 시편들을 남겼다.

1471년 (37세)

성종이 왕위에 오르자 서울로 올라와 이듬해부터 성동 수락산 근처에서 십여 년을 지냈다고 하는데 자세한 것은 알려지지 않았다.

1472년 (38세)

새 조정에서 벼슬하겠다는 생각으로 경전을 다시 익혔다.

이 무렵 '옛 정치를 본받으라[爲治必法三代論]', '먼저 백성을 생각하라[愛民義]', '동물보다 백성이 먼저이니[愛物義]', '재정을 다스리는 법[生財說]'들을 지은 듯하다.

1473년 (39세)

금오산 시절에 지은 시들을 《금오 땅을 떠돌면서[宕遊金鼇錄]》로 엮었다.

1481년 (47세)

봄에 세상에 나와 할아버지와 아버지의 제사를 지내고 안씨와 혼인하였다.

이식, 이정은 같은 종친들과 남효온 등 죽림칠현과 교유하였다.

이듬해 아내가 죽고 폐비 윤씨 사건이 일어나자 다시 관동 지방으로 방랑 길을 떠났다.

1485년 (51세)
봄에 오대산을 지나 강릉에 가서 머물렀다.
그 뒤 양양으로 향하여 바닷가에 머물렀다. '동봉가 여섯 곡〔東峯六歌〕'을 이때 지은 듯하다. 바닷가 마을 청년들과 어울리며 지냈다.

1486년 (52세)
양양의 설악 서쪽으로 들어가 농사를 지었다.

1487년 (53세)
양양 부사 유자한이 술과 음식을 보내오자 편지를 주고받으며 친밀하게 교유하였다. 유자한의 청으로 구황책에 관한 상소문을 대신 짓고, 유자한에게 《장자》를 가르치기도 하였다. 유자한이 여인을 보냈지만 물리쳤고, 벼슬에 나아가도록 권유했지만 사양하였다.

1493년 (59세)
무량사에 머물다가 3월에 병들어 세상을 떠났다.

1521년
이자가 김시습의 시문을 모으고 서문을 썼다.

1582년
선조의 명으로 《매월당집》을 편찬하기 시작했다. 이이가 왕명을 받아 '김시습전'을 썼다.

1583년
이산해가 '매월당집서'를 지었다. 《매월당집》 시집 15권과 문집 6권이 간행된 듯하다.

김시습 작품에 대하여

김주철

　김시습이 창작한 문학 작품들과 그의 철학적, 사회 정치적 견해를 논술한 글들은 그가 살았던 당시의 정치 생활, 경제생활을 비롯한 그 시대의 현실을 비교적 진실하게 반영한 것으로 15세기 후반기 우리 나라의 진보적 문학과 사상 조류의 발전을 연구하여 인식하는 가치 있는 유산으로 된다.
　김시습의 자는 열경悅卿이며, 호는 매월당梅月堂 또는 동봉東峯, 청한자淸寒子, 오세동五歲童, 그밖에 여러 가지로 불렀으나 자기는 늘 청한자라고 썼다. 그는 조선 왕조가 상승 발전하면서 모순이 드러나기 시작한 15세기 후반기에 두각을 나타낸 진보적인 양반 출신 문인이었다. 김시습이 개성적 특질이 짙은 문인이 된 데는 당시의 사회 역사적 현실이 크게 작용하였다.
　김시습은 1435년(세종 17) 서울 성균관 뒷마을 선비 가문에서 태어났다. 전하는 바에 의하면 그는 어릴 적부터 한문 시를 지을 줄 알아 저물어 가는 봄날에 복숭아꽃이 만발하고 버들잎이 푸르른 것을 보고 '도홍류록삼춘모桃紅柳綠三春暮'라 하였으며, 솔잎에 맺힌 이슬을 보고 푸른 바늘로 구슬을 꿴 것 같다고 하여 '주관청침송엽로珠貫靑針松葉露'라고 읊었고, 당시의 재상 허주許稠가 찾아와서 '나는 늙은이라'고 한 데 대하여 '늙은 나무에 꽃이 피니 마음은 젊었도다(老木開花心不老)'라고 대답하였다고 한다. 이와 같은 소문은 마침내 국왕 세종에게까지 알려져 그가 다섯 살에 세종이 궁중으로 불러들여 만나 보고 나서 그 재간을 기특히 여겨 상으로 비단 50필을 주었더니 다섯 살 김시습은 그 비단을 끝마다 이어 매어 한끝을 쥐고 궁궐 밖을 나갔다는 것이다. 그는 어릴 적부터 이렇게 유달리 총명하였다고 한다.

김시습은 열세 살 적부터 성균관 대사성 벼슬을 하던 김반金泮의 문하에서 글공부에 몰두하였다.

당시 조정에는 세종이 죽고 그 아들 문종이 즉위한 지 2년 만에 또 죽자 나이 어린 단종이 왕위를 계승하게 되었다. 수양대군이 이 기회를 이용하여 어린 조카 단종을 죽이고 왕위를 빼앗았으며 나아가서는 세종 이후 집현전을 중심으로 집결하였던 저명한 과학자들인 성삼문成三問, 박팽년朴彭年, 하위지河緯地들과 고관 대신 70여 명을 자기를 반대한다고 하여 무참히 학살하고 당시 과학의 유일한 학당이었던 집현전까지 철폐해 버렸다. 뿐만 아니라 세조는 폭압적인 수단으로 왕권을 쟁탈한 뒤 양심의 가책을 오로지 불보살에게 의탁하였고 불교적 숙명론과 체관(단념하는 관점)을 선전함으로써 반대파인 유학자들의 절의 사상을 회유하기 위하여 절에 방대한 토지를 떼어 주었으며 더 많은 절을 지어 불교를 장려하였다. 그 결과 방대한 불경의 출판과 아울러 부처 공양 등 난잡한 종교 행사로 말미암아 백성들에 대한 가렴주구는 날로 혹심해 갔다. 이와 같은 세조의 폭력적인 정책은 백성들의 증오를 샀다. 그리하여 1467년에 이시애李施愛를 두령으로 하는 함경도 농민들의 반정부 전쟁이 일어나게 되었다.

1455년 6월, 서울 수락산 속에서 큰 뜻을 품고 글공부에만 열중하던 스물한 살 한창 나이의 김시습은 세조의 찬탈 소식을 듣자 치솟는 분노를 견디지 못하여 사흘 동안 문을 닫고 대성통곡하다가 읽던 서적들을 모조리 불살라 버리고 어디론지 자취를 감추어 버렸다. 이로부터 김시습의 방랑 생활이 시작된다. 김시습은 머리를 깎고 대부분 숙식을 절에서 하였으나 사상적 입장은 불교와는 반대된다는 것을 늘 시나 글로 밝혔다.

그 뒤 김시습은 1458년까지 관서 지방을 두루 다니면서 시집《탕유관서록宕遊關西錄》을 썼고 1460년까지 사이에는 관동 지방에 있다가 다시 호남 지방으로 내려갔으며 1463년 이후에는 영남에서 머물렀다. 이 기간 그는《탕유관동록宕遊關東錄》,《탕유호남록宕遊湖南錄》,《유금오록遊金鰲錄》등의 시집을 계속 썼는데 이를 합한 것이 유명한 《사유록四遊錄》이다.

김시습은 이 기간 동안 원한과 울분에 싸여 부평초처럼 떠돌아다니는 자기 생활을 당시 사회의 봉건 질곡 속에서 백성들의 울부짖음과 결부시켜 노래하였으며 포악한 탐관오리들과 지주, 수전노들을 풍자하는 반면, 역사에 이름을 남긴 애국 열사들의 고상한 애국적 열의와 절개를 노래하였다. 국내 각지에서 이렇게 방랑하면서 현실 속에서 고난과 체험을 쌓은 시인 김시습은 1465년 이른 봄에 경주 금오산으로 들어갔다. 그는 다시 각종 서적들을 구해 들여 여기서 자기 일생을 마치기로 작정하였던 것이다.

조선 문학사에서 지울 수 없는 작품으로 되는 단편 소설집 《금오신화金鰲新話》를 쓴 것도 이 시기다. 그는 때로는 밭을 일구어 농사도 지었으며 후대들의 교육에 대하여서도 항상 소홀히 여기지 않았으므로 그 문하에는 많은 청년 제자들이 모여들었다. 당시 세조는 김시습의 움직임에 무관심하지 않았다. 그는 일반 유학자들과 마찬가지로 김시습에 대해서도 회유정책을 쓰려 하였다. 김시습이 금오산으로 들어간 1465년(세조 11년) 3월에 효령대군이 김시습에게 편지 한 장을 보냈다.

"임금께서 옛 홍복사弘福寺를 중건하여 원각사圓覺寺라고 명명하고 낙성 연회를 베푸는데 내가 임금께 추천하였으니 초야에서 지낼 생각은 그만 버리도록 하라."

김시습은 자못 주저하였으나 다시 생각한 바가 있어서 즉시 서울로 올라가 연회에 참석하였다. 그런데 세조의 임석 하에 연회가 한창 벌어지고 있을 무렵 갑자기 김시습이 자취를 감추었다. 세조가 이상히 여겨 행방을 찾으니 그는 일부러 부근 뒷간에 가 있었다. '너희들은 모두 더러운 인간들!' 이라는 뜻이었다.

물론 김시습에게는 제왕도 대신도 어떤 권력도 두려울 것이 없었으며 그 어떤 부귀와 공명도 부러울 것이 없었을 뿐만 아니라 도리어 그들을 아니꼽게 여겼으며 온갖 포악과 탐욕의 화신으로 저주하였던 것이다. 이와 같은 그의 기개는 길이 사람들에게 존경과 사랑을 받아 왔다.

그 뒤 김시습은 가장 증오하던 세조가 죽고 성종이 즉위하자 이듬해인 1472

년 국왕의 부름을 받고 서울까지 간 적이 있었으나 벼슬에는 여전히 뜻이 없어 다시 금오산으로 들어간다. 1478년경에는 머리를 기르고 안씨의 딸과 결혼하여 아들까지 두었으나 오래지 않아 처자가 죽자 또다시 산으로 들어가고 말았다. 이 시기는 주로 양양, 강릉 지방에서 농사를 지었으며 설악, 한계, 청평 등의 산수를 찾아다니며 즐겼다. 김시습은 자기 생애의 마지막 시기를 충청남도 홍산 무량사에서 보냈는데 그때 자필로 자기 초상화를 그리고 그 옆에다가,

> 못생긴 너의 얼굴
> 오활한 너의 언사
> 깊은 산골에 파묻힘이
> 마땅할밖에.
> 爾形至眇 爾言大侗
> 宜爾置之 丘壑之中

라고 쓰고 쉰아홉 살로 창작 생활과 극적인 한생을 마쳤으니 때는 1493년이었다. 김시습은 어릴 적부터 시재로 세상에 알려졌고 그 극적인 일생을 시로 보낸 사람이다. 그의 시 작품이 양적으로 많기로는 수만 여 편에 달하였다고 하니, 조선 역사에서 아마 첫손가락에 꼽아야 할 것이로되 대부분의 작품들은 자기 손으로 없애 버렸고 후세 사람들이 수집 정리하여 현재 시집 세 권이 남아 있을 뿐이다. 그의 시문의 범위는 매우 광범위하여 문학 작품에서부터 정론, 역사, 철학 등 다방면에 걸쳐 있다.

이《김시습 작품집》에는《매월당집梅月堂集》과《금오신화》가운데서 시 160여 편, 소설 5편, 정론 9편, 서한문 3편을 선택하여 번역하였다.

그의 시 작품은 자기의 불우한 생활과 처지 때문에 당대의 사회 현실을 비교적 진실하게 보여주는 우수한 시들이 많다. 그 내용을 몇 가지로 분류하여 보면 다음과 같다.

우선 봉건 시대 농민들의 비참한 생활을 반영한 '산골 집을 지나며〔遊山家〕',

'어허 애달파〔嗚呼歌〕', '산골 농사꾼〔咏山家苦〕', '가물의 한탄〔憫旱〕', '농민들이 토란국을 끓이다〔野人烹岷芋 有感〕' 들을 들 수 있다. 이 시들에서는 가을이 왔건만 쓸쓸한 산골 마을엔 송아지조차 여위었는데 그래도 걷어 가는 데만 여념 없는 관리놈들이 들이닥치는 정경을 생동감 있게 펼쳐 보이고 있으며, 대궐한 채 짓는 통에 백성들의 수많은 집들이 거덜나 이고지고 고향을 떠나가는데도 가죽을 벗기고 피를 짜내고 뼈마저 긁어 가는 무자비한 약탈상을 증오의 불길로 저주하고 있다.

다음으로 양반의 비행을 폭로 비판하고 조소 야유한 시들로는 '그놈이 그놈이다〔莫匪〕', '딱따구리〔啄木〕', '울분에 겨워서〔擬離騷〕', '여우〔咏狐〕', '곽쥐〔碩鼠〕', '쥐를 재판하노라〔鞫鼠〕'가 있다. 이 시들에서는 당시의 통치배들을 여우와 쥐 같은 간악하고 교활한 짐승으로 묘사하면서 이들이 온 나라에 퍼져 백성들을 갉아먹고 집을 허물며 강산을 병들게 하고 있는 악랄상을 폭로하고 있다. 그리고 나무를 해치는 벌레를 잡아먹는 딱따구리 같은 것이 인간 세상에도 태어나 악독한 무리들을 다 잡아치웠으면 좋겠다는 감정도 토로하고 있다.

다음으로 일하는 백성들과 여인들의 애틋한 심정을 동정한 시들로 '여강의 어부에게〔驪江贈漁夫〕', '가을 강〔秋江〕', '누에 치는 아낙네〔蠶婦〕' 들을 들 수 있다. 이 시들에는 양반들의 가혹한 수탈 속에서도 자신의 땀과 노력으로 살아가는 농민과 어부들의 생활 모습과 거만한 양반과 교활한 장사치에게 기만당한 여성들과 기생들의 억울해도 하소연할 데 없는 아련한 심정을 노래하고 있다.

다음으로 당대 사회의 인정세태 풍속과 부패한 사회 풍조를 보여 주는 시들로 '죽순 껍질로 신을 삼아 준 이에게 사례하여〔有惠斑箬鞋者謝之〕', '백률계에 드리노라〔贈柏栗契〕', '산골 개가 저물녘에 짖는다〔山犬暮吠〕' 들이 있다. 이 시들에서는 선량한 조선 사람들의 깨끗한 정신세계와 함께 바닷가 장거리 모습을 통하여 당시 경제생활의 일단을 보여 주고 있으며, 반면에 양반들 속에서 의리를 저버리고 개처럼 싸움질만 하고 벼슬을 낚으려 아첨하고 술과 투전으로 날을 보내며 제 뱃속 채우기에만 급급한 양반들로 가득한 현실을 서글퍼하고 있다.

다음으로 일신의 부귀영화를 버리고 정의를 갈망한 시들로는 '삽석연을 지나다가 주인에게 드리노라〔入揷石塢贈人〕', '여강의 어부에게〔驪江贈漁父〕', '박연폭포〔瓢淵〕' 들이 있다. 이 시들에서는 주위에서 가해지는 부귀영화에 대한 온갖 유혹을 물리치고 제힘으로 살림을 꾸려 나가며 부패 타락한 당대 사회 현실에 물들지 않고 자기 이상을 실현해 보려는 대바르고 강직하며 정의감에 불타는 시인의 사상과 감정을 노래하고 있다. 이것은 자기의 불우한 신세를 한탄한 '도중에서〔途中〕'나 '서글퍼 웃노라〔莞爾〕' 들과는 대조되는 건전한 시들이다.

끝으로 아름다운 조국 강산을 노래하고 우리 나라 역사를 격조 높게 읊은 시들로 '부벽루〔浮碧樓〕', '상원폭포〔上院瀑布〕', '단군굴〔檀君窟〕' 들이 있다. 이 시인에게 강산을 노래한 음풍영월은 부패 타락한 양반들이 술 놀이 끝에 하는 단순한 유흥거리가 아니라 아름다운 우리 자연에 대한 사랑의 찬미이며 민족의 긍지였다. 그러기에 그는 다른 시인들과는 달리 우리 나라 역사에 대한 해박한 지식을 바탕으로 고조선과 고구려 사람들의 반침략 투쟁 사실을 격조 높이 노래하고 있는 것이다.

실로 시인 김시습은 전국 각지로 방랑하면서 백성의 눈물을 자기 눈물로 삼았으며 백성의 목소리를 자기 목소리로 삼아 당대 사회의 승냥이 떼 같은 관료와 지주들에게 예리한 필봉을 휘둘렀다. 그러나 그는 자신의 사회 계급적 처지와 당시의 역사적 제한성에서 벗어날 수가 없었다.

김시습의 이러한 제한된 세계관은 그의 사회 정치적 견해를 논술한 정론과 서한문에도 나타나고 있다.

정론 '먼저 백성을 사랑하라〔愛民義〕'에서는 '백성은 나라의 근본'이라는 입장에서 왕과 봉건 관료들이 입고 쓰고 향락하는 모든 물건이 백성들의 힘으로 이루어진 것이라고 보고 있다. 그러므로 임금이 백성의 지지를 받지 못하면 임금 노릇을 못한다고 하면서 역사의 교훈을 참작하여 백성을 사랑하는 정치를 하여야 한다고 주장하였으며, 백성을 사랑하는 정치를 하기 위해서는 농민들에게 세금과 부역을 경감시키고 농민들이 농사에 힘쓰게 하여야 한다고 하였다. 이 정론에 반영된 작가의 사상은 당시 봉건 통치배들의 부패한 정치를 비판하고 백성들의 이해를 일정하게 반영한 것으로 진보적인 것이다. 그러나 여기에 반영된 사상은 본질적으로 한계가 있다. 그것은 사회적 관계를 계급적 관점에서 보지 못하고 도덕적 이념에서 보았다는 데 있다.

이러한 윤리적 관점에서 그는 백성에 대한 착취와 압박에 기초하고 있는 봉건제도 자체를 청산하지 않고도 '어진 왕'이 있어 '어진 정치'를 하기만 하면 봉건적 사회악이 없어지리라고 믿었던 것이다. 바로 이러한 관점에서 그는 '먼저 백성을 사랑하라'와 '어진 군주를 기다리며(人君義)'에서 임금은 임금답게 일하라고 하고 '신하의 자리도 하늘이 낸다(人臣義)'에서 신하는 신하답게 자기 본분을 지킬 것을 설교하고 있다. 그리하여 그는 '백성을 위한 정치'를 하였다는 전설적인 요순과 같은 고대 이상사회에 대하여 환상을 가지고 있었으며 역대 '어진 정치'를 하였다는 임금을 본받도록 설교하였다.

김시습의 이러한 사회 정치적 견해는 물론 당시로서는 진보적이었으나 이것은 한갓 실현할 수 없는 환상적인 것에 지나지 않으며 결국은 백성들이 '어진 왕'에 대한 환상을 가지게 함으로써 백성들의 계급의식을 마비시키는 결과를 가져온다.

소설은 김시습이 1464년 경주 금오산에서 《금오신화》라는 책 표제 안에 쓴 '만복사 윷놀이〔萬福寺摴蒲記〕', '이생과 최랑〔李生窺墻傳〕', '부벽정의 달맞이〔醉遊浮碧亭記〕', '꿈에 본 남염부주〔南炎浮洲志〕', '용궁의 상량 잔치〔龍宮赴宴錄〕' 등 다섯 편이 있다. 작품집 끝에다 '첫째 책'이라고 쓴 것으로 보아 오늘날 전하는 이 작품집 이외에 한 권이 더 있으리라고 짐작된다.

《금오신화》는 사건 전개로 보나 허구적인 창작 수법으로 보나 이는 작가 김시습의 창작 의욕이 의식적으로 작용한 단편 소설집이다. 《금오신화》가 창작된 15세기는 실로 우리 나라의 사회, 경제, 과학, 문화 전반에 걸쳐 유래 없는 새로운 면모를 보여 준 시기였다. 훈민정음의 창제, 각종 과학 기구의 발명, 수많은 서적들의 편찬으로 우리 민족 문화와 사상이 획기적인 발전을 보였으며 철전의 주조 사업을 널리 벌여 1424년부터 경상, 전라 각 지방에 주전소鑄錢所를 설치하였고 15세기 중엽 이후에는 국내 각지에 처음으로 정기적인 시장이 형성되었다.

화폐의 유통과 시장의 발달 등은 비록 봉건사회였지만 자연 경제의 장벽을 넘어서 진출하는 행상과 보부상의 상업 경제적 활동이 점차 활발해졌으며 인간 생활에서도 보다 더 새로운 이상을 추구하게 되었던 것이다. 이와 같은 문화적 새 기운과 사회적 제 요구는 문학 발전에 가장 첨예하게 반영되었다. 이 시기에 삼국시대 이후의 작품들을 문학사적 측면에서 수집 정리한 《동문선東文選》이 편찬되고 구전 문학의 서사 작품들이 이때를 전후하여 홍수처럼 쏟아져 나왔다.

이와 같이 새로운 이상을 추구하던 당시의 사회적 요구에 부응하여 문학 작품에서도 과거의 좁은 형식에 구애되지 않고 새로운 창작 형식을 모색 탐구하였음을 짐작할 수 있다. 이와 같은 시대적 환경 속에서 작가 김시습에 의한 허구적인 창작 소설이 출현한 것은 우연이 아니다. 김시습은 평생의 울분과 원한을 씻어 보려는 심정에서 《금오신화》를 집필하였던 것이다.

특히 우리의 주목을 끄는 것은 김시습은 이 작품을 쓰면서 어디까지나 민족 자주의 감정을 잃지 않은 것이다. 종전의 우리 작가들은 흔히 작품을 쓰는 데 외국의 지명이나 고사를 배경으로 삼아 왔지만 김시습은 이와 같은 불합리함을 배격하고 매 연마다 조선의 풍속, 조선의 자연, 조선의 도시와 마을을 그렸고 조선의 여성, 조선의 상인들을 비롯한 다양한 인물을 형상화하였을 뿐만 아니라 조선 사람들이 역대로 증오하던 위만, 왜적, 홍두군 등의 침략 사실을 소재로 삼아 당시 사회에 대한 첨예한 비판과 자기가 추구하는 이상을 전개하는 사건에 따라 생동하게 형상화하였던 것이다.

'만복사 윷놀이'에는 명승지 남원에서 연등회라는 민속적인 행사를 계기로 노총각 양생이 나타난다. 그는 1380년에 전함 오백 척이나 끌고 오다가 최무선崔茂宣 장군의 화공 전술에 패배한 뒤 호남 각지에 흩어져 발광하던 가증스러운 왜적에게 학살당한 처녀 귀신을 만나 놀다가 자기와 인연을 맺은 귀신에게 종신토록 순정을 바친다. 길도 없고 이슬만 가득 찬 북망산에서 이성을 그리워하며 억울한 사정을 노래하는 그 처녀 귀신들의 하소연은 바로 봉건 질곡 속에 얽매인 모든 여성들의 심정이기도 하지만 또한 세상을 원망하며 심산궁곡 속에서 헤매던 작가 자신의 울분이기도 하였다.

1359년부터 국경을 침입하기 시작하다가 1361년에 이르러서는 십만 대군으로 고려의 수도 개경까지 강점한 홍두군의 전란은 14세기 우리 나라에서 일어났던 큰 사변이었다. '이생과 최랑'은 이 시기를 배경으로 하였다. 유교적 구속을 헤치고 이생과 자유로운 사랑을 맺어 새로운 형태의 따뜻한 보금자리를 꾸미려던 최랑은 이 사변을 당하여 적들이 달려들자 "이리 떼 같은 원수놈들아, 내가 차라리 죽을지언정 너희들 개돼지와 같은 놈들의 짝으로 될 줄 아느냐!" 하면서 항거하다가 쓰러진다. 당시 국경의 방비를 소홀히 여기던 국왕과 대신들은 어려운 고비를 당하자 그만 나라를 버리고 도망쳐 버렸지만 애국적인 백성들만은 끝까지 자기 향토를 수호하였던 것이니, 적의 칼날 앞에서도 굽히지 않는 조선 여성의 고귀한 전통을 이 작품은 보여 주고 있다.

'부벽정의 달맞이'는 고구려의 옛 서울이며 조선 역사에서 가장 유서가 깊은 옛 도읍지 평양에서 이야기의 실마리가 시작된다. 당시 상업이 가장 발전되었던 송도의 상인 홍생이 장삿배를 타고 평양에 온 길에 옛날부터 신선이 내린다는 전설을 가진 을밀대 아래 부벽루에서 팔월 한가위 달맞이를 하다가 뜻밖에 고조선의 유민이라는 선녀를 만나 고금 역사의 변천을 개탄하며 자기 나라를 침략한 위만을 저주하고 아름다운 조국 강산을 노래한다.

이 작품에는 대목 대목에 작자의 염세적인 기풍이 농후하게 풍기지만 이는 어디까지나 당대 집권층에 대한 혐오임을 역력히 알 수 있다. 한편 조국의 강토와 자연에 대한 연연한 사랑을 구절마다 느낄 수 있으며 유구한 조국 역사의 강토에 대한 열렬한 사랑을 마음속 깊이 지니고 있으면서 당시의 지배층에 대한 반감, 사회에 대한 울분을 품은 작가의 우국적인 기개를 볼 수 있다.

송도의 명승의 하나인 박연폭포에는 오랜 옛날부터 용이 살고 있다는 신비한 전설이 전해지고 있었다. 작가 김시습은 '용궁의 상량 잔치'에서 이 전설에 근거하여 용궁의 환상적 세계를 배경 삼아 자기의 이상을 토로하였으며 다채로운 필치와 기교를 보여 주었다. 문사 한생에 대한 용왕과 물나라 여러 신들의 극진한 존경과 우애는 김시습이 자신의 어린 시절에 각 부문의 우수한 과학자들과 국내의 유능한 문사들을 집현전에 모아 놓고 우대하던 세종 시대의 일을 연상시킨다. 그렇게 화려하고 온갖 조화를 일으키는 기구들이 갖추어져 있는 용궁에서도 밝은 날을 흐리게 하는 증오스러운 구름을 쓸어 없애는 기구가 없음을 개탄하는 한생의 심정은 김시습 자신의 힘으로는 당시 사회를 개조해 볼 수 없는 안타까운 심정을 이야기하는 듯싶다. 특히 이 작품에서 묘사된 거북춤, 게 춤 등의 다채로운 장면들은 문장 구사에 능란한 작가 김시습의 뛰어난 필치가 아니고서는 불가능한 표현들이다.

'꿈에 본 남염부주'는 김시습의 사상적 견해를 가장 뚜렷이 보여 주는 작품이다. 신라의 옛 도읍인 경주에서 은거하던 박생은 소위 천당, 지옥설을 부인하여 "이 현실 세계 밖에 또 무슨 세계가 있겠는가?" 하는 생각을 가지고 학문을 연구한다. 하루는 꿈속에서 염라대왕을 만나 담화한다. 여기에 나오는 염라대왕은 긍정적 인물로 등장하는데 자기는 세상에 있을 때에 충성을 다하여 나라를 구원하려 하였으나 뜻을 이루지 못한 자라고 하면서, "나라를 다스리는 자는 폭력으로 백성을 억압해서는 안 된다. 백성들이 겉으로는 따르는 것 같으나 속으로는 불평을 품기 때문에 날이 갈수록 나라에 위험이 닥쳐오게 된다.", "나라란 백성의 나라이니 민심이 떠나면 제아무리 한 몸의 목숨을 보전하려 해도 되지 않는다." 등 민의를 존중해야 한다는 정견을 발표하는 동시에 포악한 무리들을 타매하고 나서 그들을 모조리 몰아다가 새로 교양시키기 위하여 자기의 염라대왕의 직권을 박생에게 마지막으로 위임한다.

이 염라대왕을 통하여 서술되는 정치적 견해는 곧 인도주의에서 출발한 김시습 자신의 견해이며 이 작품에 일관되게 끓어넘치는 분노는 세조에 대한 김시습 자신의 저주인 동시에 당시 사회의 봉건 억압 속에서 짓눌리던 전체 백성들의 공통된 목소리였다. 작가는 맑고 깨끗한 국토를 오물 구덩이로 만들며 난장판으로 되게 하는 난잡한 불교 행사를 통렬히 비판하면서 자신의 무신론적 견해를 보여 주고 있다.

전편을 통하여 작가는 무신론적 견해와 아울러 인간 본성에 대한 봉건적 질곡을 저주하는 작가 자신의 견해를 피력하고 있다. 그러나 작가로서나 사상가로서 김시습은 중세기의 대부분의 진보적인 인물들이 그러하듯이 시대 역사적 또는 계급적인 한계를 벗어나지는 못하였으며 벗어날 수도 없었다. 당대 사회에 대한 울분과 저주는 어디까지나 울분과 저주로써 끝났을 뿐이고 그것이 물질적 힘으로 발전되어 직접 투쟁의 횃불을 들 수는 없었다.

함경도 농민 폭동에 대한 소식을 듣고 "왜 세상을 이렇게 어지럽게 만드는가?"고 한 것 등은 이런 사정을 뚜렷이 말해 주고 있으며 또한 때로는 염세적인 허무주의로 전락해 버린 듯한 면이 적지 않았다. 그러나 조선 문학사에서 매월당 김시습이 작가로서 또는 학자로서 차지하는 진보적인 위치를 더욱 깊이 연구 천명하여야 할 것이다.

원문

宕遊關西錄後志

余自少跌宕 不喜名利 不顧生業 唯以淸貧守志爲懷 素欲放浪山水 遇景吟翫 嘗爲擧子朋友 過以紙筆 復勵薦鶚 猶不干懷 一日忽遇感慨之事 以謂男兒生斯世 道可行 則潔身亂倫 恥也 如不可行 獨善其身可也 欲泛泛於物外 仰慕圖南思邈之風 而國俗且無此事 猶豫未決 一夕忽悟 若染緇爲山人 則可以塞願 遂向松都 登眺故城 徘徊墟里 宮殿陵墓 鞠爲梧楸禾黍 寧不感乎 又登天摩聖居諸山 以觀衆峯巑岏之狀 飄淵湫瀑之雄 而入關西 登岊嶺之險 涉浿水之波 以觀箕都井田城郭之址 宮祠廟觀之壯 人物之繁華 桑麻之翳翳 可想殷之宗子餘風不墜矣 由是而遡薩水之涯 入安市之城 隋唐攻戰之跡 依俙然慘烈 使後之騷人墨客 徘徊跼躅 足以激千古之恨 又登香嶺 南望渤澥島嶼之縹緲 北眺朔漠山河之險阻 坐巖局 伴明月 或倚澗邊之石 或登巍峨之峯 見松檉叅天 蔬茵狼藉 鳥獸之奇怪 草木之精華 皆使我欣然吟哦 或題樹葉 或書巖崖 還于蓬廬 翛然默坐 煮茗茹蔬 足以遣慮而忘情矣 若吾在宦途 欲窮此淸翫 不可得也 而又不能自在遊戲矣 嗚呼 人生天壤之間 戚戚於利名 營營於生業 以困其身 如鷦鷯之戀苕 匏瓜之繫樹 豈不苦哉 是爲志 以激俗士 時天順戊寅秋 山人淸寒志

宕遊關東錄後志

我國地雖偏狹 山水淸麗 達人君子之所景慕者也 夫子欲居九夷 至有俗語中國人云 願生高麗國 親見金剛山 以其泉石蕭爽 可滌鄙怪之胸故也 余自關西又入關東 遊金剛五臺 以尋形勝 山形奇詭 溪色玲瓏 以至開心之飛瀑 楓嶺之白石 鳴淵之渟泓 皆可洗人心目 而洞深樹密 俗子罕到 則五臺爲最 又江陵東域鏡浦之臺 寒松之汀 乃仙者之所曾遊嬉處也 適是日 雲收風止 天淸海淨 鏡空無際 極扶桑之隅 壯心目之觀 以吾身擬之 正蘇子所謂寄蜉蝣於天地 渺滄海之一粟者也 所恨爲同伴所牽 不能遡遊國島 三日浦叢石亭 後日重遊 必先

見此 以愜余今日之懷 死亦足矣 所謂浮雲踪跡 倏忽西東 故致然耳 庚辰秋九月 清寒志

宕遊湖南錄後志

余旣遊關東 又抵湖南 喜見老梅疎竹 冬梔猗蘭 橘柚秋熟 檟柏冬靑 亦一勝觀也 至於柿栗薑綿海國諸珍 乃百濟所賴以富者也 其泉石之勝 蓋蔑如也 湖則碧骨律湖 今已涸矣 而所瀦者 汚菜數頃而已 且居民之實 物産之富 倍蓰關東 此百濟之所恃以强 而所驕以亡者也 至今民俗强悍 見鬪則不能屈下 思欲圖報 此百濟之遺風也 但聖化融洽 仁澤滂沱 海隅蒼生 罔不繁庶 旣富方穀 人人進學 變强剛之俗 爲孝弟廉恥之域 代出良材 世輔王室 邊境無虞 狼烟頓息 此聖朝至治之一端也 癸未秋 清寒志

遊金鼇錄後志

自居金鼇 不愛遠遊 因之中寒 疾病相連 但優遊海濱 放曠郊壓 探梅問竹 常以吟醉自娛 辛卯春 因請入京 壬辰秋 隱城東瀑泉精舍 卜築終年云 癸巳春志

金鰲新話

萬福寺樗蒲記

南原有梁生者 早喪父母 未有妻室 獨居萬福寺之東房 外有梨花一株 方春盛開 如瓊樹銀堆 生每月夜 逡巡朗吟其下 詩曰
一樹梨花伴寂寥 可憐辜負月明宵 青年獨臥孤窓畔 何處玉人吹鳳簫
*
翡翠孤飛不作雙 鴛鴦失侶浴晴江 誰家有約敲碁子 夜卜燈花愁倚窓
吟罷 忽空中有聲曰 君欲得好逑 何憂不遂 生心喜之 明日卽三月二十四日也 州俗燃燈於萬福寺祈福 士女騈集 各呈其志 日晚梵罷人稀 生袖樗蒲 擲於佛前曰 吾今日與佛欲鬪蒲戲 若我負則設法筵以賽 若佛負則得美女 以遂我願耳 祝訖 遂擲之 生果勝 卽跪於佛前曰 業已定矣 不可誑也 遂隱於几下 以候其約
俄而有一美姬 年可十五六 丫鬟淡飾 儀容婥妁 如仙姝天妃 望之儼然 手携油瓶 添燈挿香 三拜而跪 噫而歎曰 人生薄命 乃如此邪 遂自懷中狀詞 獻於卓前 其詞曰 某州某地居住 何氏某 竊以邊者 邊方失禦 倭寇來侵 干戈滿目 烽燧連年 焚蕩室廬 虜掠生民 東西奔竄 左右逋逃 親戚僮僕 各相亂離 妾以蒲柳弱質 不能遠逝 自入深閨 終守幽貞 不爲行露之沾 以避橫逆之禍 父母以女子守節不爽 避地僻處 僑居草野 已三年矣 然而秋月春花 傷心虛度 野雲流水 無聊送日 幽居在空谷 歎平生之薄命 獨宿度良宵 傷彩鸞之獨舞 日居月諸 魂銷魄喪 夏夕冬宵 膽裂腸摧 惟願覺皇 曲垂憐愍 生涯前定 業不可避 賦命有緣 早得歡娛 無任懇禱之至 女旣投狀 嗚咽數聲 生於隙中 見其姿容 不能定情 突出而言曰 向者投狀 爲何事也 見女狀辭 喜溢於面 謂女子曰 子何如人也 獨來于此 女曰 妾亦人也 夫何疑訝之有 君但得佳匹 不必問名姓 若是其顚倒也 時寺已頹落 居僧住於一隅 殿前只有廊廡蕭然獨存 廊盡處 有板房甚窄 生挑女而入 女不之難 相與講歡 一如人間 將及夜半 月上東山 影入窓

阿 忽有跫音 女曰 誰耶 將非侍兒來耶 兒曰 唯 向日娘子 行不過中門 履不容數步 昨暮偶然而出 一何至於此極也 女曰 今日之事 蓋非偶然 天之所助 佛之所佑 逢一粲者 以爲偕老也 不告而娶 雖明敎之法典 式燕以遨 亦平生之奇遇也 可於茅舍取裀席酒果來 侍兒一如其命 而往設筵於庭 時將四更也 鋪陳几案 素淡無文 而醪醴馨香 定非人間滋味 生雖疑怪 談笑淸婉 儀貌舒遲 意必貴家處子 踰墻而出 亦不之疑也 觴進 命侍兒歌以侑之 謂生曰 兒定仍舊曲 請自製一章以侑 如何 生欣然應之曰 諾 乃製滿江紅一関 命侍兒歌之曰

惻惻春寒羅衫薄 幾回腸斷金鴨冷

晚山凝黛 暮雲張繖 錦帳鴛衾無與伴 寶□□半倒吹龍管

可惜許光陰易跳丸中情憁

燈無焰銀屛短 徒扠淚誰從款 喜今宵 鄒律一吹回暖

破我佳城千古恨 細歌金縷傾銀椀 悔昔時抱恨饜眉兒眠孤館

歌竟 女愀然曰 曩者蓬島失當時之約 今日瀟湘有故人之逢 得非天幸耶 郎若不我遐棄 終奉巾櫛 如失我願 永隔雲泥 生聞此言 一感一驚曰 敢不從命 然其態度不凡 生熟視所爲 時月掛西峯 鷄鳴荒村 寺鍾初擊 曙色將瞑 女曰 兒可撤席而歸 隨應隨滅 不知所之 女曰 因緣已定 可同携手 生執女手 經過閭閻 犬吠於籬 人行於路 而行人不知與女同歸 但曰 生早歸何處 生答曰 適醉臥萬福寺 投故友之村墟也 至詰朝 女引至草莽間 零露瀼瀼 無逕路可遵 生曰 何居處之若此也 女曰 孀婦之居 固如此耳 女又謔曰 厭浥行路 豈不夙夜 謂行多露 生又謔之曰 有狐綏綏 在彼淇梁 魯道有蕩 齊子翺翔 吟而笑傲 遂同去開寧洞 蓬蒿蔽野 荊棘參天 有一屋 小而極麗 邀生俱入 裯褥帳幃極整 如昨夜所陳 留三日 歡若平生然 其侍兒美而不黠 器皿潔而不文 意非人世 而繾綣意篤 不復思慮 已而女謂生曰 此地三日 不下三年 君當還家以顧生業也 遂設離宴以別 生悵然曰 何遽別之速也 女曰 當再會 以盡平生之願爾 今日到此弊居 必有夙緣 宜見隣里族親 如何 生曰 諾 卽命侍兒 報四隣以會 其一曰鄭氏 其二曰吳氏 其三曰金氏 其四曰柳氏 皆貴家巨族 而與女子同閈開親戚而處子者也 性俱溫和 風韻不常 而又聰明識字 能爲詩賦皆作七言短篇四首以贐 鄭氏態度風流 雲鬟掩鬢 乃噫而吟曰

春宵花月兩嬋娟 長把春愁不記年 自恨不能如比翼 雙雙相戲舞靑天

*
漆燈無焰夜如何　星斗初橫月半斜　惆悵幽宮人不到　翠衫撩亂鬢鬖髿
　　　*
摽梅情約竟蹉跎　辜負春風事已過　枕上淚痕幾圓點　滿庭山雨打梨花
　　　*
一春心事已無聊　寂寞空山幾度宵　不見藍橋經過客　何年裵航遇雲翹
吳氏　丫鬟妖弱　不勝情態　繼吟曰
寺裏燒香歸去來　金錢暗擲竟誰媒　春花秋月無窮恨　銷却樽前酒一杯
溥溥曉露浥桃腮　幽谷春深蝶不來　却喜隣家銅鏡合　更歌新曲酌金罍
　　　*
年年燕子舞東風　腸斷春心事已空　羨却芙蕖猶竝蔕　夜深同浴一池中
　　　*
一層樓在碧山中　連理枝頭花正紅　却恨人生不如樹　靑年薄命淚凝瞳
金氏　整其容儀　儼然染翰　責其前詩淫佚太甚　而言曰　今日之事　不必多言　但叙光景　胡乃陳懷　以失其節　傳鄙懷於人間　遂朗然賦曰
杜鵑啼了五更風　寥落星河已轉東　莫把玉簫重再弄　風情恐與俗人通
　　　*
滿酌烏程金叵羅　會須取醉莫辭多　明朝捲地東風惡　一段春光奈夢何
　　　*
綠紗衣袂懶來垂　絃管聲中酒百卮　淸興未闌歸未可　更將新語製新詞
　　　*
幾年塵土惹雲鬟　今日逢人一解顏　莫把高唐神境事　風流話柄落人間
柳氏　淡粧素服　不甚華麗　而法度有常　沈黙不言　微笑而題曰
確守幽貞經幾年　香魂玉骨掩重泉　春宵每與姮娥伴　叢桂花邊愛獨眠
　　　*
却笑東風桃李花　飄飄萬點落人家　平生莫把靑蠅點　誤作崑山玉上瑕

*
脂粉慵拈首似蓬 塵埋香匣綠生銅 今朝幸預隣家宴 羞看冠花別樣紅
 *
娘娘今配白面郞 天定因緣契闊香 月老已傳琴瑟線 從今相待似鴻光

女乃感柳氏終篇之語 出席而告曰 余亦粗知字畫 獨無語乎 乃製近體七言四韻以賦曰

開寧洞裏抱春愁 花落花開感百憂 楚峽雲中君不見 湘江竹下淚盈眸
晴江日暖鴛鴦竝 碧落雲銷翡翠遊 好是同心雙縮結 莫將紈扇怨淸秋

生亦能文者 見其詩法淸高 音韻鏗鏘 嘖嘖不已 卽於席前 走書古風長短篇一章 以答曰

今夕何夕 見此仙姝 花顔何婥妁 絳唇似櫻珠
風騷尤巧妙 易安當含糊 織女投機下天津 嫦娥抛杵離淸都
靘粧照此玧瑝筵 羽觴交飛淸讌娛 䌷雨尤雲雖未慣 淺斟低唱相怡愉
自喜誤入蓬萊島 對此仙府風流徒 瑤漿瓊液溢芳樽 瑞腦霧噴金猊爐
白玉床前香屑飛 微風撼波靑紗廚 眞人會我合卺卮 綵雲冉冉相縈紆
君不見文簫遇彩鸞 張碩逢杜蘭 人生相合定有緣 會須擧白相闌珊
娘子何爲出輕言 道我奄棄秋風紈 世世生生爲配耦 花前月下相盤桓

酒盡相別 女出銀椀一具 以贈生曰 明日父母飯我于寶蓮寺 若不遺我 請遲于路上 同歸梵宇 同覲父母 如何 生曰 諾 生如其言 執椀待于路上 果見巨室右族 薦女子之大祥 車馬騈闐 上于寶蓮 見路傍有一書生執椀而立 從者曰 娘子殉葬之物 已爲他人所偸矣 主曰 如何 從者曰 此生所執之椀 遂聚馬以問 生如其前約以對 父母感訝良久曰 吾止有一女子 當寇賊傷亂之時 死於干戈 不能窆窆 殯于開寧寺之間 因循不葬 以至于今 今日大祥已至 暫設齋筵 以追冥路 君如其約 請竢女子以來 願勿愕也 言訖先歸 生佇立以待 及期 果一女子從侍婢腰裏而來 卽其女也 相喜携手而歸 女入門禮佛 投于素帳之內 親戚寺僧皆不之信 唯生獨見 女謂生曰 可同茶飯 生以其言 告于父母 父母試驗之 遂令同飯 唯聞匙筯聲 一如人間 父母於是驚歎 遂勸生同宿帳側 中夜言語琅琅 人欲細聽 驟止 其言曰 妾之犯律 自知甚明 少讀詩書 粗知禮義 非不諳褰

裳之可愧 相鼠之可棘 然而久處蓬蒿 抛棄原野 風情一發 終不能戒 曩者梵宮祈福 佛殿燈香 自嘆一生之薄命 忽遇三世之因緣 擬欲荊釵椎髻 奉高節於百年 羃酒縫裳 修婦道於一生 自恨業不可避 冥道當然 歡娛未極 哀別遽至 今則步蓮入屛 阿香輾車 雲雨霽於陽臺 烏鵲散於天津 從此一別 後會難期 臨別悽惶 不知所云 送魂之時 哭聲不絕 至于門外 但隱隱有聲曰

　冥數有限 慘然將別 願我良人 無或疎闊

　哀哀父母 不我匹兮 漠漠九原 心糾結兮

　餘聲漸滅 嗚哽不分 父母已知其實 不復疑問 生亦知其爲鬼 尤增傷感 與父母聚頭而泣 父母謂生曰 銀椀任君所用 但女子有田數頃蒼赤數人 君當以此爲信 勿忘吾女子 翌日 設牲牢明酒 以尋前迹 果一殯葬處也 生設奠哀慟 焚楮鏹于前 遂葬焉 作文以弔之曰

　惟靈生而溫麗 長而淸渟 儀容侔於西施 詩賦高於淑眞 不出香閨之內 常聽鯉庭之箴 逢亂離而璧完 遇寇賊而珠沈 托蓬蒿而獨處 對花月而傷心 腸斷春風 哀杜鵑之啼血 膽裂秋霜 歎紈扇之無緣 嚮者一夜邂逅 心緖纏綿 雖識幽冥之相隔 實盡魚水之同歡 將謂百年以偕老 豈期一夕而悲酸 月窟驂鸞之姝 巫山行雨之娘 地黯黯而莫歸 天漠漠而難望 入不言兮恍惚 出不逝兮蒼茫 對靈幃而掩泣 酌瓊漿而增傷 感音容之窈窕 想言語之琅琅 嗚呼哀哉 爾性聰慧 爾氣精詳 三魂縱散 一靈何亡 應降臨而陟庭 或薰蒿而在傍 雖死生之有異 庶有感於些章

　後極其情哀 盡賣田舍 追薦再三 夕女於空中唱曰 蒙君薦拔 已於他國爲男子矣 雖隔幽冥 寔深感佩 君當復修淨業 同脫輪迴 生後不復婚嫁 入智異山採藥 不知所終

李生窺墻傳

松都有李生者 居駱駝橋之側 年十八 風韻淸邁 天資英秀 常詣國學讀詩 路傍善竹里有巨室處子崔氏 年可十五六· 態度艷麗 工於刺繡 而長於詩賦 世稱

風流李氏子 窈窕崔家娘 才色若可餐 可以療飢腸 李生嘗挾冊詣學 常過崔氏之家 北墻外 垂楊裊裊數十株環列 李生憩於其下 一日窺墻內 名花盛開 蜂鳥爭喧 傍有小樓 隱映於花叢之間 珠簾半掩 羅幃低垂 有一美人 倦繡停針 支頤而吟曰

　獨倚紗窓刺繡遲 百花叢裏囀黃鸝 無端暗結東風怨 不語停針有所思

　　　　　　　　　＊

　路上誰家白面郎 靑衿大帶映垂楊 何方可化堂中燕 憑掠珠簾斜度墻

生聞之 不勝技癢 然其門戶高峻 庭闈深邃 但怏怏而去 還時以白紙一幅 作詩三首 繫瓦礫投之曰

巫山六六霧重回 半露尖峯紫翠堆 惱却襄王孤枕夢 肯爲雲雨下陽臺

　　　　　　　＊

　相如欲挑卓文君 多少情懷已十分 紅粉墻頭桃李艷 隨風何處落繽紛

　　　　　　　＊

　好因緣耶惡因緣 空把愁腸日抵年 二十八字媒已就 藍橋何日遇神仙

　崔氏命侍婢香兒往見之 卽李生詩也 披讀再三 心自喜之 以片簡又書八字投之曰 將子無疑 昏以爲期 生如其言 乘昏而往 忽見桃花一枝過墻而有搖裊之影 往視之 則以鞦韆絨索 繫竹兜下垂 生攀緣而踰 會月上東山 花影在地 淸香可愛 生意謂已入仙境 心雖竊喜 而情密事秘 毛髮盡竪 回眄左右 女已在花叢裏 與香兒折花相戴 鋪罽僻地 見生微笑 口占二句 先唱曰 桃李枝間花富貴 鴛鴦枕上月嬋娟

　生續吟曰 他時漏洩春消息 風雨無情亦可憐

　女變色而言曰 本欲與君 終奉箕箒 永結歡娛 郎何言之若是遽也 妾雖女類 心意泰然 丈夫意氣 肯作此語乎 他日閨中事洩 親庭譴責 妾以身當之 香兒可於房中 賫酒果以進 兒如命而往 四座寂寥 闃無人聲 生問曰 此是何處 女曰 此是北園中小樓下也 父母以我一女 情鍾甚篤 別構此樓于芙蓉池畔 方春時名花盛開 欲使我從侍兒遨遊耳 親闈之居 閨閤深邃 雖笑語啞咿 亦不能卒爾相聞也 女酌綠蟻一巵勸生 口占古風一篇曰

　曲闌下壓芙蓉池 池上花叢人共語 香霧霏霏春融融 製出新詞歌白紵

月轉花陰入甋䰛　共挽長條落紅雨　風攪清香香襲衣　賈女初踏春陽舞
羅衫輕拂海棠枝　驚起花間宿鸚鵡
　生卽和之曰
　誤入桃源花爛熳　多少情懷不能語　翠鬟雙縮金釵低　楚楚春衫裁綠紵
東風初拆竝蒂花　莫使繁枝戰風雨　飄飄仙袂影婆娑　叢柱陰中素娥舞
勝事未了愁必隨　莫製新詞敎鸚鵡
　飮罷　女謂生曰　今日之事　必非少緣　郞須尾我　以遂情款　言訖　女從北窓入　生隨之　樓梯在房中　緣梯而昇　果其樓也　文房几案　極其濟楚　一壁展煙江疊嶂圖　幽篁古木圖　皆名畵也　題詩其上　詩不知何人所作　其一曰
　何人筆端有餘力　寫此江心千疊山　壯哉方壺三萬丈　半出縹緲烟雲間
遠勢微茫幾百里　近見崒嵂靑螺鬟　滄波淼淼浮遠空　日暮遙望愁鄕關
對此令人意蕭索　疑泛湘江風雨灣
　其二曰
　幽篁蕭颯如有聲　古木偃蹇如有情　狂根盤屈惹莓苔　老幹矢矯排風雷
胸中自有造化窟　妙處豈與傍人說　韋偃與可已爲鬼　漏洩天機知有幾
晴窓嗒然淡相對　愛看幻墨神三昧
　一壁貼四時景　各四首　亦不知其何人所作　其筆則摹松雪眞字　體極精姸　其一幅曰
　芙蓉帳暖香如縷　窓外霏霏紅杏雨　樓頭殘夢五更鍾　百舌啼在辛夷塢
　　　＊
　燕子日長閨閤深　懶來無語停金針　花底雙雙蛺蝶飛　爭趁落花庭院陰
　　　＊
　嫩寒輕透綠羅裳　空對春風暗斷腸　脈脈此情誰料得　百花叢裏舞鴛鴦
　　　＊
　春色深藏黃四家　深紅淺綠映窓紗　一庭芳草春心苦　輕揭珠簾看落花
　其二幅曰
　小麥初胎乳燕斜　南園開徧石榴花　綠窓兒女幷刀響　擬試紅裙剪紫霞
　　　＊
　黃梅時節雨廉纖　鸎囀槐陰燕入簾　又是一年風景老　楝花零落笋生尖

*
手拈青杏打鸎兒　風過南軒日影遲　荷葉已香池水滿　碧波深處浴鸂鶒
　　　*
藤床筠簟浪波紋　屛畵瀟湘一抹雲　懶慢不堪醒午夢　半窓斜日欲西曛
其三幅曰
秋風策策秋露凝　秋月娟娟秋水碧　一聲二聲鴻雁歸　更聽金井梧桐葉

床下百蟲鳴喞喞　床上佳人珠淚滴　良人萬里事征戰　今夜玉門關月白
　　　*
新衣欲製剪刀冷　低喚丫兒呼熨斗　熨斗火銷全未省　細撥秦箏又搔首
　　　*
小池荷盡芭蕉黃　鴛鴦瓦上粘新霜　舊愁新恨不能禁　況聞蟋蟀鳴洞房
其四幅曰
一枝梅影向窓橫　風緊西廊月色明　爐火未銷金筯撥　施呼丫鬟換茶鐺
　　　*
林葉頻驚半夜霜　回風飄雪入長廊　無端一夜相思夢　都在氷河古戰場
　　　*
滿窓紅日似春溫　愁鎖眉峯著睡痕　膽甁小梅腮半吐　含羞不語繡雙鴛

剪剪霜風掠北林　寒烏啼月正關心　燈前爲有思人淚　滴在穿絲小挫針
　一傍別有小室一區　帳褥衾枕　亦甚整麗　帳外熟麝臍　燃蘭膏　熒煌映徹　怳如白晝　生與女　極其情歡　遂留數日　一日生謂女曰　先聖有言　父母在　遊必有方　而今我定省已過三日　親必倚閭而望　非人子之道也　女惻然而領之　踰垣而遣之　生自是以後　無夕而不往　一夕李生之父問曰　汝朝出而暮還者　將以學先聖仁義之格言　昏出而曉還　當爲何事　必作輕薄子踰垣墻折樹檀耳　事如彰露　人皆謂我敎子之不嚴　而如其女　定是高門右族　則必以爾之狂狡　穢彼門戶　獲戾人家　其事不小　速去嶺南　率奴隷監農　勿得復還　卽於翌日　謫送蔚州
　女每夕　於花園待之　數月不還　女意其得病　命香兒密問於李生之隣　隣人曰　李郎得罪於家君　去嶺南已數月矣　女聞之　臥疾在床　輾轉不起　水醬不入於口

言語支離 肌膚憔悴 父母怪之 問其病狀 暗暗不言 搜其箱篋 得李生前日唱和詩 擊節驚訝曰 幾乎失我女子矣 問曰 李生誰耶 至是女不復隱 細語在咽中 告父母曰 父親母親 鞠育恩深 不能相匿 竊念男女相感 人情至重 是以標梅迨吉 咏於周南 咸腓之凶 戒於羲易 自將蒲柳之質 不念桑落之詩 行露沾衣 竊被傍人之嗤 絲蘿托木 已作娟兒之行 罪已貫盈 累及門戶 然而彼狡童兮 一偸賈香 千生喬怨 以眇眇之弱軀 忍悄悄之獨處 情念日深 沈痾日篤 濱於死地 將化窮鬼 父母如從我願 終保餘生 倘違情款 斃而有已 當與李生 重遊黃壤之下 誓不登他門也 於是 父母已知其志 不復問病 且驚且誘 以寬其心 復修媒妁之禮 問于李家

李氏問崔家門戶優劣曰 吾家豚犬 雖年少風狂 學問精通 身彩似人 所冀捷龍頭於異日 占鳳鳴於他年 不願速求婚媾也 媒者以言返告 崔氏復遣曰 一時朋伴 皆稱令嗣才華邁人 今雖蟠屈 豈是池中之物 宜速定嘉會之晨 以合二姓之好 媒者又以其言返告 李生之父曰 吾亦年少 把冊窮經 年老無成 奴僕逋逃 親戚寡助 生涯疎闊 家計伶俜 而況巨家大族 豈以一介寒儒 留意爲贅郎乎 是必好事者 過譽吾家 以誣高門也 媒又告崔家 崔家曰 納采之禮 裝束之事 吾盡辦矣 宜差穀日 以定花燭之期 媒者又返告之 李家至是 稍回其意 卽遣人召生問之 生喜不自勝 乃作詩曰

破鏡重圓會有時 天津烏鵲助佳期 從今月老纏繩去 莫向東風怨子規

女聞之 病亦稍愈 又作詩曰

惡因緣是好因緣 盟語終須到底圓 共輓鹿車何日是 倩人扶起理花鈿

於是 擇吉日 遂定婚禮 而續其絃焉 自同牢之後 夫婦愛而敬之 相待如賓 雖鴻光鮑桓 不足言其節義也 生翌年 捷高科 登顯仕 聲價聞于朝著

辛丑年 紅賊據京城 王移福州 賊焚蕩室廬 爇炙人畜 夫婦親戚 不能相保 東奔西竄 各自逃命 生挈家隱匿窮崖 有一賊 拔劍而逐 生奔走得脫 女爲賊所虜 欲逼之 女大罵曰 虎鬼殺啗我 寧死葬於豺狼之腹中 安能作狗彘之匹乎 賊怒 殺而剮之 生竄于荒野 僅保餘軀 聞賊已滅 遂尋父母舊居 其家已爲兵火所焚 又至女家 廊廡荒涼 鼠喞鳥喧 悲不自勝 登于小樓 抆淚長噓 奄至日暮 塊然獨坐 佇思前遊 宛如一夢 將及二更 月色微吐 光照屋梁 漸聞廊下有登然之音 自遠而近 至則崔氏也 生雖知已死 愛之甚篤 不復疑訝 遽問曰 避於何處

全其軀命 女執生手 慟哭一聲 及敍情曰 妾本良族 幼承庭訓 工刺繡裁縫之事 學詩書仁義之方 但識閨門之治 豈解境外之修 然而一窺紅杏之墻 自獻碧海之 珠 花前一笑 恩結平生 帳裏重逢 情愈百年 言至於此 悲懋曷勝 將謂偕老而 歸居 豈意橫折而顚溝 終不委身於豺虎 自取磔肉於泥沙 固天性之自然 匪人 情之可忍 却恨一別於窮崖 竟作分飛之匹鳥 家亡親沒 傷媒魄之無依 義重命 輕 幸殘軀之免辱 誰怜寸寸之灰心 徒結斷斷之腐腸 骨骸暴野 肝膽塗地 細料 昔時之歡娛 適爲當日之愁寃 今則鄒律已吹於幽谷 倩女再返於陽間 蓬萊一紀 之約綢繆 聚窟三生之香芬郁 重契闊於此時 期不負乎前盟 如或不忘 終以爲 好 李郞其許之乎 生喜且感曰 固所願也 相與款曲抒情 言及家産 被寇掠有無 女曰 一分不失 埋於某山某谷也 又問 兩家父母 骸骨安在 女曰 暴棄某處 敍 情罷 同寢極歡如昔 明日與生俱往 尋瘞處 果得金銀數錠 及財物若干 又得收 拾兩家父母骸骨 貿金賣財 各合葬於五冠山之麓 封樹祭獻 皆盡其禮 其後生 亦不求仕宦 與崔氏居焉 幹僕之逃生者 亦自來赴 生自是以後 懶於人事 雖親 戚賓客賀弔 杜門不出 常與崔氏 或酬或和 琴瑟偕和 荏苒數年

一夕女謂生曰 三週佳期 世事蹉跎 歡娛不厭 哀別遽至 遂鳴咽數聲 生驚問 曰 何故至此 女曰 冥數不可躱也 天帝以妾與生 緣分未斷 又無罪障 假以幻 體 與生暫割愁腸 非久留人世 以惑陽人 命婢兒進酒 歌玉樓春一闋 以侑生 歌曰

干戈滿目交揮處 玉碎花飛鴛失侶 殘骸狼藉竟誰埋 血污遊魂無與語
高唐一下巫山女 破鍾重分心慘楚 從妓一別兩茫茫 天上人間音信阻

每歌一聲 飮泣數下 殆不成腔 生亦悽惋不已曰 寧與娘子 同入九泉 豈可無 聊獨保殘生 向者傷亂之後 親戚僮僕 各相亂離 亡親骸骨 狼藉原野 儻非娘子 誰能奠埋 古人云 生事之以禮 死葬之以禮 盡在娘子天性之純孝 人情之篤厚 也 感激無已 自愧可勝 願娘子淹留人世 百年之後 同作塵土 女曰 李郞之壽 剩有餘紀 妾已載鬼籙 不能久視 若固眷戀人間 違犯條令 非唯罪我 兼亦累及 於君 但妾之遺骸 散於某處 倘若垂恩 勿暴風日 相視泣下數行 云李郞珍重 言訖漸滅 了無踪迹 生拾骨 附葬于親墓傍 旣葬 生亦以追念之故 得病 數月 而卒 聞者莫不傷歎 而慕其義焉

醉遊浮碧亭記

平壤 古朝鮮國也 (以下二十五字略)

其勝地則錦繡山鳳凰臺綾羅島麒麟窟朝天石楸南墟 皆古跡 而永明寺浮碧亭其一也 永明寺卽東明王九梯宮也 在郭外東北卄里 俯瞰長江 遠矚平原 一望無際 眞勝境也 畵舸商舶 晚泊于大同門外之柳磯 留則必泝流而上 縱觀于此 極歡而旋 亭之南 有鍊石層梯 左曰靑雲梯 右曰白雲梯 刻之于石 立華柱 以爲好事者玩 天順初 松京有富室洪生 年少美姿容 有風度 又善屬文 値中秋望 與同伴 抱布貿絲于箕城 泊舟艤岸 城中名娼 皆出闌闌 而目成焉 城中有故友李生 設宴以慰 生酣醉回舟 夜涼無寐 忽憶張繼楓橋夜泊之詩 不勝淸興 乘小艇 載月打槳而上 至則浮碧亭下也 繫纜蘆叢 蹈梯而登 憑軒一望 朗吟淸嘯 時月色如海 波光如練 雁叫汀沙 鶴驚松露 凜然如登淸虛紫府也 顧視故都 烟籠粉堞 浪打孤城 有麥秀殷墟之歎 乃作詩六首曰

不堪吟上浿江亭 嗚咽江流腸斷聲 故國已銷龍虎氣 荒城猶帶鳳凰形
汀沙月白迷歸鴈 庭草烟收點露螢 風景蕭條人事換 寒山寺裏聽鍾鳴
　　　*

帝宮秋草冷淒淒 回磴雲遮徑轉迷 妓館故基荒薈合 女墻殘月烏夜啼
風流勝事成塵土 寂寞空城蔓蕀藜 唯有江波依舊咽 滔滔流向海門西
　　　*

浿江之水碧於藍 千古興亡恨不堪 金井水枯垂薜荔 石壇苔蝕擁檉楠
異鄕風月詩千首 故國情懷酒半酣 月白依軒眠不得 夜深香桂落毿毿
　　　*

中秋月色正嬋娟 一望孤城一悵然 箕子廟庭喬木老 檀君祠壁女蘿緣
英雄寂寞今何在 草樹依稀問幾年 唯有昔時端正月 淸光流彩照衣邊
　　　*

月出東山烏鵲飛 夜深寒露襲人衣 千年文物衣冠盡 萬古山河城郭非
聖帝朝天今不返 閑談落世竟誰依 金轝麟馬無行迹 輦路草荒僧獨歸
　　　*

庭草秋寒玉露凋 青雲橋對白雲橋 隋家士卒隨鳴瀨 帝子精靈化怨蜩
馳道煙埋香輦絶 行宮松偃暮鍾搖 登高作賦誰同賞 月白風淸興未消

生吟罷 撫掌起舞踟躕 每吟一句 歔欷數聲 雖無扣舷吹簫唱和之樂 中情感慨 足以舞幽壑之潛蛟 泣孤舟之嫠婦也 吟盡欲返 夜已三更矣 忽有跫音 自西而至者 生意謂 寺僧聞聲 驚訝而來 而坐以待之 見則一美娥也 丫鬟隨侍左右 一執玉柄拂 一執輕羅扇 威儀整齊 狀如貴家處子 生下階 而避之于墻隙 以觀其所爲 娥倚于南軒 看月微吟 風流態度 儼然有序 侍兒捧雲錦茵席以進 改容就坐 琅然言曰 此間有哦詩者 今在何處 我非花月之妖 步蓮之姝 幸値今夕長空萬里 天闊雲收 氷輪飛而銀河淡 桂子落而瓊樓寒 一觴一咏 暢敍幽情 如此良夜何

生一恐一喜 踟躕不已 作小謦咳聲 侍兒尋聲而來 請曰 主母奉邀 生踧踖而進 且拜且跪 娥亦不乞甚敬 但曰 子亦登此 侍兒以短屛乍掩 只半面相看 從容言曰 子之所吟者 何語也 爲我陳之 生一一以誦 娥笑曰 子亦可與言詩者也 卽命侍兒 進酒一行 殽饌不似人間 試啖 堅硬莫吃 酒又苦不能啜 娥莞爾曰 俗士那知白玉醴紅虯脯乎 命侍兒曰 汝速去神護寺 乞僧飯少許來 (寺羅漢像在處) 兒承命而往 須臾得來 卽飯也 又無下飯 又命侍兒曰 汝去酒巖 乞饌來 (巖下有湫 龍在處) 須臾得鯉炙而來 生喫之 喫訖 娥已依生詩以和其意 寫於桂箋 使侍兒投于生前 其詩曰

東亭今夜月明多 淸話其如感慨何 樹色依稀靑蓋展 江流瀲灎練裙拖
光陰忽盡若飛鳥 世事屢驚如逝波 此夕情懷誰了得 數聲鍾磬出煙蘿
       *

故城南望浿江分 水碧沙明叫雁群 麟駕不來龍已去 鳳吹曾斷土爲墳
晴嵐欲雨詩圓就 野寺無人酒半醺 忍看銅駝沒荊棘 千年蹤跡化浮雲
       *

草根咽咽泣寒螿 一上高亭思渺茫 斷雨殘雲傷往事 落花流水感時光
波添秋氣潮聲壯 樓蘸江心月色涼 此是昔年文物地 荒城疏樹惱人膓
       *

錦繡山前錦繡堆 江楓掩映古城隈 丁東何處秋砧苦 欸乃一聲漁艇回
老樹倚巖緣薜荔 斷碑橫草惹莓苔 凭欄無語傷前事 月色波聲惣是哀

*

幾介疎星點玉京　銀河淸淺月分明　方知好事皆虛事　難卜他生遇此生
醺醄一樽宜取醉　風塵三尺莫嬰情　英雄萬古成塵土　世上空餘身後名

　　　*

夜何如其夜向闌　女墻殘月正團團　君今自是兩塵隔　遇我却賭千日歡
江上瓊樓人欲散　階前玉樹露初搏　欲知此後相逢處　桃熟蓬丘碧海乾

生得詩且喜　猶恐其返也　欲以談話留之　問曰　不敢問姓氏族譜　娥噫而答曰　弱質　殷王之裔　箕氏之女　我先祖實封于此　禮樂典刑　悉遵湯訓　以八條敎民　文物鮮華　千有餘年　一旦天步艱難　災患奄至　先考敗績匹夫之手　遂失宗社　衛瞞乘時　竊其寶位　而朝鮮之業墜矣　弱質顚蹶狼藉　欲守貞節　待死而已　忽有神人撫我曰　我亦此國之鼻祖也　享國之後　入于海島　爲仙不死者　已數千年　汝能隨我紫府玄都　逍遙娛樂乎　余曰　諾　遂提携引我　至于所居　作別館以待之　餌我以玄洲不死之藥　服之累日　忽覺身輕氣健　磔磔然如有換骨焉　自是以後　逍遙九垓　儻伴六合　洞天福地　十洲三島　無不遊覽
一日　秋天晃朗　玉宇澄明　月色如水　仰視蟾桂　飄然有遐擧之志　遂登月窟　入廣寒淸虛之府　拜嫦娥於水晶宮裏　嫦娥以我貞靜能文　誘我曰　下土仙境　雖云福地　皆是風塵　豈如履靑冥驂白鸞　把淸香於丹桂　服寒光於碧落　遨遊玉京　游泳銀河之勝也　卽命爲香案侍兒　周旋左右　其樂不勝言　忽於今宵　作鄕井念　下顧蜉蝣　臨睨故鄕　物是人非　皓月掩烟塵之色　白露洗塊蘇之累　辭下淸霄　冉冉一降　拜于祖墓　又欲一玩江亭　以暢情懷　適逢文士　一喜一愜　輒依瓊琚之章　敢展駑鈍之筆　非敢能言　聊以敍情耳　生再拜稽首曰　下土愚昧　甘與草木同腐　豈意與王孫天女　敢望唱和乎　生卽於席前　一覽而記　又俯伏曰　愚昧宿障深厚　不能大嚼仙羞　何幸粗知字畫　稍解雲謠　眞一奇事也　四美難具　請復以江亭秋夜翫月爲題　押四十韻　敎我　佳人領之　濡筆一揮　雲煙相軋　走書卽賦曰

月白江亭夜　長空玉露流　淸光醮河漢　灝氣被梧楸
皎潔三千里　嬋娟十二樓　纖雲無半點　輕風拂雙眸
瀲灎隨流水　依稀送去舟　能窺蓬戶隙　偏映荻花洲
似聽霓裳奏　如看玉斧修　蚌珠胚貝闕　犀暈倒閻浮

願與知微翫 常從公遠遊 芒寒驚魏鵲 影射喘吳牛
隱隱靑山郭 團團碧海陬 共君開鑰匙 乘興上簾鉤
李子停盃日 吳生斫桂秋 素屛光粲爛 紈幄細雕鏤
寶鏡磨初掛 冰輪駕不留 金波何穆穆 銀漏正悠悠
拔劒妖蟆斫 張羅姦兔罦 天衢新雨霽 石逕淡煙收
檻壓千章木 階臨萬丈湫 關河誰失路 鄕國幸逢儔
桃李相投報 罍觴可獻酬 好詩爭刻燭 美酒剩添籌
爐爆烏銀片 鐺饙蟹眼漚 龍涎飛睡鴨 瓊液滿瘦甌
鳴鶴孤松驚 啼螿四壁愁 胡床殷庾話 晉渚謝袁遊
彷彿荒城在 蕭森草樹稠 靑楓搖湛湛 黃葦冷颼颼
仙境乾坤闊 塵間甲子遒 故宮禾黍穗 野廟梓桑樛
芳臭遺殘碣 興亡問泛鷗 纖阿常仄滿 累塊幾蜉蝣
行殿爲僧舍 前王葬虎丘 螢燐隔幔小 鬼火傍林幽
弔古多垂淚 傷今自買憂 檀君餘木覓 箕邑只溝婁
窟有麒麟跡 原逢肅愼鏃 蘭香還紫府 織女駕蒼虯
文士停花筆 仙娥罷坎堠 曲終人欲散 風靜櫓聲柔

寫訖擲筆 凌空而逝 莫測所之 將歸 使侍兒傳命曰 帝命有嚴 將驂白鸞 淸話未盡 愴我中情 俄而飄捲地 吹倒生座 掠詩而去 亦不知所之 蓋不使異話傳播人間也 生惺然而立 藐爾而思 似夢非夢 似眞非眞 倚闌注想 盡記其語 因念奇遇 而未盡情款 乃追懷以吟曰

雲雨陽臺一夢間 何年重見玉簫環 江波縱是無情物 嗚咽哀鳴下別灣

吟訖四盼 山寺鍾鳴 水村鷄唱 月隱城西 明星嘒嘒 但聽鼠啾于庭蟲鳴于座 悄然而悲 肅然而恐 愴乎其不可留也 返而登舟 怏怏鬱鬱 抵于故岸 同伴競問曰 昨宵托宿甚處 生紿曰 昨夜把竿乘月 至長慶門外朝天石畔 欲釣錦鱗 會夜涼水寒 不得一鮒 何恨如之 同伴亦不之疑也

其後生念娥 得勞瘵尫羸之疾 生抵于家 精神恍惚 言語無常 展轉在床 久而不愈 生一日夢見淡妝美人來告曰 主母奏于上皇 上皇惜其才 使隷河鼓幕下爲從事 上帝敕 汝其可避乎 生驚覺 命家人沐浴更衣 焚香掃地 鋪席于庭 支頤暫臥 奄然而逝 卽九月望日也 殯之數日 顔色不變 人以爲遇仙屍解云

南炎浮洲志

成化初 慶州有朴生者 以儒業自勉 常補大學館 不得登一試 常怏怏有憾 而意氣高邁 見勢不屈 人以爲驕俠 然對人接話 淳愿愨厚 一鄉稱之 生嘗疑浮屠巫覡鬼神之說 猶豫未決 旣而質之中庸 參之易辭 自負不疑 而以淳厚故 與浮屠交 如韓之顚 柳之巽者 不過二三人 浮屠亦以文士交 如遠之宗雷 遁之王謝 爲莫逆友 一日因浮屠問天堂地獄之說 復疑云 天地一陰陽耳 那有天地之外更有天地 必誕辭也 問之浮屠 浮屠亦不能決答 而以罪福響應之說答之 生亦不能心服也 常著一理論以自警 蓋不爲他岐所惑 其略曰

常聞天下之理 一而已矣 一者何 無二致也 理者何 性而已矣 性者何 天之所命也 天以陰陽五行 化生萬物 氣以成形 理亦賦焉 所謂理者 於日用事物上各有條理 語父子則極其親 語君臣則極其義 以至夫婦長幼 莫不各有當行之路是則所謂道 而理之具於吾心者也 循其理 則無適而不安 逆其理而拂性則蹈逮窮理盡性 究此者也 格物致知 格此者也 蓋人之生 莫不有是心 亦莫不具是性而天下之物 亦莫不有是理 以心之虛靈 循性之固然 卽物而窮理 因事而推源以求至乎其極 則天下之理 無不著現明顯 而理之至極者 莫不森於方寸之內矣以是而推之 天下國家 無不包括 無不該合 參諸天地而不悖 質諸鬼神而不惑歷之古今而不墜 儒者之事 止於此而已矣 天下豈有二理哉 彼異端之說 吾不足信也

一日於所居室 中夜挑燈讀易 支枕假寐 忽到一國 乃洋海中一島嶼也 其地無草木沙礫 所履非銅則鐵也 晝則烈焰亘天 大地融冶 夜則凄風自西 砭人肌骨 吒波不勝 又有鐵崖如城 緣于海濱 只有一鐵門宏壯 關鍵甚固 守門者 喙牙獰惡 執戈鎚 以防外物 其中居民 以鐵爲室 晝則焦爛 夜則凍烈 唯朝暮蠢蠢 似有笑語之狀 而亦不甚苦也 生驚愕逡巡守門者喚之 生趑趄不能違命 跼踏而進 守門者 豎戈而問曰 子何如人也 生慄且答言 某國某土某 一介迂儒干冒靈官 罪當寬宥 法當矜恕 拜伏再三 且謝搪揆 守門者曰 爲儒者 當逢威不屈 何磬折之如是 吾儕欲見識理君子久矣 我王亦欲見如君者 以一語傳白于東方 少坐 吾將告子于王 言訖 趨蹌而入 俄然出語曰 王欲延子於便殿 子當

以訐言對 不可以威厲諱 使我國人民 得聞大道之要 有黑衣白衣二童 手把文卷而出 一黑質靑字 一白質朱字 張于生之左右 以示之 生見朱字 有名姓曰 現住某國朴某 今生無罪 當不爲此國民 生問曰 示不肯以文卷 何也 童曰 黑質者 惡簿也 白質者 善簿也 在善簿者 王當以聘士禮迎之 在惡簿者雖不可罪 以民隸例勑之 王若見生 禮當詳悉 言訖 持簿而入 須臾飆輪寶車 上施蓮座 嬌童彩女 執拂擎蓋 武隸羅卒 揮戈喝道 生擧首望之 前有鐵城三重 宮闕嶔峨 在金山之下 火炎漲天 融融勃勃 顧視道傍 人物於大䵝中 履洋銅融鐵 如蹋濘泥 生之前路 可數十步許 如砥而無流金烈火 蓋神力所變爾 至王城 四門豁開 池臺樓觀 一如人間 有二美姝 出拜 扶携而入 王戴通天之冠 束文玉之帶 秉珪 下階而迎 生俯伏在地 不能仰視 王曰 土地殊異 不相統攝 而識理君子 豈可以威勢屈其躬也 挽袖而登殿上 別施一床 卽玉欄金床也 坐定 王呼侍者進茶 生側目視之 茶則融銅 果則鐵丸也 生且驚且懼 而不能避 以觀其所爲 進於前 則香茗佳果 馨香芬郁 薰于一殿 茶罷 王語生曰 士不識此地乎 所謂炎浮洲也 宮之北山 卽沃焦山也 此洲在天地之南 故曰南炎浮洲 炎浮者 炎火赫赫 常浮大虛 故稱之云耳 我名歛摩 言爲歛所摩也 爲此土君師 已萬餘載矣 壽久而靈 心之所之 無不神通 志之所欲 無不適意 蒼頡作字 送吾民以哭之 瞿曇成佛 遣吾徒以護之 至於三五周孔 則以道自衛 吾不能側足於其間也 生問曰 周孔瞿曇 何如人也 王曰 周孔中華文物中之聖也 瞿曇西域姦兇中之聖也 文物雖明 人性駁粹 周孔率之 姦兇雖昧 氣有利鈍 瞿曇警之 周孔之敎 以正去邪 瞿曇之法 設邪去邪 以正去邪 故其言正直 以邪去邪 故其言荒誕 正直故君子易從 荒誕故小人易信 其極致 則皆使君子小人 終歸於正理 未嘗惑世誣民 以異道誤之也

生又問曰 鬼神之說 乃何 王曰 鬼者陰之靈 神者陽之靈 蓋造化之迹 而二氣之良能也 生則曰人物 死則曰鬼神 而其理則未嘗異也 生曰 世有祭祀鬼神之禮 且祭祀之鬼神 與造化之鬼神 異乎 曰 不異也 士豈不見乎 先儒云 鬼神無形無聲 然物之終始 無非陰陽合散之所爲 且祭天地 所以謹陰陽之造化也 祀山川 所以報氣化之升降也 享祖考 所以報本 祀六神 所以免禍 皆使人致其敬也 非有形質 以妄加禍福於人間 特人焄蒿悽愴 洋洋如在耳 孔子所謂 敬鬼神而遠之 正謂此也 生曰 世有厲氣妖魅 害人惑物 此亦當言鬼神乎 王曰 鬼

者屈也 神者伸也 屈而伸者 造化之神也 屈而不伸者 乃鬱結之妖也 合造化 故與陰陽終始而無跡 滯鬱結 故混人物寃懟而有形 山之妖曰魖 水之怪曰魃 水石之怪曰龍罔象 木石之怪曰夔魍魎 害物曰厲 惱物曰魔 依物曰妖 惑物曰 魅 皆鬼也 陰陽不測之謂神 卽神也 神者妙用之謂也 鬼者 歸根之謂也 天人 一理 顯微無間 歸根曰靜 復命曰常 終始造化 而有不可知其造化之跡 是卽所 謂道也 故曰 鬼神之德 其盛矣乎

生又問曰 僕嘗聞於爲佛者之徒 有曰 天上有天堂快樂處 地下有地獄苦楚處 列冥府十王 鞫十八獄囚 有諸 且人死七日之後 供佛設齋 以薦其魂 祀王燒錢 以贖其罪 姦暴之人 王可寬宥否 王驚愕曰 是非吾所聞 古人云 一陰一陽之謂 道 一闔一闢之謂變 生生之謂易 無妄之謂誠 夫如是 則豈有乾坤之外 復有乾 坤 天地之外 更有天地乎 如王者 萬民所歸之名也 三代以上 億兆之主 皆曰 王 而無稱異名 如夫子修春秋 立百王不易之大法 尊周室曰 大王 則王者之名 不可加也 至秦滅六國 一四海 自以爲德兼三皇 功高五帝 乃改王號曰 皇帝 當是時 僭竊稱之者頗多 如魏梁荊楚之君是已 自是以後 王者之名分紛如也 文武成康之尊號 已墜地矣 且流俗無知 以人情相濫 不足言 至於神道 則尙嚴 安有一域之內 王者如是其多哉 士豈不聞 天無二日 國無二王乎 其語不足信 也 至於設齋薦魂 祀王燒錢 吾不覺其所爲也 士試詳其世俗之矯妄 生退席 斂 衽而陳曰 世俗當父母死亡七七之日 若尊若卑 不顧喪葬之禮 專以追薦爲務 富者糜費過度 炫燿人聽 貧者至於賣田貿宅 貸錢賒穀 鏤紙爲旛 剪綵爲花 招 衆髡爲福田 立壤像爲導師 唱唄諷誦 鳥鳴鼠喞 曾無意謂爲喪者 携妻率兒 援 類呼朋 男女混雜 矢溺狼藉 使淨土變爲穢瀆 寂場變爲鬧市 而又招所謂十王 者 備饌以祭之 燒錢以贖之 爲十王者 當不顧禮義 縱貪而濫受之乎 當考其法 度 循憲而重罰之乎 此不肖所以憤悱 而不敢忍言也 請爲不肖辨之 王曰 噫哉 至於此極也 且人之生也 天命之以性 地養之以生 君治之以法 師敎之以道 親 育之以恩 由是 五典有序 三綱不紊 順之則祥 逆之則殃 祥與殃在人生受之耳 至於死 則精氣已散 升降還源 那有復留於幽冥之內哉 且寃懟之魂 橫夭之鬼 不得其死 莫宣其氣 嗷嗷於戰場黃沙之域 啾啾於負命啣寃之家者 間或有之 或托巫以致欵 或依人以辨懟 雖精神未散於當時 畢竟當歸於無朕 豈有假形於 冥地 以受狴獄乎 此格物君子 所當斟酌也 至於齋佛祀王之事 則尤誕矣 且齋

者 潔淨之義 所以齋不齋 而致其齊也 佛者 淸淨之稱 王者 尊嚴之號 求車求金 貶於春秋 用金用絹 始於漢魏 那有以淸淨之神 而享世人供養 以王者之尊 而受罪人賄賂 以幽冥之鬼 而縱世間刑罰乎 此亦窮理之士 所當商略也

生又問曰 輪回不已 死此生彼之義 可聞否 曰 精靈未散 則似有輪回 然久則散而消耗矣 生曰 王何故居此異域 而爲王者乎 曰 我在世 盡忠於王 發憤討賊 乃誓曰 死當爲厲鬼 以殺賊 餘願未殄 而忠誠不滅 故托此惡鄕 爲君長 今居此地 而仰我者 皆前世弑逆姦兇之徒 托生於此 而爲我所制 將格其非心者也 然非正直無私 不能一日爲君長於此地也 寡人聞子正直抗志 在世不屈眞達人也 而不得一奮其志於當世 使荊璞棄於塵野 明月沈于重淵 不遇良匠誰知至寶 豈不惜哉 余亦時運已盡 將捐弓劍 子亦命數已窮 當瘞蓬蒿 司牧此邦 非子而誰 乃開宴極歡 問生以三韓興亡之跡 生一一陳之 至高麗創業之由王歎傷再三曰 有國者 不可以暴劫民 民雖若瞿瞿以從 內懷悖逆 積日至月 則堅氷之禍起矣 有德者 不可以力進位 天雖不諄諄以語 示以行事 自始至終 而上帝之命嚴矣 蓋國者 民之國 命者 天之命 天命已去 民心已離 則雖欲保身 將何爲哉 又復敍歷代帝王崇異道致妖祥之事 王便蹙額曰

民謳謌 而水旱至者 是天使人主重以戒謹也 民怨咨 而祥瑞現者 是妖媚人主 益以驕縱也 且歷代帝王致瑞之日 民其安堵乎 呼冤乎 生曰 姦臣蜂起 大亂屢作 而上之人 脅威爲善 以釣名 其能安乎 王良久歎曰 子之言是也 宴畢王欲禪位于生 乃手制曰 炎洲之域 實是瘴厲之鄕 禹跡之所不至 穆駿之所未窮 彤雲蔽日 毒霧障天 渴飮赫赫之洋銅 飢餐烘烘之融鐵 非夜叉羅刹 無以措其足 魍魅魍魎 莫能肆其氣 火城千里 鐵嶺萬重 民俗强悍 非正直 無以辨其姦 地勢凹隆 非神威 不可施其化 咨爾東國某 正直無私 剛毅有斷 著含章之質 有發蒙之才 顯榮雖蔑於身前 綱紀實在於身後 兆民永賴 非子而誰 宜導德齊禮 冀納民於至善 躬行心得 庶躋世於雍熙 體天立極 法堯禪舜 予其作賓嗚呼欽哉

生奉詔 周旋再拜而出 王復勑臣民致賀 以儲君禮送之 又勑生曰 不久當還勞此一行 所陳之語 傳播人間 一掃荒唐 生又再拜致謝曰 敢不對揚休命之萬一 旣出門 挽車者 蹉跌覆轍 生仆地 驚起而覺 乃一夢也 開目視之 書冊抛床燈火明滅 生感訝良久 自念將死 日以處置家事爲懷 數月有疾 料必不起 却醫

巫而逝 其將化之夕 夢神人告於四隣曰 汝隣家某公 將爲閻羅王者云

龍宮赴宴錄

松都有天磨山 其山高揷而峭秀 故曰天磨 山中有龍湫 名曰瓢淵 窄而深 不知其幾丈 溢而爲瀑 可百餘丈 景槩淸麗 遊僧過客 必於此而觀覽焉 夙著異靈 載諸傳記 國家歲時 以牲牢祀之 前朝有韓生者 少而能文 著於朝廷 以文士稱之 嘗於所居室 日晚宴坐 忽有靑衫幞頭郞官二人 從空而下 俯伏於庭曰 瓢淵神龍奉邀 生愕然變色曰 神人路隔 安能相及 且水府汗漫 波浪相噛 安可利往 二人曰 有駿足在門 願勿辭也 遂鞠躬挽袂出門 果有驄馬 金鞍玉勒 蓋黃羅帕而有翼者也 從者皆紅巾抹額 而錦袴者十餘人 扶生上馬 幢蓋前導 妓樂後隨 二人執笏從之 其馬緣空而飛 但見足下煙雲苒惹 不見地之在下也 頃刻間 已至於宮門之外 下馬而立 守門者 皆著彭蜞鼇鱉之甲 矛戟森然 眼眶可寸許 見生皆低頭交拜 鋪床請憩 似有預待 二人趨入報之 俄而靑童二人 拱手引入 生舒步而進 仰視宮門 榜曰含仁之門 生纔入門 神王戴切雲冠 佩劍秉簡而下延之 上階升殿 請坐 卽水晶宮白玉床也 生屈伏固辭曰 下土愚人 甘與草木同腐 安得干冒神威 濫承寵接 神王曰 久望令聞 仰屈尊儀 幸毋見訝 遂揮手揖坐 生三讓而登 神王南向 踞七寶華床 生西向而坐 坐未定 閽者傳言曰 賓至 王又出門迎接 見有三人 著紅袍 乘綵輦 威儀侍從 儼若王者 王又延之殿上 生隱於牖下 欲竢其定而請謁 王勸三人東向 揖坐而告曰 適有文士在陽界 奉邀諸君勿相疑也

命左右引入 生趨進禮拜 諸人皆俛首答拜 生讓座曰 尊神貴重 僕乃一介寒儒 敢當高座 固辭 諸人曰 陰陽路殊 不相統攝 而神王威重 鑑人惟明 子必人間文章鉅公 神王之命 請勿拒也 神王曰 坐 三人一時就座 生乃跼蹐而登 跪於席邊 神王曰 坐 坐定 行茶一巡 神王告曰 寡人止有一女 已加冠笄 將欲適人 而弊居僻陋 無迎待之館 花燭之房 今欲別構一閣 命名佳會 工匠已集 木石咸具 而所乏者 上梁文耳 側聞秀才名著三韓 才冠百家 故特遠招 幸爲寡人製之

言未旣 有二丫童 一捧碧玉之硯 湘竹之管 一捧氷綃一丈 跪進於前 生俛伏而起 染翰立成 雲煙相紅 其詞曰

切以堪輿之內 龍神最靈 人物之間 配匹至重 旣有潤物之功 可無衍福之基

是以關雎好逑 所以著萬化之始 飛龍利見 亦以象靈變之迹

是用新構阿房 昭揭盛號 集蜃鼉而作力 聚寶貝以爲材

竪水晶珊瑚之柱 掛龍骨琅玕之梁 珠簾捲而山靄靑葱 玉戶開而洞雲繚繞

宜室宜家 享胡福於萬年 鼓瑟鼓琴 毓金枝於億世

用資風雲之變 永補造化之功 在天在淵 蘇下民之渴望 或潛或躍 祐上帝之仁心

騰蠢快於乾坤 威德洽乎遐邇 玄龜赤鯉 踊躍而助唱

木怪山魈 次第而來賀 宜作短歌 用揭雕梁

抛梁東 紫翠岧嶤撐碧空 一夜雷聲喧繞澗 蒼崖萬仞珠玲瓏

抛梁西 徑轉巖廻山鳥啼 湛湛深湫知幾丈 一泓春水似玻瓈

抛梁南 十里松杉橫翠嵐 誰識神宮宏且壯 碧琉璃底影相涵

抛梁北 曉日初升潭鏡碧 素練橫空三百丈 飜疑天上銀河落

抛梁上 手捫白虹遊莽蒼 渤海扶桑千萬里 顧視人寰如一掌

抛梁下 可惜春疇飛野馬 願將一滴靈源水 四海便作甘雨灑

伏願營室之後 合巹之晨 萬福咸臻 千祥畢至 瑤宮玉殿 挾卿雲之靉靆 鳳枕鴛衾 聳歡聲之騰沸 不顯其德 以赫厥靈

書畢進呈 神王大喜 乃命三神傳閱 三神皆嘖嘖歎賞 於是 神王開潤筆宴 生跪曰 尊神畢集 不敢問諱 神王曰 秀才陽人 固不知矣 一祖江神 二洛河神 三碧瀾神也 余欲與秀才光伴 故邀爾 酒進樂作 有蛾眉十餘輩 搖翠袖 戴瓊花 相進相退 舞而歌碧潭之曲曰

靑山兮蒼蒼 碧潭兮汪汪 飛澗兮泱泱 接天上之銀潢 若有人兮波中央 振環珮兮琳琅 威炎赫兮煌煌 羌氣宇兮軒昂 擇吉日兮辰良 占鳳鳴之鏘鏘 有翼兮華堂 有祥兮靈長 招文士兮製短章 歌盛化兮擧脩梁 酌桂酒兮飛羽觴 輕燕回兮踏春陽 獸口噴兮瑞香 豕腹沸兮瓊漿 擊魚鼓兮郎當 吹龍笛兮趨蹌 神儼然而在床 仰至德兮不可忘

舞竟 復有總角十餘輩 左執籥 右執翳 相旋相顧 而歌回風之曲曰

若有人兮山之阿 披薜荔兮帶女蘿 日將暮兮清波 生細紋兮如羅 風飄飄兮鬢鬖影 雲冉冉兮衣婆娑 周旋兮委蛇 巧笑兮相過 捐余褋兮鳴渦 解余環兮寒沙 露浥兮庭莎 煙暝兮嶔峨 望遠峯之嵾嵯 若江上之靑螺 疏擊兮銅羅 醉舞兮傞傞 有酒兮如沱 有肉兮如坡 賓旣醉兮顏酡 製新曲兮酬歌 或相扶兮相拖 或相拍兮相呵 擊玉壺兮飮無何 淸興闌兮哀情多

舞竟 神王喜抃 洗爵捧觥 致於生前 自吹玉龍之笛 歌水龍吟一闋 以盡歡娛之情 其詞曰

管絃聲裏傳觴 瑞麟口噴靑龍腦 橫吹片玉一聲 天上碧雲如掃 響激波濤 曲飜風月 景閑人老 悵光陰似箭 風流若夢 歡娛又生煩惱 西嶺綵嵐初散 喜東峯氷盤凝顥 擧杯爲問 靑天明月 幾看醜好 酒滿金罍 人頹玉岫 誰人推倒 爲佳賓 脫盡十載雲泥 壹鬱 快登蒼昊

歌竟 顧謂左右曰 此間伎戲 不類人間 爾等爲嘉賓呈之 有一人 自稱郭介士 擧足橫行 進而告曰 僕巖中隱士 沙穴幽人 八月風淸 輸芒東海之濱 九天雲散 含光南井之傍 中黃外圓 被堅執銳 常支解以入鼎 縱摩頂而利人 滋味風流 可解壯士之顏 形模郭索 終眙婦人之笑 趙倫雖惡於水中 錢昆常思於外郡 死入畢吏部之手 神依韓晉公之筆 且逢場而作戲 宜弄脚以周旋 卽於席前 負甲執戈 噴沫瞪視 回瞳搖肢 蹣跚趍蹌 進前後退 作八風之舞 其類數十 折旋俯伏 一時中節 乃作歌曰

依江海以穴處兮 吐氣宇與虎爭 身九尺而入貢 類十種而多名 喜神王之嘉會 羌頓足而橫行 愛淵潛以獨處 驚江浦之燈光 匪酬恩而泣珠 非報仇而橫槍 嗟濠梁之巨族 笑我謂我無腸 然可比於君子 德充腹而內黃 美在中而暢四支兮 螯流玉而凝香 羌今夕兮何夕 赴瑤池之霞觴 神矯首而載歌 賓旣醉而彷徨 黃金殿兮白玉床 傳巨觥兮咽絲簧 弄君山三管之奇聲 飽仙府九盌之神漿 山鬼趠兮翱翔 水族跳兮騰驤 山有榛兮濕有苓 懷美人兮不能忘

於是 左旋右折 殿後奔前 滿座皆輾轉失笑 戲畢 又有一人 自稱玄先生 曳尾延頸 吐氣凝眸 進而告曰 僕蓍叢隱者 蓮葉遊人 洛水負文 已旌神禹之功 淸江被網 曾著元君之策 縱剖腸以利人 恐脫殼之難堪 山節藻梲 殼爲臧公之珍 石腸玄甲 胸吐壯士之氣 盧敖踞我於海上 毛寶放我於江中 生爲嘉世之珍 死作靈道之寶 宜張口而呵呻 聊以舒千年藏六之胸懷 卽於席前 吐氣裊裊如縷

長百餘尺 吸之則無迹 或縮頸藏肢 或引項搖頭 俄而進踏安徐 作九功之舞 獨進獨退 乃作歌曰

依山澤以介處兮 愛呼吸而長生 生千歲而五聚 搖十尾而最靈 寧曳尾於泥途兮 不願藏乎廟堂 匪鍊丹而久視 非學道而靈長 遭聖明於千載 呈瑞應之昭彰 我爲水族之長兮 助連山與歸藏 負文字而有數兮 告吉凶而成策 然而多智有所困 多能有所不及 未免剖心而灼背兮 侶魚蝦而屛迹 羌伸頸而擧踵兮 預高堂之燕席 賀飛龍之靈變 玩吞龜之筆力 酒旣進而樂作 羌歡娛兮無極 擊鼉鼓而吹鳳簫兮 舞潛虯於幽壑 集山澤之魑魅 聚江河之君長 若溫嶠之燃犀 慚禹鼎之罔象 相舞蹈於前庭 或謔笑而撫掌 日欲落兮風生 魚龍翔兮波瀚泱 時不可兮驟得 心矯廣而慨慷

曲終 夷猶恍惚 跳踯 低昂 莫辨其狀 萬座喧豗 戱畢 於是 木石魍魎 山林精怪 起而各呈所能 或嘯或歌 或舞或吹 或抃或踊 異狀同音 乃作歌曰

神龍在淵 或躍于天 於千萬年 厥祚延綿
卑禮招賢 儼若神仙 翫彼新篇 珠玉相聯
琬琰以鐫 千載永傳 君子言旋 開此瓊筵
歌以採蓮 妙舞蹁躚 伐鼓淵淵 和彼繁絃
一棹航船 鯨吸百川 揖讓周旋 樂且無愆

歌竟 於是 江河君長 跪而陳詩其第一座曰

碧海朝宗勢未休 奔波汨汨負輕舟 雲初散後月沈浦 潮欲起時風滿洲 日暖龜魚閑出沒 波明鳧鴨任沈浮 年年觸石多嗚咽 此夕歡娛蕩百憂

第二座曰

五花樹影蔭重茵 籩豆笙簧次第陳 雲母帳中歌宛轉 水晶簾裏舞逡巡 神龍豈是池中物 文士由來席上珍 安得長繩繫白日 留連泥醉艶陽春

第三座曰

神王酌酊倚金床 山霤霏霏已夕陽 妙舞傞傞廻錦袖 淸歌細細遶彫梁 幾年孤憤蘊銀島 今日同歡擧玉觴 流盡光陰人不識 古今世事太忽忙

題畢進呈 神王笑閱 使人授生 生受之跪讀 三復賞翫 卽於坐前 題二十韻以陳盛事 詞曰

天磨高出漢 巖溜遠飛空 直下穿林壑 奔流作巨淙

波心涵月窟　潭底閟龍宮　變化留神迹　騰拏建大功
氤氳生細霧　駘蕩起祥風　碧落分符重　青丘列爵崇
乘雲朝紫極　行雨駕靑驄　金闕開佳燕　瑤階奏別鴻
流霞浮茗椀　湛露滴荷紅　揖讓威儀重　周旋禮度豐
衣冠文璨爛　環珮響玲瓏　魚鼈來朝賀　江河亦會同
靈機何恍惚　玄德更淵沖　苑擊催花鼓　樽垂吸酒虹
天姝吹玉笛　王母理絲桐　百拜傳醪醴　三呼祝華嵩
煙沈霜雪果　盤映水晶葱　珍味充喉潤　恩波浹骨融
還如凌沆瀣　宛似到瀛蓬　歡罷應相別　風流一夢中

詩進　滿座皆歎賞不已　神王謝曰　當勒之金石　以爲弊居之寶　生拜謝　進而告曰　龍宮勝事　已盡見之矣　且宮室之廣　疆域之壯　可周覽不　神王曰　可　生受命出戶盱衡　但見綵雲繚繞　不辨東西　神王命吹雲者掃之　有一人　於殿庭甍口一吹　天宇晃朗　無山石巖崖　但見世界平闊　如碁局　可數十里　瓊花琪樹　列植其中　布以金沙　繚以金埔　其廊廡庭除　皆鋪碧琉璃塼　光影相涵　神王命二人　指揮觀覽　行到一樓　名曰朝元之樓　純是玻瓈所成　飾以珠玉　錯以金碧　登之若凌虛焉　其層千級　生欲盡登　使者曰　神王以神力自登　僕等亦不能盡覽矣　蓋上級與雲霄竝　非塵凡可及　生登七層而下　又到一閣　名曰凌虛之閣　生問曰　此閣何用　曰　此神王朝天之時　整其儀仗　飾其衣冠之處　生請曰　願觀儀仗　使者引至一處　有一物　如圓鏡　曄曄有光　眩目不可諦視　生曰　此何物也　曰　電母之鏡又有鼓　大小相稱　生欲擊之　使者止之曰　若一擊　則百物皆震　卽雷公之鼓也又有一物　如橐籥　生欲搖之　使者復止之曰　若一搖　則山石盡崩　大木斯拔　卽哨風之橐　又有一物　如拂箒　而水瓮在邊　生欲洒之　使者又止之曰　若一洒　則洪水滂沱　懷山襄陵　生曰　然則何乃不置噓雲之器　曰　雲則神王神力所化　非機括可做　生又曰　雷公電母　風伯雨師　何在　曰　天帝囚於幽處　使不得遊　王出則斯集矣　其餘器具　不能盡識　又有長廊　連亙數里　戶牖鎖以金龍之鑰　生問　此何處　使者曰　此神王七寶之藏也　周覽許時　不能遍見　生曰　欲還　使者曰　唯生將還　其門戶重重　迷不知其所之　命使者而先導焉　生到本座　致謝於王曰　厚蒙恩榮　周覽佳境　再拜而別　於是神王以珊瑚盤　盛明珠二顆　氷綃二匹　爲贐行之資　拜別門外　三神同時拜辭　三神乘輦直返　復命二使者　持穿山簸水之角　揮

以送之 一人謂生曰 可登吾背 閉目半餉 生如其言 一人揮角先導 恰似登空 唯聞風水聲 移時不絶 聲止開目 但偃臥居室而已 生出戶視之 大星初稀 東方向明 鷄三鳴而更五點矣 急探其懷而視之 則珠綃在焉 生藏之巾箱 以爲至寶 不肯示人 其後生不以利名爲懷 入名山不知所終

愛民義

書曰 民惟邦本 本固邦寧 大抵民之推戴而以生者 雖賴於君 而君之苞御以使者 實惟民庶 民心歸附 則可以萬世而爲君主 民心離散 則不待一夕而爲匹夫 君主匹夫之間 不啻毫釐之相隔 可不愼哉 是故倉廩府庫 民之體也 衣裳冠履 民之皮也 酒食飮膳 民之膏也 宮室車馬 民之力也 貢賦器用 民之血也 民出什一以奉乎上者 欲使元后用其聰明 以治乎我也 故人主進膳 則思民之得食如我乎 御衣則思民之得衣如我乎 乃至居宮室而思萬姓之按堵 御車輿而思萬姓之和慶 故曰 爾服爾食 民膏民脂 平常供御 可矜可憫 豈可妄作無益煩力役奪民時 起怨咨 傷和氣 召天災 迫飢饉 使慈親孝子 不能相保 流離散亡 使顚仆於溝壑乎 嗚呼 上古盛時 君民一體 不知帝力 則爲之謠曰

粒我蒸民 莫匪爾極 不識不知 順帝之則

爲之語則 日出而作 日入而息 帝力何有於我哉 至於世降 暴主驕虐 百姓怨咨 則爲之歌曰 若朽索之馭六馬 怨豈在明 不見是圖

爲之語則曰 時日曷喪 子及汝偕亡 乃至酒池肉林 斲晝作夜 斮脛刳孕 而謂暴無傷 至於戰國 强呑弱幷而 戰伐攻傷之禍屢起 役無辜之民 驅必死之地 亦已甚矣 奈何秦漢以還 加以方士老佛之談 日新月盛 而宮室祭祀無益之費 更擾於民 民之生業 日以彫喪 窮閻委巷 不自聊生 競逋逃 改形服 以竄伏爲安 則君誰與爲國乎 是故人主治國 專以愛民爲本 而愛民之術 不過曰仁政也 曰 仁政奈何 曰 非煦嫗也 非摩拊也 惟勸農桑 務本業而已 曰 勸之之術奈何 曰 非煩擾出令 朝諭暮獎也 在薄賦輕徭 不奪其時而已 故聖人於春秋 凡營宮榭 築城郭 必書以時 戒後世人主勞民爲重事

愛物義

或問於余曰 愛物之道奈何 曰 不過各遂其性而已 易曰 天地之大德曰生 夫生者 天地之大德 而欲生者 萬物之本性 故因萬物欲生之本性 體天地生生

之大德 使物各遂其性 而化育於深仁厚澤之中而已 請詳論之 人與物共生天地
大化之間 而民吾同胞 物吾與也 故人爲最 物其次焉 君子之於人也 愛之而勿
仁 於物也 仁之而勿愛 語其仁之也 則數罟不入洿池 斧斤以時入山林 魚不滿
尺 市不得鬻 不麛卵 祝網失禽 釣而不網 弋不射宿 故詩曰 彼茁者葭 壹發五
豝 于嗟乎騶虞 是也 語其勿愛也 則舜使益焚山澤 驅虎豹犀象而遠之 春蒐夏
苗秋獮冬狩 鷄豚狗彘之畜 無失其時 七十者可以食肉矣 易曰 爲之網罟 以佃
以漁 是也

　是故君子畜其禽獸者 爲民之老病也 爲之漁獵者 爲供其宴祀也 但斟酌其事
之可宜 不必仁而不殺 殺而盡獲之爲得也 故三旬不返 怨太康之逸豫 火烈具
擧 刺大叔之于田 豈必殘忍暴殄爲哉 欲其爲民除害 以養其民也 故語其次則
曰 仁民而愛物 語其重則 曰 傷人乎 不問馬 此君子愛物之義也 曰 佛書以不
殺爲戒 豈不是甚善 曰 殺禽獸 只是爲民除害 以養民 使民相食 而曰不殺 有
甚好事

人君義

　書洪範曰 五皇極 皇建其有極 極者至極之義 標準之名 極是公共底物 人君
以此極建中於上 人臣以此極輔佐於前 萬民以此極表影於下 其極不正 則君無
以建中於上 臣難以輔佐 而民莫能表影乎其極 故人主之體 如天地焉 大包而
無外 如日月焉 貞明而普照 如山岳焉 厚重而難遷 如河海焉 滋潤深廣而不竭
衆庶之所瞻仰 神祇之所依附 乃至昆蟲草木 亦各自化育於深仁厚澤之中矣 是
故古之聖王 卑其宮室 欲民之安居也 惡其衣服 欲民之厚暖也 菲其飲食 欲民
之飽飫也 不自滿暇 欲民之安逸也 小心翼翼 欲民之謹愼也 至於一語一黙 一
動一靜 立於其極之中 化於其極之內 故易曰 天行健 君子以 自彊不息 其所
以不息者誠也 誠故無息 無息蓋無妄也 一有私妄介乎其間 天不能行健以資生
地不能承順以資始 君子不能體天地贊化育 裁成天地之宜 輔相天地之道 以左
右民 故爲君難也

嗚呼 三代以降 爲人君者 不能建極以表乎下 躬行以率其民 故君之建於皇極者蓋寡 而民之保于皇極者亦鮮 君以宮室池臺 奢侈驕泰 兇酷於上 民以聚斂掊克 賦役刻剝 怨讟於下 加以宦官臣妾媚於前 而蠹惑其心志 姦雄邪佞肆於外 而壅蔽其聰明 使人主善日以減 惡日以增 不能令聞長世 此後世之爲君不逮于古先哲王也 故孟子曰 天下雖有易生之物 一日曝之 十日寒之 未有見其能生者也 爲人君者可不戒乎

人臣義

書曰 股肱惟人 良臣惟聖 木之脩直 必待繩墨而後成材 玉之溫潤 必假琢磨而後成器 堯之爲堯 必資義和 舜之爲舜 亦賴岳牧 至於湯以伊尹而成勇智之德 文武以周召而遂虔恭之質 故君之有臣 如龍之有雲 若魚之有水 君臣相資而後 國家可保 雖然有堯舜之君 然後知義和岳牧之可使 有義和岳牧之臣 然後知堯舜之可事 圓鑿方枘 不可以相入 大音鄭聲 不可以相和 惟其相入也 故曰 臣哉隣哉 予違汝弼 惟其相和也 故曰 若作大羹 汝作鹽梅 故元首股肱 同是一體 體元調元 共成一職 故曰 爲臣不易也 至於後世 暗主暴君之於使臣也 如草芥焉 如犬馬焉 故臣之事君 如寇讎焉 如假托焉 有過則逢迎之 有寵則媚悅之 先人主之意 成人主之過 莫能左右先後 進忠補過 順美匡惡 以相資乎福祿 永保乎天命 良可惜哉

嗚呼 圭璋黻冕 雖君之賜也 乃天之命爾 爲章以輔主 爵祿土田 雖君之錫也 乃天之命爾 支命以濟民 乃至生之殺之 予之奪之 賞之罰之 禍之福之 雖似人主之所擅 寔乃天命之不僭 故詩曰 畏天之威 于時保之 非特爲萬世人主之所當體察 抑亦人臣之可以鑑戒也 何也 不曰元首股肱一體云乎哉 歷觀古今人臣之姦佞諂諛於上 而使國顚敗者 未有其身不先戮者也 可不警乎 可不戒乎

刑政義

德禮 出治之本 刑政 致治之權 故古之聖王 必躬行德禮以率之 率之而有不從者 則不得已而立政焉 於是爲治之具 輔治之法 歷歷詳備 而不可加焉 是以爲之刑以懲其姦慝 爲之政以約其條令 刑罰不欲殘酷 則曰惟刑之恤哉 政敎不欲煩擾 則曰敬敷五敎 在寬 故刑則善人安 政則新民作 爲之五刑者 警人心而爲之重輕者也 爲之五敎者 順人情而爲之條節者也 刑非强酷也 政非强脅也 善治之主 有刑無赦 至治之世 爲政不更 故曰 王言如絲 其出如綸者是也 罰一人而萬民懲 則罰之可也 施一令而四方順 則施之可也 (以下百四一字略) 秦漢以降 迄于宋元 刑政之用 煩苛尤甚 德禮之實 蔑無可聞 乃以夷狄爲刑 而罰及無辜 理財爲政 而歛及窮民 起怨咨 傷和氣 飢饉相因 顚沛流離 民不聊生 競避苛政煩刑 而變服藏匿於老佛異端之類 而莫之禁 吁可恤哉

爲治必法三代論

稱木者必稱松柏者 以其凌霜雪也 理直也 材美也 其中有臃腫者 樛曲者 夭枯者廁焉 而因其本之確也 必以松柏稱 稱鳥者必稱鳳凰者 以其瑞世也 鳴和也 羽毛之鮮也 其中有不時而出者 鳴不和者 羽毛不鮮者廁焉 而因其本之德也狀也 必以鳳凰稱 稱治者必稱三代者 以其禮樂也 敎化也 憲章之有法度也 其中有中材焉 庸愚焉 暴虐焉廁焉 而因其禹湯文武之首創大業者 如天之高而不可陵也 如山之峻而不可拔也 如元氣之宰萬物而不可窮也 故必以三代稱 故觀萬物者 擇其可觀而觀之 不必鳳凰松柏爲盡觀也 法古治者 擇其可法而法之 不必三代爲盡美而可法也 然不法中材庸愚昏暴 而只法禹湯文武也 雖禹湯文武之中 亦有可擇而不可法者 呱呱而泣 余不子 施之於八年功敍之時則可 施之於殘忍自私則不可 放弑其君 施之於時日曷喪 百姓怨咨之時則可 施之於專擅自私則不可 後世有戮君父 殺弟及子 以有天下者 如祖龍君臣之殺子 司馬炎楊廣之弑君父 其餘脅制自立 而謂之法三代者 不必三代之罪人也 抑亦春

秋之罪人也 人人之所共討也 余故以松柏鳳凰爲喩 不當以松柏鳳凰爲盡美而聳觀之也 故子謂韶 盡美矣 又盡善也 謂武 盡美矣 未盡善也

人才說

人才者 國家之柱石也 故爲國 以得人才爲本 敎化 以育人才爲先 (以下二百五十八字略)

且天不恡才 世不乏人 不適其時 不可以遽出 雖遇其時 亦難以自衒 (以下八十字略)

觀諸古史 歷歷可詳 周之衰也 孔孟以聖智 而棲棲四方 削跡伐樹 所如不合 竟老于行 西漢董仲舒有大義 而莫伸其志 賈誼欲更化 而卒被貶斥 東漢賢士 皆遭黨錮 晉室高人 競入玄虛 唐韓愈自比孟子 猶竄南荒 宋之君子 得聖賢之心法 傳不傳之道統 非唯不能行道而已 或指以僞學 或斥爲邪黨 非唯呵斥而已 至於鐫之於碑 弄爲優戲 是皆人才之難遇於時 非人才罕出於世也

嗚呼 爲梓匠者 苟能捨短從長 則木之大爲欂棟 細爲榱桷 椳闑居楔樽櫨侏儒 扶蘇之莖 扎片之飛 可用者皆美材也 爲醫師者 苟能置反用宜 則藥之錬爲丹丸 劑爲湯散 赤箭靑芝 牛溲馬勃 仰天之皮 野乾之堆 可命者皆良藥也 爲人主者 將欲善治 知人能任 則高之爲將相 卑之爲庶官 雖耕稼陶漁 罝兔飯牛 鼓刀胥靡之儔 皆良士矣 何患乎代乏人也 不然 雖賢人君子 處下位 居汙官 不能自奮 執篲秉翟 而矜其錫爵 荷戈與殳 而歎彼候人矣 安能騰趠於天衢 變化乎風雲 得奮平生懷抱之才之氣也哉

生財說

天下古今 有不可爲而强爲之者 一時之私利也 爲之則易敗 有可爲而自然者 萬世之公義也 而不能爲者 亦私欲害之也 然爲之則易成 易敗者難救 易成者

難拔 易敗之事 先雖快於心 而後必不滿其願欲 易成之事 先雖迂闊於事情 而
後必能濟其志 何則 聚斂而得財 則在於他人者 掊克以奪之 故市怨而其敗也
難救 仁政以生財也 在於吾心者 擴充以實之 故恩廣而其成也難拔 成敗之根
萌於義利公私之間 而其善惡之幾 發現之端 不啻毫釐 而一念之差 千里之謬
可不愼乎 愼之之要 在乎推此心以察之耳 且人孰不欲殖貨也 則推此心以及於
民 民亦推其心以奉乎上 人孰不欲求利也 則推此心以及於民 民亦推其心以利
乎上 我以其德 彼以其誠 我以其虐 彼以其怨 報德以誠 報虐以怨 理之當然
不可少賺也 人主誠能審此 則生財之道備矣 更詳論之

　大學曰 生財有大道 生之者衆 食之者寡 爲之者疾 用之者舒 則財恒足矣
四者之要有二 不過曰仁耳 仁以撫下 則民自按堵 各趨其業 故遊食者少 而生
之者衆矣 仁以使下 則臣自竭力 姦僞惡黜 故竊位而素餐者少 而食之者寡矣
仁以馭民 則不妄興作 力役無煩 故不奪民時 而爲之者疾矣 仁以視物 則其於
錢穀器用 計其功力 而量入爲出 故用之者舒矣 蓋天地所生財貨百物 各有限
劑 不可妄費 苟不節用 如焚藪獵禽 竭澤取魚 坐見窮瘁 而莫之贍矣 況可故
爲勞民傷財 廣無益之事乎 人主苟能仁以生財 義以節用 則民之儲貯 卽吾之
儲貯 吾之府庫 卽民之府庫 上下相資 本末相持 而無匱乏之患 怨讟之嫌 而
所謂陳陳相因 紅腐不食者 有裕於國用矣 彼桑弘羊劉晏王安石 欲理財而聚錢
榷賣 與民爭利者 所以起不奪不饜之端 其估怨市讎 可勝言哉 此易敗難救之
禍也 爲人上者 可不圖不見之怨 而早辨之乎

天地篇

至治者 非有爲於願治 以其順也 無爲 非無所攸爲 存乎誠而不息也 故安行
者 聖也 利行者 次也 强作者 又次也 欲治而不躬行 則民畔 畔而加之箠 危
之道也

　古之聖人 成天下之亹亹 今其曰 何不如太古 非也 禮備樂具 無可加焉 謂

古制不合時宜 亦非也 若夫因循沿革 風土習尙不通變 無以考古合今 如其百王不易之大法 律令格例 則謹且嚴 不可改而有爲也

上貴不伐 上伐則下伐 下伐則蔑上 故簒弑之兆 不在於下 萌於上 故治世之主 虛受人 亂世之主 驕受侮

有形之危可防 無形之危難厭 役土木 修宮室 倉廩溢 服用侈 俗尙浮靡 談議淸高 政令朝出而暮革 上疑下僭 不著危迹 無形也 其强臣擅政 女謁內壅 宦竪交締 藩臣跋扈 雖眯目者可覩 有一斷斷士 排刀鋸 委命以拯 可以抹 然幸也 苟天運有變 奚可及哉

上柳自漢書

前日蒙辱記 厚接恩昵 不勝感謝 僕天地間逍遙達生知命人也 令公方麋爵祿而不屑待士 此易之謙光自牧 所以大得民心 而古人所謂位益高心益下 而太山河海所以能益其深廣也 就中此疏伸意極美 非備員旅進者所可取意 而實荒政之要策 僕從命之日 馬上立草 欲於中路書呈 還山者忽忽冒雨入洞 坐於茅齋後探思精簡 作草以上 試詳覽取 凡作文 不欲虛飾多言 只以實語摛綴 首尾一貫 而句句字字 誠懇發越 然後 可以感格人心 豈不見諸葛亮出師表 胡銓上高宗封事乎 雖不得終伸其志 千載之下 忠誠卓然 見者知其諸葛胡氏精神不死爽塏長存 豈非作文之模範乎 今之科場之文 看之則似美 究之則無趣 但以之而乎也飾淺意 其辭雖流於脣吻 其意若曉露春霜之無實 此唐韓子所以變古 宋朱子以魏伯陽參同契 謂似先秦文而發揮之也 前日上書 恐意好 文無緊語 故下議依違 而莫之果斷也 此辭欲盡悾實 令意以爲何如 詳擇

又

前日向令公戲談調滑 莫觸忤否 僕本性癖好煙霞 嘲弄風雲 向世人謂以我 雖搢紳簪笏 一見忘情 僕於京洛故舊文良剛中子固 亦以故舊相待 雖新知 可 與言 便握手團欒 論文評詩 不敢以高下相軋 而方圓其鑿枘 狹闊其承蓋 此態 猶存 非有慢傲之情實也 昔子房之見魏侯 是以下接上也 庾亮之止諸佐 是以 上接下也 此皆風流標致志操 非淺淺者之所擬論也 今世俗貿貿 失位勢則如蟻 蟻之向太陽 得位勢則如籧篨之不能俯 以佞進承迎爲喜 故范質云 不知承奉者 以爾爲玩戲 深矯是態也 僕曾樹魏瓠於無何有之鄕久矣 令公肯取以用之乎 呵 呵 僕中情所無 矯世如是 欲相厚也 無牴牾也 僕所願也 願包荒也 是所望也 又僕素不好佛老異端 與髡者伴 髡本物外人也 山水亦物外境也 欲身遊物外 與髡者伴而遊於山水也 若形髡態俗 則莫之待也 與僕遊者髡二三人 皆物外人 也 方欲與吾儕伴烟霞 各樂其樂 聞令公招我出洞 皆悒怏失措 不知何以處之 若覽南華 僕還山行薦後復謁 覓內外篇以俟 然若覽一篇 正如唐羅知遠對玄宗 所謂陛下若學我術 不能爲天下主矣 令公可還獻簪纓於北闕乎 呵呵 (以下原文 五十四字略)

上柳襄陽陳情書

屢蒙厚渥曲待 至感至感 相國之記僕垂恩顧接者 蓋以菲才與虛名也 僕之實 狀 敢陳無隱 非以自矜自損 欲要譽於人也 僕雖不自矜 擧國皆知其虛名 僕雖 不自損 擧國皆知其癡拙 又何今日矜損於相國之前而後露也 僕姓貫江陵 三韓 時新羅王金關智之裔 元聖王弟周元之孫 三國本史 載之詳矣 母貫蔚珍仙槎張 氏 相傳以爲漢博望侯張騫之裔 未詳其實 遠祖金淵金台鉉 代爲高麗侍中 高 麗本史詳載矣 至吾曾祖而止奉翊 父承其蔭 纔占仕端 以病故不克就仕 僕乙 卯年生京都泮宮之北 生孩八月 自能知書 隣有族祖崔致雲 命名時習 作說以 授我外祖 外祖不先敎方言 只敎以梁千文 口雖喔咿 而意皆通焉 故至長口吃

猶不能言 以筆墨與之 皆書其意 故三歲能綴文 言五歲者 言大達其文理時也 丙辰春 外祖敎抄句 當時猶不能言 外祖誨曰 花笑檻前聲未聽 指屛畵花而啞啞 又誨曰 鳥啼林下淚難看 指屛畵鳥而啞啞 外祖知其能通也 故其歲抄句百餘首 唐賢宋賢詩抄畢讀 至丁巳春 乃能言 謂外祖曰 何以作詩乎 祖曰 聯七字 平仄對耦押韻 謂之詩 僕曰 若如此 可聯七字矣 祖呼首字可也 祖呼春字 卽應曰 春雨新幕氣運開 蓋居舍是草廬 望園中細雨 杏花初折也 又曰 桃紅柳綠三春暮 又曰 珠貫靑針松葉露 如此作句不少 盡失其本 故今忘矣 從此讀正俗幼學字說等童稚之書畢 至小學 通其大意 能綴文至數千餘言 己未歲 讀中庸大學於隣修撰李季甸門下 與坡封之兄堣同學 年五歲矣 隣司藝趙須命字作說以授 其始聞名于京師者 此二三諸鉅公比隣而爲之首唱也 虛名騰籍 政丞許稠到廬而訪僕 卽呼字曰 余老矣 老字作句 僕卽應曰 老木開花心不老 許便擊節 嘆訝嗒嗒也 此所謂神童也 始縉紳知名 屢訪矣 英廟聞而召于代言司知申事朴以昌 傳旨問虛實能否 知申事抱于膝上呼名曰 汝能作句乎 僕便應曰 來時襁褓金時習 又指壁畵山水圖曰 汝又可作 僕卽應曰 小亭舟宅何人在 如此作文作詩不少 卽入啓 傳旨曰 欲親引見 恐駭人聽 宜還授家親 韜晦敎養至勤 待年長學業成就 將大用 賜物還家 他雜三角山詩 諸無根浪語 皆無賴者所傳妄也 自此歲至于十三歲 詣近隣大司成金泮門下 授語孟詩書春秋 又詣隣兼司成尹祥 授易禮 諸史至諸子百家 皆無傳授閱覽 至十五歲 慈母見背 鞠於外公婆 公婆以獨外甥 愛而育猶子焉 及丁母憂 牽于農莊 不遺京都 守墳三年 未及終制 而公婆又繼捐世矣 鰥爸抱病 不能治家事 又得繼母 世事乖薄 獨於京舍 與相國之塤 仲善之父安信池達河鄭有義張綱鄭師周同學 相交猶兄弟焉 自少不喜榮達 而且以親戚隣里濫譽爲惡矣 旣而 心事相違 顚沛之際 英廟顯廟相繼賓天 光廟之初 故舊喬木 盡爲鬼簿而復異敎大興 斯文陵夷 僕之志已荒涼矣 遂伴髡者 遊山水 故人以我爲喜釋 然不欲以異道displace世 故光廟傳旨屢召而皆不就 處身益以疎曠 使人不齒 故或以僕爲癡 或以僕爲狂 呼牛呼馬 皆便應 今聖上登極 用賢從諫 冀欲筮仕 十餘年前 復於六籍 溫熟稍精 而承我宗祀 僕其重矣 故將仕祭先 屢見身世相違 如圓鑿方枘 舊知已盡 新知未慣 孰知余之素志 故復放浪形骸於山水間矣 是皆實事 惟公默志 不知我者 以謂家貧落魄 不能自伸 故流離至此 乃至以爲盡賣臧獲 窮貧而來輾轉耳 可爲長噓

是皆如三角山詩及厭穰漢筆等浮談也 且虛名爲造物所忌 一何至於此極也 相國不鄙僕 待僕至優 一如舊知 乖崖四佳琴軒 僕佯顯放曠 謁愈慢 接愈恭 至欲以勸筮仕盛朝 念至深也 恩至渥也 僕亦欲與相國子弟 擇靜處讀書 但今年於此洞種穀 自麥至粟 斗至斛 又地本膏饒 垂穗穎栗 以謂秋穫可數十斛 齎而就于近治 爲相國所庇 可以贍來歲 今還洞見之 則不數日間 盡爲山鼠所損 靡有遺穗 佇立嗟吁矣 若匱乏而寄食於人 糊口於官 脅肩諾諾 以求餔餟 上之志願隆地矣 傍人復以謂窮而受嗟來之食矣 古人云 老當益壯 窮且益堅 於僕當之矣 僕之處身 極爲至難 而不得居於人世者 有五不可焉 世人見人裝束 不以心志也 而無浣污裁縫者 一不可也 得若妻若妾 便作居計 治生所絆 不能於貧富自在 二不可也 又安得如陶之翟氏 梁之孟光乎 三不可也 雖故舊見憐 薦以一宦 秩微祿薄 不能遽伸 又僕性戇直 不能容於碌碌之輩 四不可也 僕之居於深洞 只愛山明水麗 若耕耘之事 非所介懷 且今歲損稼 乃出洞求活 人便謂如前窮迫 故立身如此 五不可也 且士之身世矛盾 退居自樂 蓋其素分耳 安得受人嗤謗而強留人世乎 且前日令許婢子 蓋見金嬌夫者也 余詞知其不就僕也 僕亦不欲屑屑與彼遽對 故佯乘輿月下探景 以觀所爲 果去矣 聞翌日令敎大警感謝無已 惶恐無地 僕之今日嚮慕於相國 政所謂天馬逢伯樂 而振鬣長鳴 伯牙遇鍾期而撞手盡彈 實僕所當爲 凡諸質議綴文事 敢不盡情披膽 出洞薦鶚三思未定 噫 仁者垂憐 賜以顧接之至重 天何不佑 適爲稼穡之卒瘁 將製長鑱用斲苓朮 庶欲萬樹凝霜 修仲由之縕袍 千山積雪 整王恭之鶴氅 與其落魄而居世 孰若逍遙而送生 冀千載之下 知余之素志 感德揮淚 臨紙愴悅 姑此拜聞伏惟裁鑑

仲秋二十六日 辱記 金悅卿拜白

원래 제목으로 찾아보기

ㄱ

간사상심看史傷心 309
감회感懷 121
개창즉사開窓卽事 200
견민遣悶 132
견병譴病 357
견씨기어완산甄氏起於完山 70
겸가蒹葭 216
관동일록關東日錄
   소양인昭陽引 117
   산재山齋 119
   감회感懷 121
   억구憶舊 124
   사서社鼠 126
   용호墉狐 127
   모귀暮歸 128
   민한憫旱 129
   여야旅夜 131
   견민遣悶 132
   동선관洞仙館 134
   칠석七夕 136

대장부大丈夫 137
국서鞠鼠 163
굴원屈原 319
궁거잠窮居箴 368
권퇴휴勸退休 222
괴조怪鳥 279
금전화金錢花 296
기농부어記農夫語 225
기산명紀山名 265
기첩부欺妾婦 274

ㄴ

남명南銘 372
남염부주지南炎浮洲志 459

ㄷ

단군묘檀君廟 24
대동강안 기상부어

大同江岸 紀商婦語　35
대언大言　196
대장부大丈夫　137
도이거도島夷居　102
도점陶店　185
도중途中　63
도패수渡浿水　347
독초사讀楚辭　96
동봉육가東峯六歌　141
동선관洞仙館　134
동풍악東風惡　264
동풍행東風行　180
등구봉정登九峯頂　32
등성거산登聖居山　19
등알앙령북망登圠鉠嶺北望　210
등하 1 燈下　361
등하 2 燈下　363

ㅁ

막비莫匪　155
막휴겸가莫休鉗歌　174
만복사저포기萬福寺摴蒲記　381
만사挽詞　358
맹호행猛虎行　219
멱라연부汨羅淵賦　329
명주일록溟州日錄
　동봉육가東峯六歌　141

야여하夜如何　147
수가자誰家子　150
서사書事　152
막비莫匪　155
서소書笑　158
여선행투저포 희제與善行鬪摴蒲 戲題　159
희위戱爲　161
병오춘丙午春　162
국서鞠鼠　163
상원점월 기향담 민시야上元占月記鄉談 憫時也　164
완이莞爾　168
서민敍悶　170
탄식歎息　173
막휴겸가莫休鉗歌　174
쾌의행快意行　177
홀홀행忽忽行　179
동풍행東風行　180
희작배해체戲作俳諧體　182
모귀暮歸　128
묘아貓兒　285
무제無題　199
민한憫旱　129

ㅂ

방광광소放曠狂疎　355

방본잠邦本箴 253
방언放言 188
방채압放彩鴨 84
병오춘丙午春 162
병와미순 지추심내기 감금사고 작감
　홍시病臥彌旬 至秋深乃起 感今思古
　作感興詩 103
병중病中 81
봉매우별逢梅又別 202
봉찬지蜂鑽紙 286
부벽루浮碧樓 29
북명北銘 374
불여귀不如歸 276

ㅅ

사서社鼠 126
산가山家 31
산견모폐山犬暮吠 80
산여山畬 201
산재山齋 119
산중간월山中看月 244
삼자수부어금산三子囚父於金山 72
상유자한서 上柳自漢書 545
상유양양진정서 上柳襄陽陳情書 551
상원점월 기향담 민시야上元占月 記
　鄉談 憫時也 164
상원폭포上院瀑布 34

생재설生財說 538
서감書感 348
서과西瓜 266
서민서민敍悶 170
서사書事 152
서산부胥山賦 336
서소書笑 158
석서碩鼠 282
석신사析薪辭 246
선덕왕릉善德王陵 93
설지舌池 23
세고世故 194
소태백笑太白 262
소양인昭陽引 117
소언小言 197
수가자誰家子 150
술고述古 311
실소失笑 172

ㅇ

아욕사我欲死 275
애물의愛物義 521
애민의愛民義 517
야여하夜如何 147
야인팽민우 유감野人烹岷芋 有感
　206
어부漁父 25

원래 제목으로 찾아보기 | 619

어촌漁村 59
억구憶舊 124
여강 증어부驪江 贈漁父 60
여망呂望 318
여선행투저포 희제與善行鬪摴蒲 戲題 159
여야旅夜 131
여조성죄어황산성麗祖聲罪於黃山城 74
여조진사곤희상학여趙進士困戲相謔 82
영기詠妓 228
영사금언咏四禽言
   위수추리爲誰趨利 47
   역막파공亦莫把空 48
   불여귀不如歸 49
   비비悲悲 50
영산가고咏山家苦 109
영호咏狐 57
영화詠花 230
오금언五禽言
   포곡布穀 273
   탈폐고脫敝袴 274
   기첩부欺妾婦 275
   아욕사我欲死 275
   불여귀不如歸 276
오원伍員 320
오호가嗚呼歌 316
완이莞爾 168

용궁부연록龍宮赴宴錄 478
용호墉狐 127
우상유자한서우上柳自漢書 548
원망遠望 39
원주도중原州途中 52
월야문옥적月夜聞玉笛 99
위치필법삼대론爲治必法三代論 530
유감有感 365
유관동록遊關東錄
   영사금언咏四禽言 47
   원주도중原州道中 52
   조정위嘲精衛 53
   조서불嘲徐市 55
   영호咏狐 57
   어촌漁村 59
   여강 증어부驪江 贈漁夫 60
   유산가遊山家 62
   도중途中 63
   탕유관동록후지宕遊關東錄後志 64
유관서록遊關西錄
   등성거산登聖居山 19
   표연瓢淵 20
   화방족고운畵舫足古韻 22
   설지舌池 23
   단군묘檀君廟 24
   어부漁父 25
   입삽석연증인入揷石堧贈人 27
   부벽루浮碧樓 29

협중인가峽中人家   30
산가山家   31
등구봉정登九峰頂   32
상원폭포上院瀑布   34
대동강안 기상부어大同江岸 紀商婦語   35
칠옹중七翁仲   37
원망遠望   39
화금문량운和金文良韻   40
탕유관서록후지宕遊關西錄後志   42
유금오록遊金鼇錄
   탐매探梅   91
   선덕왕릉善德王陵   93
   독초사讀楚辭   96
   증백률계贈柏栗契   97
   월야문옥적月夜聞玉笛   99
   탑사괴이 성중이석상위교자 파유지塔寺壞圮 城中以石像爲橋者 頗有之   101
   도이거島夷居   102
   병와미순 지추심내기 감금사고 작감흥시病臥彌旬 至秋深乃起 感今思古 作感興詩   103
   영산가고咏山家苦   109
   탕유금오록후지宕遊金鼇錄後志   113
유노현일모踰蘆峴日暮   69
유산가遊山家   62
유치 욱근자야有雉 勗君子也   213
유혜반약혜자사지

有惠斑箬鞋者謝之   77
유호남록遊湖南錄
   유노현 일모踰蘆峴 日暮   69
   견씨기어완산甄氏起於完山   70
   삼자수부어금산 三子囚父於金山   72
   여조성죄어황산성麗祖聲罪於黃山城   74
   재송栽松   76
   유혜약괄혜자사지有惠斑箬鞋者謝之   77
   해시海市   79
   산견모폐山犬暮吠   80
   병중病中   81
   여조진사곤희상학與趙進士困戲相謔   82
   방채압放彩鴨   84
   호대虎臺   85
   탕유호남록후지宕遊湖南錄後志   86
의이소擬離騷   322
이생규장전李生窺墻傳   408
이제夷齊   321
인군의人君義   524
인신의人臣義   527
인재론人才說   535
입삽석연증인入挿石堧贈人   27

ㅈ

자규子規 272
자규사子規詞 297
자사진찬自寫眞贊 377
자오제慈烏啼 271
잠부蠶婦 205
장군행將軍行 221
장세壯歲 187
장정류長亭柳 292
재송栽松 76
정궤독서淨几讀書 203
정중승적거동래 대월무금鄭中丞謫居東萊 對月撫琴 243
제금오신화題金鰲新話 350
조봉嘲蜂 290
조서불嘲徐市 55
조정위嘲精衛 53
종죽種竹 291
죽지사竹枝詞 359
즉사卽事 259
증백률계贈柏栗契 97
지벽地僻 166

ㅊ

채약선동采藥仙洞 352
천지편天地篇 542

추강秋江 366
추사秋思 304
추청秋晴 260
춘영春咏 261
춘흥春興 299
취유부벽정기醉遊浮碧亭記 435
칠석七夕 136
칠옹중七翁仲 37

ㅋ

쾌의행快意行 177

ㅌ

탁목啄木 269
탄식歎息 173
탈폐고脫敝袴 275
탐매探梅 91
탑사괴이 성중이석상위교자파유지塔寺壞圮 城中以石像爲橋者頗有之 101
탕유관동록후지宕遊關東錄後志 64
탕유관서록후지宕遊關西錄後志 42
탕유금오록후지宕遊金鰲錄後志 113
탕유호남록후지宕遊湖南錄後志 86
퇴간귀退慳鬼 223

ㅍ

포곡布穀　273
표연瓢淵　20

ㅎ

학시學詩　349
해시海市　79
협중인가峽中人家　30
형정의刑政義　528
호虎　281
호대虎臺　85
홀홀행忽忽行　179
화김문량운和金文良韻　40
화낭자花狼籍　294
화어서전확조도和於西田穫早稻　241
화연명걸식和淵明乞食　239
화방족고운畫舫足古韻　22
화정절권농和靖節勸農　232
화정절형증영和靖節形贈影　237
화해로가和薤露歌　313
황혼黃昏　302
홍의관동야인숙興義館同野人宿　186
희위戲爲　161
희작배해체戲作俳諧體　182
희증주인戲贈主人　208

글쓴이 김시습

1435년에 태어나서 1493년까지 쉰아홉 해를 살았다.
다섯 살 때 세종에게 불려가 시를 쓸 정도로 총명했다. 스물한 살 때까지는 과거 공부에 힘썼다.
세조가 어린 단종의 왕위를 빼앗자 의롭지 못한 세상에 절망하고 벼슬길에 나아가려는 뜻을 접었다. 평안도로, 강원도로, 전라도로, 경상도로 전국을 누비며 방랑하던 김시습은 경주 금오산 기슭에 초막을 짓고 그곳에서 일생을 마치리라 결심했다. 이곳에서 《금오신화》를 썼다. 《금오신화》는 금오산에서 지은 새로운 이야기라는 뜻이다.
세조가 죽고 성종이 즉위하자 왕의 부름으로 서울까지 간 적이 있지만 벼슬에는 뜻이 없어 금오산으로 돌아왔다. 1478년 즈음에 세상에 나와 살았으나, 아내와 아들이 모두 죽자 산으로 돌아가 삶을 마쳤다.
2,200여 편의 시와 정치 견해를 밝힌 산문들이 《매월당집》에 실려 있고, 소설 '만복사의 윷놀이', '이생과 최랑', '부벽정의 달맞이', '꿈에 본 남염부주', '용궁의 상량 잔치'가 《금오신화》에 전한다.

옮긴이 류수, 김주철

류수는 김시습 작품과 정약용의 작품을 우리 말로 옮겼다.
김주철은 김시습 작품과 《해사일기—기행문집 3》을 우리 말로 옮겼다.

겨레고전문학선집 8

금오신화에 쓰노라

2005년 9월 30일 1판 1쇄 펴냄 | 2011년 10월 14일 1판 2쇄 펴냄 | **글쓴이** 김시습 | **옮긴이** 류수, 김주철 | **펴낸이** 윤구병 | **편집부** 김성재, 김은주, 남우희, 심명숙, 천승희 | **교정** 전현미 | **감수** 심경호 | **디자인** bemine | **제작** 심준엽 | **영업** 박꽃님, 백봉현, 안명선, 안중찬, 윤정하, 이옥한, 조병범, 최민용, 최정식 | **경영 지원** 유이분, 전범준, 한선희 | **분해·제판** 아이·디 | **인쇄** (주)미르인쇄 | **제본** (주)상지사 | **펴낸곳** (주)도서출판 보리 | **출판 등록** 1991년 8월 6일 제 9-279호 | **주소** 경기도 파주시 교하읍 문발리 파주출판도시 498-11 우편 번호 413-756 | **전화** 영업 (031)955-3535 홍보 (031)955-3673 편집 (031)955-3676 | **전송** (031)955-3533 | **홈페이지** www.boribook.com | **전자 우편** bori@boribook.com

ⓒ 보리, 2005 | 이 책의 내용을 쓰고자 할 때는, 보리 출판사의 허락을 받아야 합니다. | 잘못된 책은 바꾸어 드립니다. | 값 25,000원

ISBN 89-8428-220-0 04810
         89-8428-185-9 04810(세트)

이 책의 국립중앙도서관 출판시도서목록(CIP)은 e-CIP 홈페이지 (http://www.nl.go.kr/cip.php)에서 볼 수 있습니다. (CIP 제어 번호: CIP2005001817)

이 책은 한국문화예술진흥원의 문예진흥기금 지원을 받았습니다.